本书由陕西师范大学出版基金资助出版

陕西师范大学国家重点学科建设项目

张懋镕　主编

中国古代青铜器整理与研究

青铜卣卷

马军霞　著

科学出版社
北京

图书在版编目（CIP）数据

中国古代青铜器整理与研究.青铜卣卷 / 张懋镕主编；马军霞著.—北京：科学出版社，2015. 12

ISBN 978-7-03-046614-3

Ⅰ. ①中… Ⅱ. ①张…②马… Ⅲ. ①青铜器（考古）-研究-中国 Ⅳ. ①K876.414

中国版本图书馆CIP数据核字（2015）第295404号

责任编辑：李 茜 曹 伟 / 责任校对：张凤琴

责任印制：吴兆东 / 封面设计：北京美光制版有限公司

科学出版社出版

北京东黄城根北街 16 号

邮政编码：100717

http://www.sciencep.com

北京建宏印刷有限公司 印刷

科学出版社发行 各地新华书店经销

*

2015年12月第 一 版 开本：787×1092 1/16

2024年 1月第四次印刷 印张：17 插页：1

字数：400 000

定价：209. 00 元

多卷本《中国古代青铜器整理与研究》编写缘起

经过十几年的准备工作，多卷本的《中国古代青铜器整理与研究》即将出版。回顾往事，真是百感交集。

30年前，我的处女作《释“东”及与“东”有关之字》发表，从那时候起，青铜器的学习与研究注定成为我一生的追求。

29年前，我开始师从李学勤先生研习古文字。中国古文字有很多分支，如甲骨文、金文、战国文字、简牍帛书文字。先生告诉我：“你在陕西，陕西有很多青铜器，你就做金文研究吧。”在先生的指导下，我受到严格的学术训练，这令我终生受益。我的硕士学位论文是《周原出土西周有铭青铜器综合研究》。所谓综合研究，就是从青铜器、古文字、历史文献三方面来研究。从此综合研究成为我研究青铜器遵循的准则与方法。

1989年，西北大学文博学院成立新的专业——博物馆专业，大概考虑到我本科学的是考古，于是把我从文献专业调到博物馆专业。除了继续讲古文字，又开了一门新课“青铜器鉴定”。自此之后，我开始系统研习青铜器，包括没有铭文的青铜器。

在长期的教学与研究工作中，我渐渐对中国古代青铜器有了新的认识。

概而言之，中国古代青铜器的研究，自两宋以来，已有一千多年的历史，取得了丰硕的成果。尤其是近百年来的研究，在青铜器的分期、分区系、分国别、分器类诸方面卓有成效，为世人所瞩目。

回顾历史，也毋庸讳言，我认为就青铜器基础性工作而言，其资料的整理还远远不够。且提一个最基本也是最简单的问题：迄今为止究竟有多少件中国古代青铜容器？（尚且没有涉及兵器、工具、车马器、钱币、铜镜等）几万还是十几万，恐怕连一个非常粗略的估计都没有，专家也说不清楚。家底不清，研究对象模糊，研究很难继续深入。由于中国古代青铜器资料十分庞杂，其收集、整理并非易事，所以这一部分的工作非常重要。说到研究，比如青铜器的定名，鼎、鬲、簋等各类器物的分类研究，它们之间的相互关系，各类纹饰的分类研究，纹饰和器物之间的相互关系，各个阶段铭文的特点，器物、纹饰、铭文三者之间的互动关系以及对断代的作用等等，其研究或不够系统，或不够深入，有些方面甚至是空白。

20多年来，我一直在进行这方面的研究工作，写了《西周方座簋研究》《两周青铜盨研究》《西周青铜器断代两系说刍议》《试论中国古代青铜器器类之间的关系》《青铜器自名现象的另类价值》等文章，希望从器类、断代、地域、定名等多个角度和层面对青铜器进行探索。

同时我也十分关注国内外青铜器研究专家的成果，他们的论著是我案头的必备书籍，我经常地反复阅读，受益无穷。

在研究中，我深感个人力量的有限。从1999年招收青铜器方向研究生起，就逐渐形成了一个构想：如果研究生本人没有更好的研究题目，我就请他（她）来作青铜器中的某一部分，整理、研究某一类青铜器，或某一类纹饰，或某一时段的铭文，等等。经过十多年的积累，已经完成了20多篇硕士和博士学位论文。其中分器类的整理与研究完成多半，某一地区、某一时段的铜器的整理与研究正在进行，纹饰与铭文的分类、分时段研究也做了一部分。这些为多卷本《中国古代青铜器整理与研究》的编撰奠定了基础。同时，我注意到其他先生也在指导研究生做类似的学位论文，对我们也很有启发与帮助。

前几年，在编写《青铜器论文索引》的过程中，与北京线装书局的刘聪建先生多有接触。他听了我的上述介绍后，很感兴趣，遂与我商定，在原有研究生论文的基础上，由我主编，各专题作者分别著述，形成一套多卷本《中国古代青铜器整理与研究》。但由于种种原因，在线装书局只出了三卷。如今，在科学出版社的大力支持下，计划得以重新实现，拟在今后的若干年里，陆续完成和出版20卷以上的著作。

写作多卷本《中国古代青铜器整理与研究》的目的拟在全面、系统整理青铜器资料，充分吸取古今中外研究成果的基础上，对青铜器的形制、纹饰、铭文、组合关系等方面作全方位考察和研究，并试图总结出关于中国古代青铜器产生、发展、消亡的基本途径、规律、特点及其原因。这是一个遥远的目标，但我们有信心一步一步地走近它。

由于这套多卷本《中国古代青铜器整理与研究》的作者都是毕业不久的研究生，眼界有限、文字青涩也在所难免。我的指导也很有限，很多问题我也不懂或知之甚少。当时作学位论文时，我希望他（她）们放大胆子去写，因此他（她）们的观点与我也不尽一致。但无论如何，在阅读他（她）们的学位论文时，在与他（她）们的反复讨论、交流中，我也有很多的收获，这是最令人快乐的事情。我将阅读后的感想写出来，作为序言放在书前，就是希望继续与大家讨论，将《中国古代青铜器的整理与研究》延续下去。而随着一本本书稿的出版，这一批年轻的作者也正在走向成熟，这或许是比书稿的出版更有意义的事情。

最后要感谢参加我的研究生学位论文答辩以及审阅论文的诸位先生，并希望今后继续得到你们的批评与帮助。感谢陕西师范大学暨历史文化学院给予的大力支持，感谢科学出版社李茜与曹伟两位编辑的辛勤工作，让我们十几年来的梦想终于得以实现。

乙未年立冬后二日张懋镕写于

陕西师范大学中国青铜文化研究中心

青铜器定名的新方法：组合关系定名法*

——以青铜卣的定名为例（代序）

关于青铜器的定名方法，学界一般认为有三条：第一，有自名的器物要依自名定名。第二，宋代学者依据史籍著录作出的命名。第三，既无自名，又缺乏史籍著录者，可根据其造型、用途予以定名。窃以为还有第四条，即根据器物在青铜器组合中的相互关系来定名。今试以青铜卣的定名为例，来看看这种定名方法有没有道理。

在青铜器器类中，数青铜卣的定名最难。首先是没有自名，什么是青铜卣的标准器，不知道；其次，青铜卣的定名始于宋人，但《考古图》设定的标准并不严格，界限模糊导致后人无所适从，错误频出；再次，在造型与用途上，卣极易与青铜壶（主要指提梁壶）相混淆，究竟哪些是卣，哪些是壶，卣与壶的区分在哪里，长期以来讲不清楚。十年前在指导马军霞写硕士论文《出土商周青铜卣研究》时，面对这个绕不过的问题，并无良策，我也为此而困惑。十年来这方面的学术研究成果斐然，如今在马军霞的这部书稿（以下简称《马著》）杀青时[1]，终于能比较有底气地回答这个问题了。下面我拟在《马著》的基础上，补充资料，变换角度，对青铜器定名的方法问题作进一步讨论，并祈望得到同行们的批评指正。

一、卣与壶区分的方法与标准

商周金文中有“卣”字，所以我们还是先从文字形体入手来作分析。尽管卣字在金文中有多种写法，但相互间区别不大，基本形态如李孝定所言：“圆底，上像提梁，下其座也。”从字形来看，从西周早期盂鼎铭文中的形，到中期曶壶的形、晚期毛公鼎的形，显示卣这种器类具有三个特点：一是口部较小，颈部较短。二是颈与腹分界不明显，腹部硕大。三是器上有提梁。早期提梁的表现方式可能象形性很强，后来的提梁则用一短线条来表示。有学者认为卣字字形最初像瓠类的果实，由此演绎出的所谓铜卣就是我们通常所说的铜觥和鸟兽尊[2]。这种说法很有新意，问题是铜觥和鸟兽尊的形象距离卣字的形态还是有较大距离，铜觥和鸟兽尊多半是上宽下窄，而

* 本文系国家社会科学基金项目《夏商周青铜礼器的兴衰及其原因》（立项号15BKG007）阶段性研究成果之一。

卣字的形态是上窄下宽，二者并不搭界。

壶的金文形态是壶（长隹壶爵，《商周》08263，西周早期铜器）[3]，譬如平顶山应国墓地出土的光壶：“光作用壶”，光壶的形制与壶字很相像。青铜壶也有三个特点：一是整体修长，与卣的矮胖形成鲜明对照。二是口部与腹部比率小，颈与腹分界比较明显。三是器上没有提梁，这一点也与青铜壶的现存情况接近，大部分青铜壶没有提梁。可见单从字形上说，卣与壶的差别还是明显的[4]。

《马著》指出：“判断一件器物是壶还是卣，如果据器形判断有疑点，可从组合方面分析”。这是《马著》的一大贡献。因为在商周墓葬中，不同种类的青铜器总是以一定的规则摆放在一起，这就是我们常说的组合形式，譬如卣往往与尊相配置，即可由此来推断那件与尊同出的酒器是卣而不是壶。组合形式真实地再现了商周时期贵族对青铜卣的性质的认识，所以据此来判断何者为青铜卣，恐怕是更妥当的研究方法。

下面想做一个小小的试验。试验品是商代晚期与西周时期有铭文的而且有明确组合关系的尊与卣（部分例子与《马著》重叠），用来考察一下那件与青铜尊相配置的青铜卣究竟是什么形态，是否与前面我们分析的卣的字形所描绘的卣的形态一致。为什么要选取有铭文的青铜尊与卣呢？因为形制、纹饰一样的器物未必属于同一器主，某些尊与卣，尤其是年代稍早的尊与卣，风格并不相同或相似，只能靠铭文的相同去分析验证它们是否一家。如果尊与卣在装饰风格与铭文方面都趋同，这样的例子最好，更有说服力。既然做试验，当然要求样品越多越好，所以下面将所能收集到的资料全部罗列，行文不免冗长，敬请读者谅解。（以下按铭文字数多寡排序）

（1）1901年陕西宝鸡戴家湾墓地出土：鼎尊1件（《商周》11113），鼎卣2件（《商周》12525-26，一大一小），纹饰不同，但铭文相同，出土地点相同，可知是一尊二卣的组合。西周初年器。

（2）1986年山东青州苏埠屯M8出土：融尊1件（《商周》11121），融卣1件（《商周》12563），纹饰不同，但铭文相同，可知是一尊一卣的组合。商代晚期器。

（3）1994年山东滕州前掌大M11出土：史尊1件（前掌大P264），史卣2件（《商周》12631-32），两件卣一大一小，形制、纹饰相同，与尊纹饰不同，但铭文相同，出土地点相同，可知是一尊二卣的组合。西周早期器。

（4）1990年河南安阳郭家庄M160出土：亚址尊1件（《商周》11212），亚址卣1件（《商周》12647）。铭文相同，可知是一尊一卣的组合。商代晚期器。

（5）1999年河南安阳刘家庄北M1046出土：亚艈尊1件（《商周》11213），亚艈卣1件（《商周》12648），纹饰不同，但二者铭文相同，另外还有1件卣无铭文，但与亚艈卣形制、纹饰相同，唯大小不同，可知这是一尊二卣的组合。商代晚期器。

（6）2004年安阳大司空村M303：马危尊1件（《商周》11236），马危椭圆体卣2件（《商周》12702-03）。纹饰不同，但铭文相同，卣一大一小，符合当时的组合规则，正好与尊形成一尊二卣的组合形式。商代晚期器。

（7）1981年河北正定县新铺商代墓葬出土：□羊尊1件（《商周》11249），□羊卣1件（《商周》12727），尊与卣除了铭文一样，装饰也相同，均饰简化兽面纹，显然是一尊一卣的组合。商代晚期器。

（8）1927年陕西宝鸡戴家湾墓地出土：用征尊1件（《商周》11282），用征卣1件（《商周》12733）。尊与卣装饰一样，素面，仅在颈部有浮雕兽头。虽然不是考古发掘品，根据铭文与纹饰可知是一尊一卣的组合。西周早期器。

（9）2011年湖北随州叶家山M65出土：作尊彝尊1件（《商周》11411），作尊彝卣1件（《商周》12875），纹饰与铭文一致，已形成一尊一卣的组合。西周早期器。

（10）1981年陕西长安县斗门镇花园村M17出土：作尊彝尊1件（《商周》11412），作尊彝卣1件（《商周》12876），不仅铭文一致，而且装饰风格一样，在颈部饰两条弦纹及浮雕兽首。西周早期器。

（11）1984～1989年山西曲沃县天马—曲村M6214出土：作旅彝尊1件（《商周》11415），作旅彝卣1件（《商周》12880）。尊与卣不仅高度相同（均为20.4厘米），纹饰都是云雷纹衬底的顾龙纹和浮雕兽首，细部结构也相同，属于同一组合。西周早期后段器。

（12）1952年河南辉县褚邱出土：聑□妇□尊1件（《商周》11467），聑□妇□卣1件（《商周》12938）。纹饰不同，但铭文相同，是一尊一卣组合。商代晚期器。

（13）1978年扶风齐家村M19出土：作宝尊彝尊1件（《商周》11527），作宝尊彝卣1件（《商周》12965），不仅铭文一致，而且装饰风格一样，颈部均饰顾龙纹。西周中期器。

（14）陕西宝鸡竹园沟M8出土：作宝尊彝尊1件（《商周》11521），作宝尊彝卣2件（《商周》12967-68），不仅铭文一致，而且装饰风格一样，颈部均饰顾龙纹及浮雕兽首。卣一大一小，与尊形成一尊二卣组合。西周早期器。

（15）1984～1989年山西曲沃县天马—曲村M6231出土：伯尊1件（《商周》11503），伯卣1件（《商周》13001）。不仅铭文一致，纹饰也一样，颈部均装饰顾龙纹与浮雕兽首。西周早期后段器。

（16）1971年河南洛阳北窑铁路二中M26出土：登尊1件（《商周》11507），登卣1件（《商周》13008）。铭文相同，是为同一组合。西周早期器。

（17）1982年安徽颍上出土：马天豕父丁尊1件（《商周》11538），马天豕父丁卣1件（《商周》13039）。不仅铭文一致，而且装饰风格一样，尊是通体光素，卣在颈部仅装饰浮雕兽首。商代晚期器。

（18）1984～1989年山西曲沃县天马-曲村M6081出土：伯尊1件（《商周》11572），伯卣1件（《商周》13059）。尊与卣铭文一样，且装饰华丽，三层满花，颈部均装饰蛇纹，腹部装饰兽面纹。西周早期后段器。

（19）1972年甘肃灵台白草坡M2出土：㶏伯尊1件（《商周》11595），㶏伯卣2件（《商周》13094-95）。两件筒形卣不仅铭文一致，且都装饰长冠卷尾凤鸟纹。西周早期器。

（20）1967年甘肃灵台白草坡M1出土：泾伯尊1件（《商周》11596），泾伯卣2件（《商周》13096-97）。两件筒形卣不仅铭文一致，且都装饰顾龙纹。西周早期器。

（21）宝鸡竹园沟M4出土：強季尊1件（《商周》11602），強季卣1件（《商周》13101），尊与卣的腹部与足的形态很相似，纹饰（顾龙纹）与铭文相同，已形成一尊一卣的组合形式。西周早期器。

（22）1980年陕西宝鸡竹园沟M7出土：伯各尊1件（《商周》11606），伯各卣2件（《商周》13103-04），不仅铭文一致，而且装饰风格一样，颈部均饰顾龙纹，腹部饰兽面纹，有扉棱，兽角伸出器表，形成一尊二卣的组合形式。西周早期器。

（23）1997年河南鹿邑太清宫长子口墓出土：长子口尊1件（《商周》11583），长子口卣2件（《商周》13153-54），不仅铭文一致，而且纹饰一样，已形成一尊二卣的组合形式。西周早期器。

（24）2011年湖北随州叶家山M27出土：鱼伯彭尊1件（《商周》11622），鱼伯彭卣1件（《商周》13159），尊与卣不仅铭文一样，而且颈部都饰夔纹，腹部饰兽面纹。西周早期器。

（25）1890年河北涞水县张家洼出土：北伯殁尊1件（《商周》11628），北伯殁卣1件（《商周》13160）。虽然尊没有器型图，但二者铭文相同，出土时间地点相同，为同一组合。西周早期器。

（26）1976年湖北随州安居公社羊子山出土：䣄季尊1件（《商周》11688），与传世铜器䣄季卣（《商周》13202）的风格非常相似，除了铭文字形书体相近，纹饰也一致，均在颈部饰弦纹，尤其特别的是尊与卣的腹部一侧都有一个鋬，鉴于有鋬的青铜器极少，这无疑大大提高了二者为同一组合的可能性。西周早期器。

（27）1961年湖北江陵万城出土：小臣尊1件（《商周》11633），小臣卣1件（《商周》13166）。虽然纹饰不同，但装饰风格一致，纹饰的浮雕感强。西周早期器。

（28）1999～2000年郑州洼刘西周墓出土：陌尊1件（《商周》11647），陌卣2件（《商周》13187-88），不仅形制、纹饰相同（腹部饰花冠龙纹，装饰华丽），而且铭文一样。这两件卣一大一小，与尊相配置，形成一尊二卣的组合形式。西周早期器。

（29）1984～1989年山西曲沃县天马—曲村M6210出土㺃尊1件（《商周》11643），㺃卣1件（《商周》13190）。铭文相同，是为同一组合。另外M6069出土㺃卣1件（《商周》13189），虽然两件卣不在同一墓葬，但相距不远，大小不同而形制、纹饰、铭文相同，入葬前应为同一组合，并与尊形成一尊二卣的组合。西周早期后段器。

（30）1989年山东滕州庄里西村M7出土：史⿱⿰个个雨尊1件（《商周》11662），史⿱⿰个个雨卣1件（《商周》13199），纹饰不同，但二者铭文相同，形成一尊二卣的组合。西周早期器。

（31）1981年陕西长安县斗门镇花园村M15出土：戎帆尊1件（《商周》11682），戎帆卣1件（《商周》13209），不仅铭文一致，而且装饰风格相似，在颈部装饰带状纹饰。西周早期器。

（32）1981年陕西长安县斗门镇花园村M15出土：麃父尊1件（《商周》11716），麃父卣1件（《商周》13229），不仅铭文一致，而且装饰风格相近，颈部均饰带状纹饰。西周早期后段器。

（33）1991年扶风齐家村（91FQ）出土：⿰舂阝尊1件（《商周》11706），⿰舂阝卣1件（《商周》13235），不仅铭文一致，而且装饰风格一样，颈部均饰两道弦纹和浮雕兽首。西周早期后段器。

（34）1972年陕西扶风刘家村丰M2出土：憻季遽父尊1件（《商周》11731），憻季遽父卣2件（《商周》13248-49）。尊与卣的纹饰风格一样，颈部均饰弦纹，只是卣上多了浮雕兽首。这是一尊二卣的组合。西周早期后段器。

（35）1992年河南平顶山应国墓地M84出土：爯尊1件（《商周》11744），爯卣1件（《商周》13273）。尊与卣的纹饰一样，颈部均饰云雷纹衬底的长尾鸟纹。西周中期器。

（36）1976年长安县马王镇西周铜器窖藏出土：⿰豖隹尊1件（《商周》11748），⿰豖隹卣1件（《商周》13277）。尊与卣的纹饰一样，颈部均装饰浮雕兽首。西周早期器。

（37）1984～1989年山西曲沃县天马—曲村M6384出土：⿰鱼又尊1件（《商周》11759），⿰鱼又卣1件（《商周》13282）。装饰风格相同，都没有底纹来衬托，纹饰简朴，颈部均装饰弦纹与浮雕兽首。西周早期后段器。

（38）传1929年河南洛阳马坡出土：作册⿰奚田尊1件（《商周》11787），作册⿰奚田卣1件（《商周》13308），除铭文相同外，尊与卣的颈部都饰两道弦纹，装饰风格朴素。西周早期后段器。

（39）1976年陕西扶风庄白一号窖藏出土：商尊1件（《商周》11791），商卣1件（《商周》13313）。除铭文一致外，装饰风格相同，都没有底纹来衬托，尊与卣的颈部均装饰夔纹，腹部装饰兽面纹。故知为尊卣组合。西周早期器。

（40）1976年陕西扶风庄白一号窖藏出土：丰尊1件（《商周》11796），丰卣1件（《商周》13316）。不仅铭文相同，尊与卣的装饰风格一致，饰各种鸟纹，尤其是颈部所饰小鸟纹与腹部所饰的垂冠大鸟纹如出一辙，均以细密的云雷纹衬底。虽然不是墓葬出土，也可判断为同一组合。西周中期器。

（41）1969年山东黄县归城小刘庄出土：启尊1件（《商周》11778），启卣1件（《商周》13321），铭文内容差不多，唯长短不一，装饰一样，颈部饰环带纹和浮雕兽首。西周早期后段器。

（42）1948年洛阳出土：保尊1件（《商周》11801），保卣1件（《商周》13324）。两器铭文较长，而且相同，重出的几率不大，应为同一组合。西周初年器。

（43）传河南洛阳出土：召尊1件（《商周》11802），召卣1件（《商周》13325）。除铭文相同外，据记载都出自洛阳，装饰风格简朴，均在颈部装饰一浮雕兽首。西周早期后段器。

（44）传1929年洛阳马坡出土：士上尊1件（《商周》11798），士上卣2件（《商周》13333-34），除铭文相同外，尊与卣的装饰风格一致，纹饰华丽，三层满花，且有扉棱。两卣一大一小，是知一尊二卣组合。西周早期后段器。

（45）捃古录记载"器出洛阳"：效尊（《商周》11809）1件，效卣1件（《商周》13346）。除铭文相同外，颈部均饰顾龙纹，腹部装饰垂冠大鸟纹。西周中期器。

在上举的45批次的56件青铜卣中，除了5件筒形卣之外，51件青铜卣都符合前面我们分析卣的字形时所描绘的卣的形态：有提梁，形体矮胖，短颈硕腹，盖为母口。这不是巧合，恰恰验证了我们在前面所作的关于何者为卣的推断是合理的。

有学者指出所谓筒形提梁卣不能算作卣，它与汉代的鋞相仿，应命其为鋞，从卣中排除出去[5]。如果仅仅从外观来看，这样说也不是没道理，问题在于商末周初的筒形提梁卣距汉代河平元年（前28年）鋞的出现，至少有一千年的时空跨度[6]，要想说这两者之间有关系，恐怕很难。其实我们将筒形提梁卣称作卣，是尽可能地揣摩、体察古人的用意。古人的用意体现在哪里？就体现在青铜器组合关系中。试看出土的几件筒形卣，在甘肃灵台白草坡M1中，两件筒形卣（泾伯卣）与一件泾伯尊形成一尊二卣的组合，三件青铜器不仅铭文一致，且都装饰顾龙纹。更妙的是这两件筒形卣一大一小，与其他形式的卣的配置方式完全一样。很明显，在这里，筒形卣取代了其他形式的青铜卣。无独有偶，后来在甘肃灵台白草坡M2、宝鸡竹园沟M13中又重复出现。筒形卣数量少，分布地域窄，只是青铜卣的一种特例。

至此，我们可以总结出判断何者为青铜卣的六条主要标准：

第一，有提梁，这是必备的条件。从《马著》来看，也是如此，凡是归为青铜卣者均有提梁。当然有提梁的未必都是青铜卣，因为提梁壶也有提梁。而青铜卣与提梁壶的区分，则可以用以下几个标准来区分。

第二，青铜卣形体矮胖，短颈硕腹。相比较，提梁壶颈部要长些，腹部要瘦些。

第三，青铜卣的盖为母口。而大部分提梁壶的盖为子口。

第四，青铜卣的口部、腹部横截面基本上是椭圆形，壶的口部、腹部横截面多为圆形。

第五，就是前面谈到的组合形式，从尊与卣的稳定组合中去鉴别何者为卣，何者为壶。除非有自名，先前要单凭从形制上将二者分别开来，有诸多困难。因为有些器像壶又像卣，不胖不瘦，介于标准的卣与壶之间；至于子母口的问题，有些卣的盖是子口，有些壶的盖却是母口，也不是一个很严格的标准。但组合关系就不同了，什么器物与尊相配置是固定的，它真切地反映出这些器物在古人眼里叫什么名字，具有怎样的功能。

在谈组合关系时，有一个现象值得注意：如果考古遗存出土一对青铜壶，那么这两件壶的尺寸一定相同或非常接近。不妨举几个例子：妇好壶2件（《商周》11999-12000），通高均为50.9厘米，形制、纹饰、铭文相同。1976年河南安阳小屯五号墓出土，商代晚期器。伯壶2件（《商周》12109-10），通高均为64厘米，形制、纹饰、铭文相同。1961年西安市长安区马王镇张家坡铜器窖藏出土，西周中期器。秦公壶两件（《商周》12182-83），通高均为52厘米，形制、纹饰、铭文相同。甘肃礼县大堡子山秦公墓地出土，春秋早期器。曾侯乙壶2件（《商周》12106-07），通高分别为42.5、40.5厘米，形制、纹饰、铭文相同。1978年湖北随县曾侯乙墓出土，战国早期器。左使车壶2件（《商周》12158-59），通高均为为43厘米，形制、纹饰、铭文相同。1977年河北平山县中山王墓出土，战国中期器。无论何时、何地，青铜壶几乎都是以完全相同的一对出现。

相反，如果出土一对青铜卣，那么这两件卣的尺寸一定不相同甚至差距较大，从而形成一大一小的组合形式（从上述所举一尊二卣的例子中可以看出两件卣的通高有很大差别）。这已经是考古界的成说了。至此，我们可以用尺寸的相同与否来区分壶与卣。

第六，装饰手法有所不同。包括《马著》在内的一些论著已经指出：壶上装饰十字环带纹，而卣不装饰这种纹饰。我们还要补充一点：绝大部分卣在颈部装饰浮雕兽首，而壶的颈部很少装饰浮雕兽首。

以上六条标准中，第五条最重要。盖是内插式，还是外罩式，虽然也很重要，但起决定作用的是组合关系。譬如筒形卣的盖就是内插式，而且形态修长，与壶的形态似乎更近，但从组合关系看，是无法将它从卣类中排除出去的。

若能把握以上六条标准，再去辨别何者为卣、何者为壶就容易多了。

二、对于传世青铜卣的鉴别

出土青铜卣固然具有重要价值，但同时也要关注传世青铜卣，并发挥其作用。对于传世的青铜卣来说，虽然缺乏出土环境信息，不知道组合关系，但是根据形制、纹饰与铭文的高度相似性，可以判断其是否为尊卣组合，从而知道那件与尊关系密切的酒器是卣而不是壶了。（以下按年代排序）

（1）㠱尊1件（《商周》11104）、㠱卣2件（《商周》12537-38）。首先需要说说这两件㠱卣。虽然编号12537卣的器物图是手绘，但与12538卣比较，轮廓线与纹饰细部都高度相似，且铭文形态也很接近。耐人寻味的是，12537卣的著录情况与12538卣没有重出现象，说明它们是两件形制、纹饰相同的铜卣。尊与两卣铭文字形书体非常相似，装饰风格也接近，有夔纹与兽面纹，有可能是一尊二卣的组合形式。商代晚期器。

（2）危耳尊1件（《商周》11246）、危耳卣1件（《商周》12723）。虽然纹饰有差别，但铭文字形书体很接近，又都来自清宫，器物年代差不多，可推断为同一组合。商代晚期器。

（3）何父癸𡩜尊2件（《商周》11458-59）、何父癸𡩜卣1件（《商周》12936）。铭文字形书体相近，不仅有族名，还有私名，又出自同一藏家（刘体智），应为一组器物。商代晚期器。

（4）母𡩜日辛尊1件（《商周》11461）、母𡩜日辛卣1件（《商周》12937）。虽然纹饰有差别，但如果将𡩜字看做族徽，则这种族徽存世量极少，加上有共同的日名，且都藏于出光美术馆（可能表明器物来自同一地方），所以这两件器物原本应为一组器物。商代晚期器。

（5）𩁹尊（《商周》11623）、𩁹卣（《商周》13147）。虽然没有器型，但为同一组合的可能性极高。铭文构成复杂，既有族名，又有致祭者名，还有受祭者名，致祭者的名字少见，同名的可能性不大，况且两器同时为于省吾收藏。商代晚期器。

（6）何尊1件（《商周》11705）、何卣1件（《商周》13224）。虽然未见何卣的器型，而且何尊有器型而铭文是摹本，有走样的嫌疑，但将尊与卣的铭文字形书体相比较，还是非常接近，所以这一尊与一卣原本应属同一组合。西周早期前段器。

（7）㞢尊3件（《商周》11698-700）、㞢卣1件（《商周》13237）。虽然未见㞢卣的器型，但将尊与卣的铭文字形书体相比较，非常接近，所以这三尊中的某一尊与一卣原本应属同一组合。西周早期前段器。

（8）戈尊（《商周》11179）、戈卣（《商周》12637）。这两器很可能为一组器物，依据是：第一，铭文字形书体相似，且为阳文，在铜器铭文中，阳文很少；第二，装饰风格也接近，戈尊通体光素，戈卣也仅在颈部饰小兽面；第三，两件铜器最初为端方所藏，戈卣据记载出土于陕西凤翔，端方收藏不少来自宝鸡地区的青铜器，而这里也是戈器出土较多的地方。西周早期后段器。

（9）仲䜌尊（《商周》11607）、仲䜌卣（《商周》13109）。铭文字形书体很接近，装饰风格一样，颈部均饰弦纹及浮雕兽首，只是卣的纹饰丰富一点，增加菱形雷纹，况且仲䜌是私名，不是族名，所以两器为同一组合的可能性极高。西周早期后段器。

（10）䵼尊1件（《商周》11644）、䵼卣1件（《商周》13191）。除了铭文字形书体酷似外，纹饰也极有特点，都饰云雷纹带，将云雷纹作为主要纹饰的铜器很少，所以可以推定尊与卣为同一组合。西周早期后段器。

（11）岡刼尊1件（《商周》11763）、岡刼卣1件（《商周》13289）。除铭文相同外，尊与卣颈部都饰鸟纹与直棱纹，应属于同一组合。西周早期前段器。

（12）执尊1件（《商周》11776）、执卣1件（《商周》13295）。虽然尊与卣的铭文都是摹本，且尊的摹本缺字较多，但铭文较特别，重复的几率不大，两相对比，可以推定是一组器物。西周早期前段器。

（13）鮽伯尊1件（《商周》11597）、鮽伯卣1件（《商周》13093）。不仅铭文一样，而且装饰风格一致，尊通体光素，卣仅在颈部装饰浮雕兽首，应属于同一组合。西周早期后段器。

（14）嬴季尊1件（《商周》11604）、嬴季卣1件（《商周》13100）。嬴季尊没有器型图片，但与卣的铭文字形书体如出一辙，很可能为同一组合。西周早期后段器。

（15）伯貉尊1件（《商周》11605）、伯貉卣1件（《商周》13106）。尽管没有器型照片，但铭文字形书体很接近，况且伯貉是私名，不是族名，所以两器为同一组合的可能性极高。西周早期后段器。

（16）厈尊1件（《商周》11641）、厈卣1件（《商周》13182）。虽然没有器型，但为同一组合的可能性极高。除了铭文字形书体极像外，装饰风格一致，都在颈部饰两道弦纹，很朴素。还有尊、卣出在宋代，那时候青铜器毕竟比较少，重复的几率不大。西周早期后段器。

（17）[illegible]尊1件（《商周》11668）、[illegible]卣1件（《商周》13220）。虽然卣没有器型图，但铭文布局与点画酷肖尊的铭文，而且尊与卣的铭文既有族名，又有致祭者名（有私名），还有受祭者名，致祭者的名字少见，同名的可能性不大，它们属于同一组合。西周早期后段器。

（18）盩司土幽尊1件（《商周》11720）、盩司土幽卣1件（《商周》13225）。除铭文字形书体相同外，装饰风格比较接近，而且均由同一藏家（刘体智）收藏，所以在西周时期它们属同一组合。西周早期后段器。

（19）卫尊1件（《商周》11669）、卫卣1件（《商周》13222）。两器铭文相同，且都饰云雷纹衬底的长鸟纹，应属同一组合。西周早期后段器。

（20）兽尊1件（《商周》11702）、兽卣1件（《商周》13231）。虽然未见兽尊器型，但将二者铭文字形书体相比较，如出一辙，所以这两件器物原本可能属同一组合。西周早期后段器。

（21）夺尊1件（《商周》11703）、夺卣2件（《商周》13233-34）。虽然未见夺尊器型，但将尊与卣的铭文字形书体相比较，如出一辙，所以这一尊二卣原本应属同一组合。西周早期后段器。

（22）许仲𫖮尊1件（《商周》11740）、许仲𫖮卣1件（《商周》13267）。这两件青铜器均无器型照片，但铭文字形书体如出一辙，所以这一尊与一卣原本应属同一组合。西周早期后段器。

（23）𣪘尊1件（《商周》11723）、𣪘卣1件（《商周》13254）。尊与卣的铭文字形书体非常接近，而且颈部都饰云雷纹衬底的顾龙纹与浮雕兽首，应属同一组合。西周早期后段器。

（24）元尊1件（《商周》11739）、元卣1件（《商周》13270）。虽然未见元尊的器型，但将尊与卣的铭文字形书体相比较，还是非常接近，所以这一尊与一卣原本应属同一组合。西周早期后段器。

（25）否叔尊1件（《商周》11771）、否叔卣1件（《商周》13299）。除铭文相同外，尊与卣的颈部都饰云雷纹衬底的顾龙纹，推定此为尊、卣组合。西周早期后段器。

（26）遣尊1件（《商周》11789）、遣卣1件（《商周》13311）。不仅铭文高度一致，而且均在颈部饰云雷纹衬底的顾龙纹，这一尊与一卣应属同一组合。西周早期后段器。

（27）作册睘尊1件（《商周》11788）、作册睘卣1件（《商周》13320）。除铭文相同外，纹饰的装饰部位一致，仅在颈部装饰两道弦纹与浮雕兽首，两器应属同一组合。西周早期后段器。

（28）邢季㚖尊1件（《商周》11603）、邢季㚖卣1件（《商周》13102）。铭文字形书体十分接近，腹部均饰垂冠大鸟纹，原本应属同一组合。西周中期器。

（29）屯尊1件（《商周》11727）、屯卣1件（《商周》13232）。除铭文字形书体相同外，尊与卣都饰分尾鸟纹与浮雕兽首。虽然收藏在不同的地方，但在西周时期它们属同一组合。西周中期器。

（30）对尊1件（《商周》11708）、对卣1件（《商周》13239）。除铭文字形书体相同外，尊与卣的颈部都饰兽面纹与浮雕兽首，应属同一组合。西周中期器。

（31）述尊1件（《商周》11710）、述卣1件（《商周》13240）。除铭文字形书体相同外，尊与卣的颈部都饰長尾鸟纹与浮雕兽首，应属同一组合。西周中期器。

（32）倗尊1件（《商周》11733）、倗卣1件（《商周》13265）。虽然未见倗尊的器型，但将尊与卣的铭文字形书体相比较，还是非常接近，所以这一尊与一卣原本应属同一组合。西周中期器。

（33）伯尊1件（《商周》11746）、伯卣1件（《商周》13271）。虽然尊没有器型图，但铭文布局与点画酷肖卣的铭文，故推测它们是一组器物。西周中期器。

（34）次尊1件（《商周》11792）、次卣1件（《商周》13314）。除铭文相同外，尊与卣的装饰风格一致，均在颈部饰長鸟纹与浮雕兽首，应属同一组合。西周中期器。

（35）免尊1件（《商周》11805）、免卣1件（《商周》13330）。卣无器型，但尊与卣的铭文很长，有49字，而布局与写法一致，很难有重出者，可以推定为一组器物。西周中期器。

（36）录刻尊1件（《商周》11803）、录刻卣2件（《商周》13331-32）。除铭文相同外，纹饰的装饰部位一致，可见这是一尊二卣的组合形式。西周中期器。

（37）叔尊1件（《商周》11818）、叔卣1件（《商周》13347）。尊与卣装饰风格一致，颈部均饰两道弦纹及浮雕兽首，铭文字形书体也一样，属同一组合。西周中期器。

以上面我们例举传世铜器中的尊与卣的资料，并指出它们可能属于同一组合。此外还有一种情况比较特殊，即只有青铜卣的资料，却找不到对应的青铜尊的资料，有意思的是这些卣的铭文表明它们是由相关联的一大一小的两件卣组成的，所以它们是一尊二卣组合的一部分，虽然少了尊，还是可以推测它们的组合关系。同理，如果我们只看到一件尊，也会想到与它相配的那一件卣。只是因为既有一尊二卣的组合，也有一尊一卣的组合，在有尊而无卣的情况下，判断有几件卣很难，在有两件卣而无尊的情况下，判断尊的多少比较容易，超出一尊二卣的组合毕竟很少。

（1）小子卣2件（《商周》13032-33）。铭文相同，1件无器型图片。1件通高为21.5厘米，1件无尺寸。商代晚期器。

（2）亚屰卣2件（《商周》12651-52）。形制、纹饰、铭文很接近，1件通高为24.97厘米，1件无尺寸。鸮卣很少，重复的几率不大。商代晚期器。

（3）小臣𢆶卣2件（《商周》13284-85）。铭文相同，1件无器型图片。1件通高49.2厘米，1件无尺寸。商代晚期器。

（4）𣙼卣3件（《商周》13261-63）。铭文相同，2件无器型图片，3件均无尺寸记录。商代晚期器。

（5）妇𨷻卣2件（《商周》13245-46）。铭文相同，形制、纹饰不同，通高分别为29.5与31厘米，难以推定是否同属一组。商代晚期器。

（6）伯𩰫卣2件（《商周》13210-11）。形制、纹饰、铭文全同，通高分别为29与39厘米。西周早期器。

（7）𨷻卣2件（《商周》13185-86）。铭文字形书体十分相似，无尺寸，可能为同一组合。《商周》定前者为西周早期器，后者为西周中期前段器，其实两器应为同一时期器物。

（8）束叔卣2件（《商周》13164-65）。形制、纹饰、铭文全同，1件通高34厘米，1件无尺寸。西周早期器。

（9）息伯卣2件（《商周》13296-97）。铭文相同，有些字形有差异，1件通高7.5寸（颂续），1件仅存盖，无尺寸。西周早期器。

（10）𪔂卣2件（《商周》13293-94），形制、纹饰、铭文相同，1件缺失提梁，高20.5厘米，1件通高27.5厘米。西周早期器。

（11）亚其矣卣2件（《商周》13150-51），形制、纹饰、铭文全同，通高分别为9.6与12.5寸（陶斋）。西周早期器。

（12）向卣2件（《商周》13131-32），铭文高度一致，无器型与尺寸，西周早期器。

（13）伯矩卣盖2件（《商周》13107-08），铭文很接近，无器型与尺寸，西周早期器。

（14）作父戊卣2件（《商周》13043-44），形制、纹饰、铭文全同，1件通高为31.9厘米，1件无尺寸。西周早期器。

（15）庚嬴卣2件（《商周》13337-38），铭文相同，1件高29.1厘米，1件无尺寸。西周中期器。

（16）叔卣2件（《商周》13327-28），铭文相同。1件器型不完整。有局部尺寸，没有通高尺寸。鉴于这种器型十分罕见，所以这两件筒形卣很可能是一组。西周中期器。

（17）卿卣2件（《商周》13121-22），铭文相同，通高分别为24、29.5厘米。西周中期器。

（18）散伯卣2件（《商周》13161-62），铭文相同，1件有器型，通高26厘米，1件无尺寸。西周中期器。

（19）仲作好卣2件（《商周》13241-42），形制、纹饰、铭文全同，1件通高7.4寸（陶斋），1件无尺寸。西周中期器。

以上整理工作的意义在于：

第一，有可能增加一大批有组合关系的青铜卣资料。由于脱离出土环境，传世青铜卣资料显得凌乱而分散，势必不利于研究，但是通过组合形式分析，找到了联结它与尊之间的纽带，为进一步研究奠定了基础。譬如上举的50件传世青铜卣，都符合前面我们分析出土青铜卣时所描绘的卣的形态：有提梁，形体矮胖，短颈硕腹，盖为母口。殊途同归，从而为证明卣的形制以及区分卣与壶的界限提供了更多的材料。凡是有尺寸记录者，都可以发现这两件卣的大小一定是有区分的。

第二，有助于更好地判断器主的身份地位。从一件青铜器与一组青铜器来分析器主的身份地位是不同的，尊卣组合往往出现在中型以上的墓葬中，它们的主人是中等以上的贵族。

第三，对于断代的意义。传世青铜卣和尊由于缺乏出土环境资料，给器物断代造成先天的欠缺，如今找到了尊（或卣）的另一半——卣（或尊），多少可以在一定程度上弥补缺陷。譬如单看尊或卣的时候，由于特点不明显，难以下结论，如果再看它的另一半——卣或尊，可能获得更多更清晰的印象，有利于断代。试看下面的例子。

（1）以卣为参照，判断尊的年代。总的来说，尊的变化轨迹不如卣明显，如果能参照卣的特点来反观尊的话，往往能收到很好的效果。譬如召尊（《商周》11802），陈梦家等学者曾将它定为成王时器，但是看一看召卣（《商周》13325），腹部倾垂厉害，明显是西周早期后段器物，所以唐兰、李学勤、马承源等将它们放在昭王时期。再譬如作册䰧尊（《商周》11787），从铭文字形书体不易判断年代。尊的形态特点也不明显，所以郭沫若、白川静等学者定其为成王时器，但作册䰧卣（《商周》13308）与召卣形态接近，腹部倾垂厉害，所以唐兰将它放在昭王时期[7]。夺尊与夺卣，尊无器型图片（《商周》11703），卣有器型图片（《商周》13233-34），腹部饰垂冠大鸟纹，时代特色明显，所以夺尊年代应在在昭穆之际。诸如此类的例子还有遣尊与遣卣、作册睘尊与作册睘卣、录𢦏尊与录𢦏卣、士上尊与士上卣、戈尊与戈卣等。当然并不是说尊在西周早期没有可供掌控的演化轨迹，只是在我们熟悉了卣的变化轨迹后，再来梳理尊的变化轨迹，就比较清楚了，所以我们不妨用“它山之石，可以攻玉”的办法。

（2）弥补缺少器型图片的遗憾。部分传世青铜器只有铭文拓片，而无器型图片，这给断代造成诸多困惑。如果成为组合，则无论尊还是卣，只要有一方有器型照片，那么即使另一方只有铭文拓片，也就比较容易断代了。譬如元尊与元卣（《商周》11739，13270），前者没有器型图片，《商周》断为西周早期前段，而将后者定为西周早期，经过比较，它们属于同一组合，元卣的腹部倾垂，装饰简朴，仅在盖面及颈部饰两道弦纹，可知是西周早期后段器，所以元尊也是西周早期后段器。兽尊与兽卣（《商周》11702，13231），尊无器型图片，看卣的器型图片，下腹有倾垂感，并结合铭文字形书体，可定在西周早期后段，所以兽尊也是西周早期后段器。嬴季尊与嬴季卣（《商周》11604，13100），前者没有器型图片，单看铭文不易断代，参照卣的器型，腹部倾垂，仅在颈部装饰弦纹与浮雕兽首的做法，年代应在西周早期后段。

（3）相互参酌，加深理解。将尊与卣分开去断代，也许证据不够充分，难以下决断，而若将二者放在一起观察，情况就会变得明朗，好做结论，这就是我们千方百计寻找组合关系——器物之间联系的原因之一。如丏尊与丏卣（《商周》11641，13182），二者都仅有器型摹本，分开来看，特点似乎不很清楚，放在一起看，二者下腹部都有倾垂感，装饰又极其简约，所以可定在西周早期后段。盩司土幽尊与盩司土幽卣（《商周》11720，13225），《商周》断前者在西周早期后段，后者在西周早期，观察盩司土幽卣下腹部开始倾垂，颈部所饰鸟纹已经分尾（如果摹本无误的话），年代也应进入西周早期后段。何尊与何卣（《商周》11705，13224），《商周》将前者定在西周早期后段，后者断在商代晚期，细审铭文，二者很相似，可见年代差距不会这么大，尊有器型图片，虽然是摹本，也能看出器体不高，腹部饰两道夔纹，中间有素面间隔，这种形制与装饰风格，见于伯尊（《商周》11501-02）、曶尊（《商周》11562）、寓尊（《商周》11563）、事尊（《商周》11567），没有早到商代晚期的，所以何尊与何卣的年代都可定在西周早期前段。

三、卣与壶区分的意义

在前两节中，我们不厌其烦地列举众多例子，是要说明如何从组合关系来界定青铜卣的范围以及判断年代。下面我们利用以上知识，对存有分歧意见的青铜卣做一点甄别工作。

《马著》已经辩论过以下器物不是卣而是壶，这里稍作补充。

（1）殷墟刘家庄北地M1046出土的青铜壶（M1046：6）：《综论》称这件青铜壶为卣[8]，但它形体瘦长，与同出的两件扁体卣大相径庭，纹饰也与扁体卣有异，所以无论从形态还是组合关系来看，它都不是卣而是壶。

（2）1999～2000年郑州洼刘西周墓出土的青铜壶（99M1：9）：这件器形体瘦长，纹饰也与同出的一大一小两件扁体卣不同，装饰简约，口沿下及腹部均无纹饰，铭文是："口父作宝尊彝"，与两件扁体卣的器主也不同。

（3）滕州前掌大M120出土的史子日癸壶（M120：23，《商周》12096）：史子日癸壶形态修长，颈部收缩厉害，比较容易与提梁卣区分开来。

（4）宝鸡竹园沟M13：此墓出土1件觚形尊（M13：4），2件筒形卣（M13:1、2），已形成一尊二卣的组合，所以余下的1件父己壶（M13：24）不可能是卣。无论从形态、纹饰还是铭文，父己壶都与同墓出土的尊与卣有较大区别。

（5）河南鹿邑太清宫长子口墓出土青铜壶（M1：218）：发掘报告认为M1:218壶是卣。若与同墓出土的短颈、硕腹的母口卣比较，它的身材修长，盖且为子口，M1:218壶显然是壶而不是卣。

（6）随州叶家山M65：此墓出土1件作尊彝尊（M65：30），1件卣（M65：29），已形成一尊一卣的组合，余下1件即是曾侯作田壶（M65：31），其铭文曰："曾侯作田壶"，自名为壶，再明确不过了。

（7）宝鸡竹园沟M4出土的父乙壶（M4：8）：此墓出土1件强季尊，1件强季卣（M4：1），已形成一尊一卣的组合形式，余下一件即是父乙壶（M4：8）。根据父乙壶上的族徽文字，可知它与强季卣属于不同的主人，其上的十字环带纹也不见于卣上，所以父乙壶的颈腹分界虽然不明显，但它仍然是壶而不是卣。

我们再补充两批资料。

（1）2004年安阳大司空村M303：出土酒器26件，其中有马危尊2件（M303：83，《商周》11236）、马危椭圆体卣2件（M303：119-120，《商周》12702-03）。还有1件马危圆体卣（M303：58），或被称之为壶（《商周》11998）。那两件椭圆体卣没有争议，问题是马危圆体卣是壶吗？它与两件椭圆体卣的铭文一样，均缀有族徽"马危"二字，但是两件椭圆体卣一大一小，符合当时的组合规则，正好与尊形成二尊二卣的组合形式。而马危壶则不同，形体瘦长，纹饰也与两件椭圆体卣不同，所以它不是卣而是壶。

（2）1994年山东滕州前掌大M11：出土史卣2件（M11：111-112，《商周》12631-32），一大一小，通高分别为28.5与40.9厘米。同墓出土史壶1件（M11：96，《商周》11976）。对这三件器的定名，没有什么争议。但是必须看到，史壶也是提梁壶，与大司空村M303马危壶十分接近，比刘家庄北地M1046：6提梁壶、洼刘M1:9提梁壶更像卣，而且通高与小的一件史卣非常接近（28.4厘米），很容易与提梁卣相混淆。通过与两件史卣的比对，可知它是不能被称为卣的。

通过以上分析，可以做一归纳，有这么几种形态的器物，原本叫提梁卣，现在应改称提梁壶：

第一类：颈部较短，颈与腹分界不甚明显，身材略为修长，盖是子口。

这一类器物数量最多，与卣的关联也最复杂，影响面最大。不过近十几年以来，学术界认识越来越明确，倾向于将它们划归为壶类。譬如认为二祀邲其卣及六祀邲其卣是卣，而所谓四祀邲其卣应是壶。吴镇烽先生的近作《商周》一书在这方面区别得较好。如传世应公壶一件（《商周》12171），或以为是卣，但其颈部较长，与另一件应公卣相比，显然是壶。《商周》将其归在壶类是正确的。

第二类：较第一类身材略为宽侈，颈与腹分界更不明显，盖是子口。

这类器物较第一类更像卣，不易区分。有2件沬伯疑壶（《商周》12262-63），《综论》以为卣[9]，《商周》归于壶，《商周》是对的。这两件壶的腹部饰十字环带纹，与曾侯田壶（《商周》12132）十分相似，所以应该断为壶。还有晋侯墓地M113出土十字环带纹壶，或以为卣，但形制与纹饰均与2件沬伯疑壶很接近，是知应为壶。

第三类：颈部较长，颈与腹分界明显，腹部硕大，盖为子口。

这类器因为腹部硕大，与卣有相似之处，所以很多研究者视其为卣。譬如湖北黄陂盘龙城李家嘴M1出土的提梁壶（M1：9），《马著》指出它是壶，与传世的隹壶十分相近，是正确的。还可以补充一点证据。隹壶有两件（《商周》12731-32），形制、纹饰一样，大小也几乎相同（通高分别为30.2与30.7厘米），这一点显然与作为卣的标准背道而驰，因为所有可以确定为同一组合的两件卣，一定是一大一小，没有两件通高相同的。还有小屯M18出土的提梁壶，一般都认为它是卣，其实也是壶。

此外还要讲一下从尊、卣的组合来看它们的发展轨迹。

1. 第一阶段（商代晚期）的尊、卣纹饰形态

（1）纹饰不同者：（8组）

出土品：1986年山东青州苏埠屯M8出土融尊1件、融卣1件，是为同一组合，二者高度接近，但纹饰相去甚远，前者饰兽面纹，后者饰弦纹。1990年安阳郭家庄M160出土亚址尊1件、亚址卣1件，前者通高25厘米，后者35.8厘米，前者朴素，饰弦纹，后者华丽，三层满花，饰鸟纹及直棱纹。1999年安阳刘家庄北M1046出土亚䏌尊1件，亚䏌卣1件，无铭卣1件，尊饰兽面纹，浮雕感强，卣饰夔龙纹，没有浮雕感。传1981年山东费县出土䢅觑尊1件、䢅觑卣1件，前者饰兽面纹，后者饰夔纹。1952年河南辉县褚邱出土聑𠬝妇䊸尊1件、聑𠬝妇䊸卣1件，前者饰大兽面纹，后者饰窄长兽面纹。

传世品：危耳尊与危耳卣，前者饰兽面纹，后者饰斜方格云雷纹。母𡨦日辛尊与母𡨦日辛卣，前者饰兽面纹，后者饰鸟纹直棱纹。何父癸𡨦尊与何父癸𡨦卣，前者饰兽面纹，后者饰鸟纹、直棱纹。

（2）纹饰相同者：（4组）

出土品：有河北正定县新铺商代墓葬出土的日羊尊1件、日羊卣1件；安徽颍上出土的马天豕父丁尊与马天豕父丁卣各1件；山西灵石旌介村M1出土的丙卣2件。

另外还有传世品䢅尊与䢅卣，因为具体情况前面已描述，这里不再赘述。

2. 第二阶段（西周早期）的尊、卣纹饰形态

（1）纹饰不同：（9组）

出土品有1901年陕西宝鸡戴家湾墓地出土鼎尊1件与鼎卣2件的组合，尊饰兽面纹，卣饰鸟纹及直棱纹。山西曲沃天马—曲村M6210出土𢿌尊1件与𢿌卣1件，前者饰兽面纹，后者饰顾龙纹。1971年河南洛阳北窑M26出土的登尊与登卣，前者饰四瓣目纹，后者饰弦纹、涡纹。1981年陕西长安县斗门镇花园村M15出土的麃父尊与麃父卣，前者饰弦纹，后者饰长尾鸟纹，同墓出土的戎𢐗尊与戎𢐗卣，前者饰鸟纹，后者饰弦纹。1961年湖北江陵万城出土的小臣尊与小臣卣，前者饰兽面纹，后者饰夔纹。1948年洛阳出土的保尊与保卣，前者饰兽面纹，后者饰夔纹。

传世品有盠司土幽尊与盠司土幽卣，前者饰夔纹，后者饰鸟纹。仲𢿌尊与仲𢿌卣，前者饰弦纹，后者饰菱形雷纹。

（2）纹饰相同：（32组）

出土品有1927年陕西宝鸡戴家湾墓地出土的用征尊、用征卣。1984～1989年山西曲沃县天马—曲村M6214出土的作旅彝尊与作旅彝卣，M6384出土的𩵦尊与𩵦卣，M6231出土的伯尊与伯卣，M6081出土的伯尊与伯卣。1976年陕西扶风庄白一号窖藏出土的商尊与商卣。1976年长安县马王镇西周铜器窖藏出土的𩀁尊与𩀁卣。1972年陕西扶风刘家村M2出土的𢡱季遽父尊与𢡱季遽父卣。1991年扶风齐家村M5出土的𨛜尊与𨛜卣。1980年陕西宝鸡竹园沟M8出土的作宝尊彝尊与作宝尊彝卣，M7出土的伯各尊与伯各卣。1976年湖北随州安居公社羊子山出土的㫄季尊与传世铜器㫄季卣。1981年陕西长安县斗门镇花园村M17出土的作尊彝尊与作尊彝卣。1969年山东黄县归城小刘庄出土的启尊与启卣。1967年甘肃灵台白草坡M1出土的泾伯尊与泾伯卣。1972年白草坡M2出土的㥏伯尊与㥏伯卣。2011年湖北随州叶家山M27出土的鱼伯彭尊与鱼伯彭卣。1999～2000年郑州洼刘西周墓出土的𨻰尊与𨻰卣。洛阳出土的召尊与召卣。传1929年洛阳马坡出土的士上尊与士上卣。

传世品有作册睘尊与作册睘卣，遣尊与遣卣，作册䍙尊与作册䍙卣，否叔尊与否叔卣，岡劫尊与岡劫卣，𣪕尊与𣪕卣，戈尊与戈卣，長隹壺尊与隹壺卣，倗兄丁尊与倗兄丁卣，觩伯尊与觩伯卣，𢼸尊与𢼸卣，卫尊与卫卣。

3. 第三阶段（西周中期）的尊、卣纹饰形态

（1）纹饰不同：（1组）

录𢦚尊与录𢦚卣，前者饰夔龙纹，后者饰分尾鸟纹。

（2）纹饰相同：（11组）

出土品有1976年陕西扶风庄白一号窖藏出土的丰尊、丰卣，1992年河南平顶山应国墓地M84出土的爯尊与爯卣，1978年扶风齐家村M19出土的作宝尊彝尊与作宝尊彝卣，洛阳出土的效尊与效卣。

传世品有次尊与次卣，屯尊与屯卣，对尊与对卣，述尊与述卣，叔尊与叔卣，邢季㚔尊与邢季㚔卣，免尊与免卣。

由以上事例可知，在商代晚期，尊与卣纹饰相同者只有4组，而不同者有8组，说明尊与卣的相似程度很低；到了西周早期，尊与卣纹饰相同者有32组，而不同者有9组，说明此时尊与卣的相似程度很高；到了西周中期，尊与卣纹饰相同者有11组，而不同者只有1组，虽然从总量来说比中期少，但相似程度的比率升高了。可见尊与卣的组合形式很复杂，有好几种形式，有纹饰相同者，有纹饰不同者。从商代晚期到西周中期，有一个发展完善的过程，越到后来，尊与卣的相似程度越高，组合形式更为稳固，然而也将走向它们的衰落。

多年前我写过一篇文章，讲器类之间的派生关系[10]。关于卣的起源，我认为是从壶那里派生出来的。它出现较晚，大致在商代晚期。现在一般指认的所谓商代早期与中期的卣，其实都是壶，而不是卣。卣先于壶消失，这也符合我们所说的派生关系的基本特点：被派生物流行时间短。这一点与《马著》不同，当然可以继续讨论。

四、结　　语

综上所述，用组合关系法界定的青铜卣，与根据铭文字形、器物形制、装饰风格推定出的青铜卣是一致的，说明这一鉴定方法具有可行性。当然，这只是初步的研究，仅仅局限在青铜卣范围内，还需要更多的例子来证明。

张懋镕

2014年10月23日初稿

2015年11月13日修改

注　释

［1］本文凡引用《马著》观点以及书中资料时，一般不再注明出处，特作说明。

［2］孙华：《商周铜卣新论——兼论提梁壶及铜匜的有关问题》，《洛阳博物馆建馆四十周年纪念文集》，科学出版社，1999年，22～34页。

［3］吴镇烽：《商周青铜器铭文暨图像集成》，本文简称《商周》，上海古籍出版社，2012年。

［4］请参阅裴书研：《商周青铜壶研究》，陕西师范大学硕士学位论文，2012年。

［5］王辉：《卣之定名及其他》，《容庚先生百年诞辰纪念文集》，广东人民出版社，1998年，382页。

［6］徐正考：《汉代铜器铭文研究》，吉林教育出版社，2000年，244页。

［7］张懋镕：《试论西周青铜器演变的非均衡性问题》，《古文字与青铜器论集》（第三辑），科学出版社，2010年，115～117页。

［8］朱凤瀚：《中国青铜器综论》，上海古籍出版社，2009年，1011页。

［9］同［8］，1263页。

［10］张懋镕：《试论中国古代青铜器器类之间的关系》，《古文字与青铜器论集》（第二辑），科学出版社，2006年，133～135页。

目　　录

绪　言

青铜卣是商周青铜礼器中比较重要的盛酒器之一，常常出土于规格比较高的墓葬之中；它的分布范围比较广泛，东北到辽宁，西北至甘肃，西南达广西，东边至山东；它出现的时间比较早，二里冈上层已经出现，商代晚期至西周早期繁荣发展，西周中期在中原地区消失，春秋时期在南方地区偶或见到。

青铜卣是宋人定名，尔后的研究比较零散，或见于著录书籍之中，有照片线图铭文拓片；或见于青铜器通论性著作之中，分型定式一笔带过；或探讨其他器物时偶有论及；或只讨论它的某一方面而忽略其他。为此，我们将从多角度出发多方面研究，力图塑造出青铜卣的"立体"形象。这是本书的写作原因之一。

其二，20世纪对青铜器的研究多偏重于分期断代，注重青铜器类之间横向的联系，但对单个器类的研究也是青铜器研究的重要内容。迄今为止，鼎①、簋②、鬲③、甗④、盨⑤、簠⑥、豆⑦等食器，盘⑧、盉⑨等水器，爵⑩、觚⑪、斝⑫、尊⑬等酒器已有学者做过系统的研究，但是青铜卣，目前为止只有陈梦家先生对其进行过专门研究⑭。他收集了250件青铜卣，对其分型定式，但这些青铜卣多是传世器物。本书拟以出土器为

---

① 梁彦民：《商周青铜鼎研究》，陕西师范大学博士学位论文，2012年。

② 任雪莉：《商周青铜簋整理与研究》，陕西师范大学博士学位论文，2014年。

③ 乔美美：《商周青铜鬲研究》，陕西师范大学硕士学位论文，2008年。

④ 张静：《商周青铜甗初论》，西北大学硕士学位论文，2002年。

⑤ 张懋镕：《两周青铜盨研究》，《考古学报》2003年第1期，后收入《古文字与青铜器论集》（二），科学出版社，2006年，85～113页。

⑥ 胡嘉麟：《两周时期青铜簠研究》，陕西师范大学硕士学位论文，2007年。

⑦ 张翀：《商周时期青铜豆综合研究》，西北大学硕士学位论文，2006年。

⑧ 张婷：《商周青铜盘的初步研究》，西北大学硕士学位论文，2004年。

⑨ 李云朋：《商周青铜盉整理与研究》，陕西师范大学硕士学位论文，2011年。

⑩ 杜金鹏：《商周铜爵研究》，《考古学报》1994年第3期。

⑪ 王文娟：《商周青铜觚研究》，西北大学硕士学位论文，2005年。

⑫ 吴伟：《铜斝研究》，陕西师范大学硕士学位论文，2009年。

⑬ 张小丽：《出土商周青铜尊研究》，西北大学硕士学位论文，2004年。

⑭ 陈梦家：《中国青铜器的形制》，《西周铜器断代》，中华书局，2004年，原载《全美中国艺术学会年报》（Archires of the Chinese Art Society of America）第1期，1945～1946年，26～52页。现由张长寿译成中文。

主，对收集到的596件青铜卣（资料截至2013年年初），进行比较全面系统的研究。

其三，由于青铜卣没有自名，究竟何种形制的器物应该称作卣，这在很长一段时期内成为学术界的热门议题。它和其他器物的区分尤其是和提梁圆壶的区分更是长久地困扰着众多学者。本书试图利用主流形态的青铜卣来确定卣的器形特征，利用主流形态的提梁圆壶确定提梁铜壶的器形特征，然后对比分析大家容易混淆的青铜卣和提梁圆壶，最后梳理出青铜卣的发展脉络。

此外，目前学界习称为卣的器物中还包括动物形卣，我们认为它可能和本书探讨的青铜卣不同，有它独自的发展轨迹[①]，故对其暂不做收录和讨论。

① 陈梦家：《中国青铜器的形制》，《西周铜器断代》，中华书局，2004年。文章中陈先生已经提出动物形卣起源于鸟兽形陶卣的观点；杜迺松：《论青铜鸟兽尊》，《故宫博物院建院70周年纪念特刊》，紫禁城出版社，1995年。在此文中杜先生认为青铜鸟兽尊起源于陶质的鸟兽尊。考虑到青铜卣中有动物形卣，而且铜质尊、卣存在固定组合关系，所以推测动物形卣有可能起源于陶质的动物形器物，故而和本书探讨的青铜卣不同。

第一章　青铜卣研究历史

第一节　青铜卣的著录与资料整理

关于青铜卣的著录情况，可以从器形著录与铭文著录两个方面展开。

一、器形著录与资料整理

1. 宋人对青铜卣的著录

关于青铜卣的著录，目前最早见于宋人吕大临著作《考古图》[①]中。该书卷四收录了8件青铜卣[②]。我们认为这8件器物中，持戈父癸卣（4.48）、父乙卣（4.50）、木父己卣（4.52）、父己足迹卣（4.54）实为觯，龙文三耳卣（4.56）是罍，乐司徒从卣（4.42）应称鈚，只有田卣（4.44）（图1-1）、立戈父己卣（4.46）（图1-2）确应称卣。此外，我们认为该书卷四收录的其他5件器物，商兄癸彝（4.1）、单冏癸彝（4.3）、父辛旅彝（4.17）、祖丁彝（4.31）、父已人形彝（4.33）也应称为卣，容庚先生曾已指出[③]。

在《考古图》之后编撰的《博古图》[④]中，卷九至十一共收录53件青铜卣（田卣、乐司徒从卣已被《考古图》收录），商代30件，周代22件，汉代1件[⑤]。在这53件青铜卣中，商夔龙卣三（10.30）、周垂花卣（11.27）腹部饰蕉叶纹，较罕见。定名方面，高达90%的器物称名正确，但个别器物称名值得商榷，如乐司徒从卣（10.37）实为鈚，商执爵父丁卣（9.24）、商兄癸卣（9.31）、周父乙卣（11.10）应改为提梁圆壶，归入壶类。时代判定方面，《博古图》列为商代的器物，部分时代实可晚至西周，如吴镇烽先生认为商执戈父癸卣（9.7）、商世母辛卣（9.14）、商宝卣一（9.26）、商父

---

① （宋）吕大临：《考古图》，中华书局，1987年。

② 此处所说的8件青铜卣是指《考古图》中定名为卣的器物。

③ 容庚：《宋代吉金书籍述评》，《学术研究》1963年第6期。

④ （宋）王黼等：《博古图》，亦政堂刻本，清乾隆十八年。

⑤ 为行文方便，器物名称、时代均遵从《博古图》。该书收录的这件汉代青铜卣为动物形卣，观其器形纹饰，似商器，因其非本书重点，故此略去。

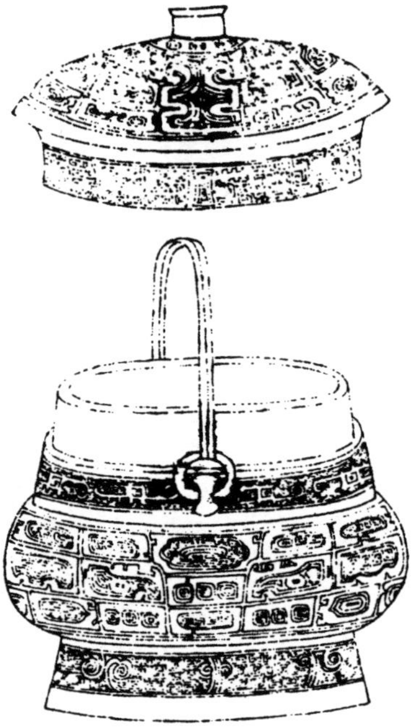

图1-1 田卣

（引自《考古图》）

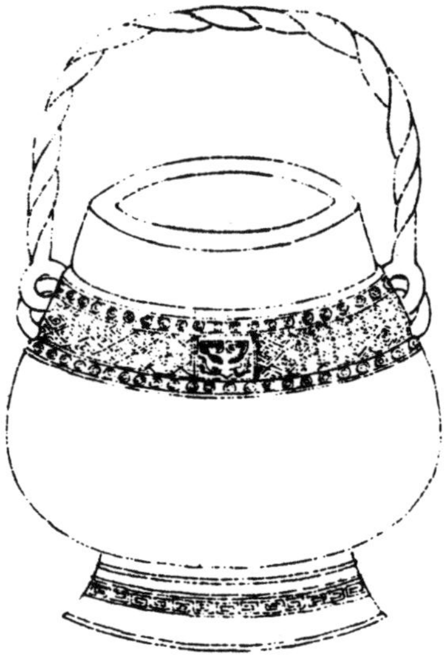

图1-2 立戈父己卣

（引自《考古图》）

辛卣（10.7）等器[①]均属于西周早期。《博古图》中有把周代器物判为商器的问题，但目前还未发现把商代器物视为周代的例子，林欢博士也持此观点[②]。

2. 清人对青铜卣的著录

清代关于青铜卣的著录书籍主要是乾隆四鉴，即《西清古鉴》《西清续鉴甲编》《西清续鉴乙编》《宁寿鉴古》。

《西清古鉴》[③]卷十五至卷十七共收青铜卣95件，有铭者伪（疑）器19件[④]，周从卣（16.24）、周素卣二（17.32）器形罕见，我们疑其非卣。器物定名方面，我们认为周环梁卣一（17.14）、周环梁卣三（17.16）、周环梁卣四（17.17）、周环梁卣五（17.18）、周环梁卣六（17.19）、周环梁卣七（17.20）、周环梁卣八（17.21）、周环梁卣九（17.22）、周环梁卣十（17.23）、周环梁卣十一（17.24）、周环梁卣

① 吴镇烽：《商周青铜器铭文暨图像集成》，上海古籍出版社，2012年，12860、12863、12976、12961器。

② 林欢：《宋代古器物学笔记材料辑录》，上海人民出版社，2013年，3页。

③ （清）乾隆敕编：《西清古鉴》，内府刻本，乾隆二十年。

④ 容庚：《西清金文真伪存佚表》，《燕京学报》第5期，民国十八年；刘雨：《乾隆四鉴综理表》，中华书局，1989年。

十二（17.25）、周环梁卣十三（17.26）、周环梁卣十四（17.27）、周环梁卣十五（17.28）、周绳梁卣二（17.30）应为提链壶；周列卣（15.25）、周伯矩卣（16.4）、周车卣（16.9）、周立旗卣（16.26）、周主孙卣（16.34）、周子孙卣二（16.36）、周析子孙卣一（16.37）、周凤纹卣（17.6）应称提梁圆壶，其余器物称卣是正确的（如图1-3～1-7）。

《西清古鉴》之后编修的《西清续鉴》，分甲、乙两编。《西清续鉴甲编》[①]卷八收录21件青铜卣，其中商器1件，其余均为周器。但这些器物真伪参半，有铭者16件，只有8件为真[②]。时代判定方面，只有2件判断准确，其余均和《博古图》一样，视周器为商器；称名方面，我们认为周史卣（8.10）、周鸡卣（8.17）应为提梁圆壶，其他器物称名正确。《西清续鉴乙编》[③]卷八收录20件青铜卣。其中有铭者14件，只有周父辛卣（8.8）为真，其余皆伪[④]。无铭文者我们认为周环梁卣一（8.22）、周环梁卣二（8.23）是提链壶，周夔纹卣（8.19）、周雷纹卣一（8.20）、周雷纹卣二（8.21）、周绳梁卣（8.24）确为卣。

《宁寿鉴古》[⑤]卷七收集青铜卣17件，其中商代卣2件、周代卣14件、汉代卣1件。有铭者9件，7件为真。无铭文者7件，其中周绳纹卣（7.18），环耳较大靠近器口，较罕见；周饕餮卣（7.20）是四足卣；其余5件器物称名正确。

清代，除了宫廷皇室收藏钟鼎彝器，还有一些达官贵人喜好古物，蒐集著书。如《长安获古编》[⑥]收录4件青铜卣，即效卣（图1-8）、父戊卣（图1-9）、女子小臣儿卣、父秉卣，后两件器物我们认为是提梁圆壶。《陶斋吉金录》[⑦]收录光绪年间陕西宝鸡斗鸡台出土的2件鼎卣。

民国以来，政局动荡，多数藏家藏品零落殆尽，且大多流向国外。《海外吉金图录》[⑧]收录了流散在日本的器物158件，其中青铜卣19件。《美帝国主义劫掠的我国殷周铜器集录》收录流散在美国的青铜卣76件（A556～A632）[⑨]，每件器物记载其器形著录、铭文著录、尺寸、铭文、时代、出土后的藏家、现藏及其他事项共8类，并附正

---

① （清）王杰等：《西清续鉴甲编》，涵芬楼石印本，宣统三年。

② 容庚：《西清金文真伪存佚表》，《燕京学报》第5期，民国十八年。

③ （清）王杰等：《西清续鉴乙编》，宝蕴楼抄本石印本，1931年。

④ 容庚：《西清金文真伪存佚表》，《燕京学报》第5期，民国十八年；刘雨：《乾隆四鉴综理表》，中华书局，1989年。

⑤ （清）乾隆敕编：《宁寿鉴古》，涵芬楼石印本，1913年。

⑥ （清）刘喜海：《长安获古编》，刘鹗补刻标题本，光绪三十一年。

⑦ （清）端方：《陶斋吉金录》，光绪三十四年石印本。

⑧ 容庚：《海外吉金图录》，1935年考古学社专集第三种影印本。

⑨ 中国科学院考古研究所：《美帝国主义劫掠的我国殷周铜器集录》，科学出版社，1962年，107～119页。

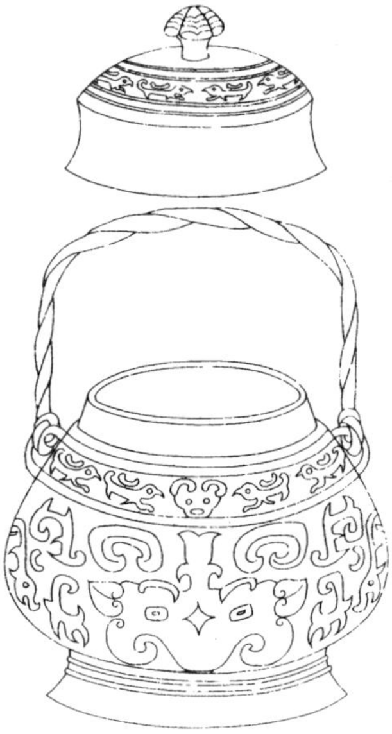

图1-3　商父丁卣

（引自《西清》）

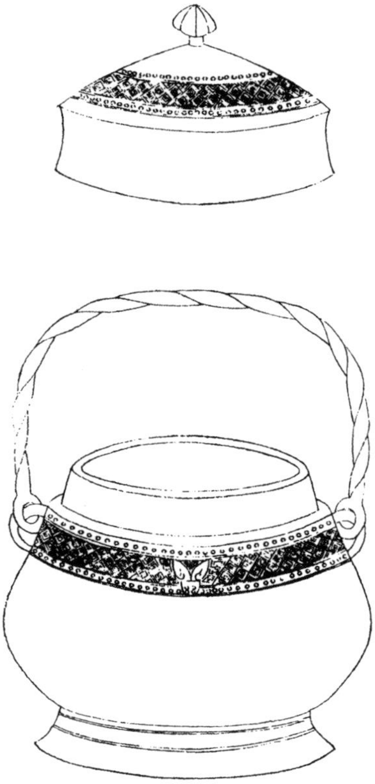

图1-4　商瞿卣

（引自《西清》）

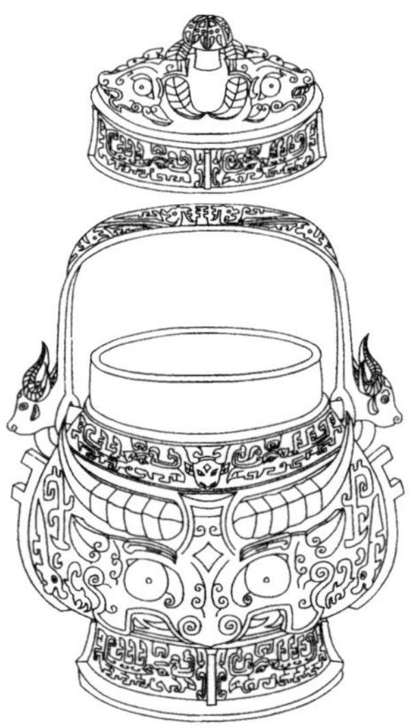

图1-5　周承卣

（引自《西清》）

图1-6　周禾卣

（引自《西清》）

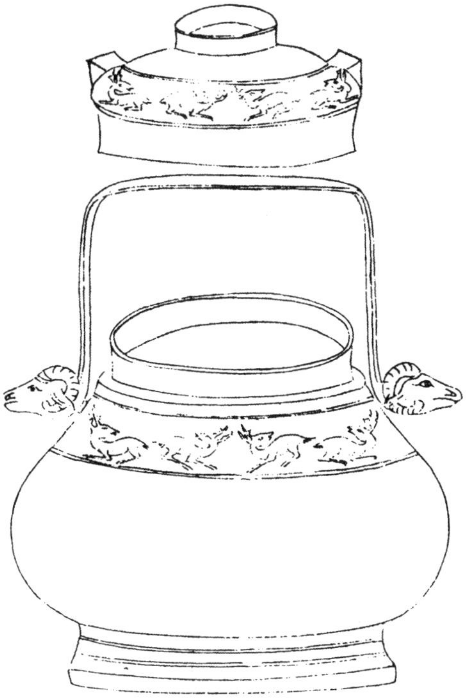

图1-7　周貉子卣

（引自《西清》）

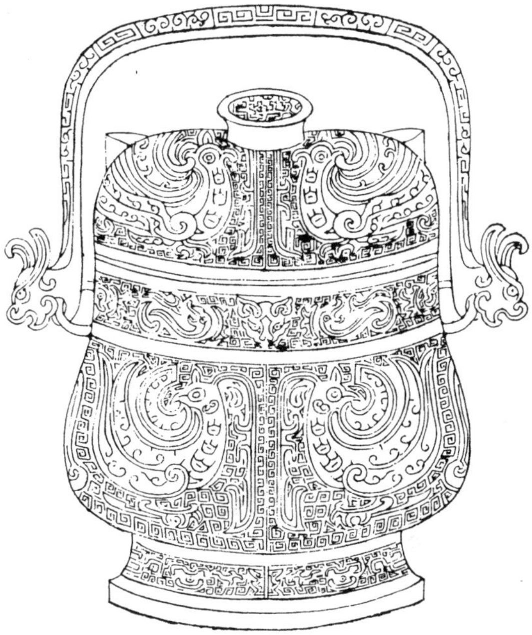

图1-8　效卣

（引自《长安获古编》）

面、侧面照片，有的还有局部照片。作者将这76件器物分为十一个不同的类群。其中A556～A591、A608～A631为青铜卣，有仅在盖面、颈部、圈足装饰花纹的罐形青铜卣（A556～A569），有通体装饰花纹的罐形青铜卣（A578～A591），有鸮形卣（A570～A577），有直筒形青铜卣（A608～A609），有盖顶圈状捉手的青铜卣（A610～A613），有器盖两侧有犄角的青铜卣（A614～A631）；A592～A596和A597～A607为提梁圆壶，A632为人面形卣，似盉。

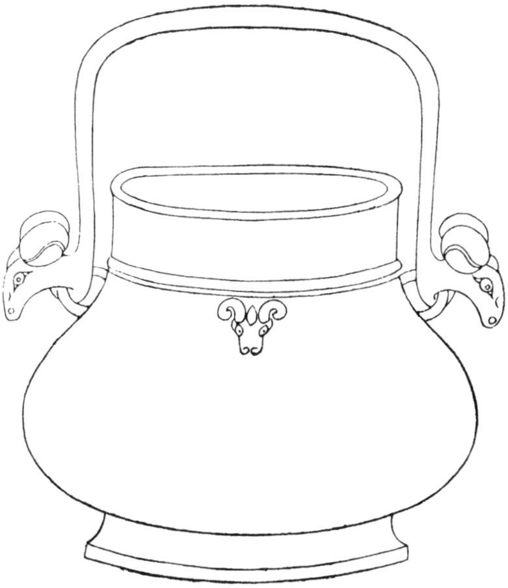

图1-9　父戊卣

（引自《长安获古编》）

3. 今人对青铜卣的著录

1949年以后，随着全国田野考古工作如火如荼地开展，出土青铜卣逐渐增多，除了见诸《文物》《考古》《考古学报》《考古与文物》等期刊及考古发掘报告外，还有专门著录青铜器的书籍。《殷墟青铜器》[①]收录了1958～1982年殷墟发掘出土的青铜卣11件，其中妇好墓出土的龙头提梁卣（M5：765）、M18出土的蛇头提梁卣（M18：10），我们认为是提梁圆壶。《安阳殷墟青铜器》[②]收录6件青铜卣，多数属首次公布资料。《殷墟新出土青铜器》[③]收录6件青铜卣，多数为近年新出土且资料已公布。

《中国青铜器全集》[④]收录了近代考古学传入中国以来田野发掘出土的青铜器。卷二至卷六收录有青铜卣。其中，卷二，亚址卣形器（2.65、66）似应改名为提梁鼎，归入鼎类；卷三共收集青铜卣23件，其中鸮卣（3.136）、鸮卣（3.137）、敍卣（3.138）是动物形卣，兽面纹卣（3.114、3.115、3.116、3.118）、北单卣（3.117）、册告卣（3.119）、四祀邲其卣（3.129-130）、兽面纹方卣（3.133）、亚矣方卣（3.134），我们认为其皆应称为提梁壶；卷五收集青铜卣6件，其中太保鸟形卣（5.176）属于动物形卣；卷六收集青铜卣17件，其中鱼父已卣（6.32）我们称之为提梁圆壶；卷九收集1件提链簋形卣（9.20）[⑤]，我们认为其应称为提链簋，归入簋类；卷十一收集春秋晚期青铜卣6件。

《周原出土青铜器》[⑥]是一部区域性图录类著作，收录西周时期青铜卣16件。大部分器物配有器物线图、照片，并附有局部照、细节图，方便学者观察研究。《夏商周青铜器研究》[⑦]收录上海博物馆馆藏的器物，其中青铜卣26件。《河南出土商周青铜器》[⑧]、《陕西出土商周青铜器》[⑨]也收录有青铜卣若干件。

---

① 中国社会科学院考古研究所：《殷墟青铜器》，文物出版社，1985年。

② 安阳市文物工作队、安阳市博物馆：《安阳殷墟青铜器》，中州古籍出版社，1993年。

③ 中国社会科学院考古研究所、安阳市文物考古研究所：《殷墟新出土青铜器》，云南人民出版社，2008年。

④ 中国青铜器全集编辑委员会：《中国青铜器全集》共16卷，文物出版社，1996～2005年。后文中该书简称为《全集》，并不再加注。

⑤ 《中国青铜器全集》9.20，图版说明第7页。

⑥ 曹玮：《周原出土青铜器》，巴蜀书社，2005年。

⑦ 陈佩芬：《夏商周青铜器研究》，上海古籍出版社，2004年。

⑧ 河南出土商周青铜器编辑组：《河南出土商周青铜器》，文物出版社，1981年。

⑨ 陕西省考古研究所等：《陕西出土商周青铜器》，文物出版社，1979～1984年。

二、铭文的著录与资料整理

1. 宋人对铭文的著录

薛尚功著《历代钟鼎彝器款识法帖》[①]是先以时代为纲，再以器类区分，最后按照铭文字数从少到多排列。书中摹写铭文，列出释文，并略加考释，其铭文大多来自《考古图》与《博古图》。卷三收录商卣铭文34例，卷十四收录周卣铭文10例。王俅《啸堂集古录》[②]是先以器类区分，同一器类区分时代，再下则排列无序。书中上摹铭文，下列释文，但是对释文未加考证，收录青铜卣铭文38例。王厚之著《钟鼎款识》[③]，收录的青铜器铭文多见于《博古图》和《历代钟鼎彝器款识法帖》，书中收录有铭文的青铜卣7件，即商举己卣、周师淮父卣盖、周鸡单卣、商册卣、商父辛卣、商父己卣、商父丁卣。今人刘昭瑞先生对宋人著录的青铜器铭文做了整理，把其分为商器、西周器、春秋器、封国器和附录五类。其中商器共195种，青铜卣（盖）30件，西周器202种，卣11件[④]。

2. 清人对青铜卣铭文的著录

《积古斋钟鼎彝器款识》[⑤]遵循《历代钟鼎彝器款识法帖》体例，上列铭文下列释文，右附考释，并记载铭文著录情况。卷一收商卣铭文14例、卷五收周卣铭文8例。《捃古录金文》[⑥]在编排体例上先按器类排列，同一类器物按照铭文字数多少排列。这与之前的著录书不同，开创了新的体例。书中收录72例青铜卣铭文。清末民初，还有一些著作也收录了青铜卣铭文，但因内容雷同且收录青铜卣铭文篇幅较少，如《古籀拾遗》[⑦]考证了《历代钟鼎彝器款识法帖》中收录的14条、《筠清馆金石录》22条，均只有一条与卣相关，分别为单癸卣、周瞏卣，故此略去。

3. 今人对青铜卣铭文的著录

1949年以后，对青铜卣铭文的著录主要体现在几部大型的铭刻集录书中。《殷周

---

① （宋）薛尚功：《历代钟鼎彝器款识法帖》，中华书局，1986年。
② （宋）王俅：《啸堂集古录》，中华书局，1985年。
③ （宋）王厚之：《钟鼎款识》，阮元积古斋藏宋拓本摹刻本，清嘉庆七年。
④ 刘昭瑞：《宋代著录商周青铜器铭文笺证》，中山大学出版社，2000年。
⑤ （清）阮元：《积古斋钟鼎彝器款识》，自刻本，嘉庆九年。
⑥ （清）吴式芬：《捃古录金文》，吴氏家刻本，光绪二十一年。
⑦ （清）孙诒让：《古籀拾遗》，自刻本，光绪十六年。

金文集成》[①]共十八册，收录了宋代以来各家著录、国内外主要博物馆收藏和1949年以后各地出土的殷周有铭青铜器11 983件，卷九收录有铭文的青铜卣733件。《流散欧美殷周有铭青铜器集录》[②]收录青铜卣33件，《殷周金文集成》中未著录者22件，铭文及图像未见著录者18件，图像未见著录或仅见线图、全形拓者6件。

《商周金文总著录表》[③]内容以《殷周金文集成·说明》《近出殷周金文集录·说明》两书为主，是一部到目前为止较为齐备的殷周金文著录总表。共收器13 337件，其中著录青铜卣799件。

《新收殷周青铜器铭文暨器影汇编》[④]有明确出土地点的器物按出土地点和墓号编排，出土地点不详的器物按收藏处所编排。该书共收器2005件，其中青铜卣79件。

《商周青铜器铭文暨图像集成》[⑤]是按器类编排，同一器类按铭文字数从少到多编排。书中收集考古发掘、公私收藏等有铭青铜器19 505件，其中青铜卣826件（12521～13347）。

此外在其他书籍中也收录青铜卣铭文，如《北京图书馆藏青铜器铭文拓本选编》[⑥]收录12例青铜卣铭文。《商周金文录遗》[⑦]共收集有铭青铜卣46件。

关于青铜卣的著录和资料整理，除了器形和铭文以外，还有一些工具书，如《甲骨文编》[⑧]《金文编》[⑨]《青铜器论文索引》[⑩]《金文今译类检》[⑪]等。它们为我们研究青铜卣提供了极大的便利。

---

① 中国社会科学院考古研究所：《殷周金文集成》（共十八册），中华书局，1984～1994年。

② 刘雨、汪涛：《流散欧美殷周有铭青铜器集录》，上海辞书出版社，2007年。

③ 刘雨、沈丁、卢岩、王文亮：《商周金文总著录表》，中华书局，2008年。

④ 钟柏生、陈昭容、黄铭崇、袁国华：《新收殷周青铜器铭文暨器影汇编》，艺文印书馆，2006年。

⑤ 吴镇烽：《商周青铜器铭文暨图像集成》，上海古籍出版社，2012年。后文中该书简称《图像》，并不再加注。

⑥ 北京图书馆金石组：《北京图书馆藏青铜器铭文拓本选编》，文物出版社，1985年。

⑦ 于省吾：《商周金文录遗》，中华书局，1993年。

⑧ 中国科学院考古研究所：《甲骨文编》，中华书局，1965年。

⑨ 容庚：《金文编》，中华书局，1985年。

⑩ 孙稚雏：《青铜器论文索引》，中华书局，1986年；张懋镕、张仲立：《青铜器论文索引》（1982~2001）（全三册），香港明石馆，2005年；张懋镕：《青铜器论文索引》（2002~2006）（上下两册），线装书局，2008年。

⑪ 金文今译类检编写组：《金文今译类检·殷商西周卷》，广西教育出版社，2003年。

第二节　青铜卣的研究简史

关于青铜卣的研究，可按器物断代、类型学研究、单个器物研究、专门研究、理论方法等专题展开。

一、断代研究

对青铜卣的断代研究，滥觞于宋。宋人大多依据铭文字数、字形、日名、出土地点、纪时词语、铜器形制、纹饰对比及与文献所载人名对比等方法进行断代[①]。尽管有些方法我们现今仍在使用，但宋人多是粗略地把青铜卣分为商和周两个阶段，且往往把商器归为周器。清人学者对铭文断代的方法多沿袭宋人，以乾隆四鉴为例，“书中将殷器误断为周者最多，周器误断为商者也不少”[②]。

近代学者对青铜卣的断代研究，多集中在西周有铭器。目前大多可将其明确指向某一王世。郭沫若先生采用“标准器断代法”，对250件西周青铜器进行断代，其中青铜卣16件。具体来说，䚄卣、睘卣、趞卣（图1-10）、员卣、臣辰卣为成王时器；庚嬴卣为康王时器；盂卣为昭王时器；静卣（2件）、﨏卣、录𢦏卣、競卣（2件）（图1-11、1-12）为穆王时器；匡卣为共王时器；𥁕卣、效卣为孝王时器[③]。

图1-10　趞卣

（引自《西周铜器断代》）

陈梦家先生在考释青铜器铭文时，注重结合文献记载，讨论不同器物内容之间的关联。考释的青铜卣有16件，分别是：保卣，武王时器；明保诸器的作册䚄卣、毕公诸器的作册魖卣（图1-13）、王在诸器的趞卣、作册睘卣（图1-14）以及其他诸器亖卣、鄂侯弟𤰈季卣、息伯卣属于成王时器；小臣静卣、

① 雒有仓：《宋代学者对族氏铭文的整理与研究》，《文献季刊》2008年第4期。

② 曾宪通：《清代金文研究概述》，《曾宪通学术文集》，汕头大学出版社，2002年，283页。

③ 郭沫若：《两周金文辞大系图录考释》，科学出版社，1957年。

图1-11　競卣一
（引自《西周铜器断代》）

图1-12　競卣二
（引自《西周铜器断代》）

图1-13　作册魖卣
（引自《西周铜器断代》）

图1-14　作册睘卣
（引自《西周铜器断代》）

耳卣为成康时器；庚嬴卣、競卣、貉子卣、作册嗌卣为康王时器；同卣为昭王时器；匡卣为懿王时器[①]。

唐兰先生对300多件青铜器进行了断代，有青铜卣24件。其中宾卣、北伯㲀卣、孝卣共3件属于成王时器；高卣盖，康王时器；作册翻卣、叔卣、员卣、臣辰父癸卣、启卣、盠卣、趞卣、息伯卣、作册睘卣共9件属于昭王时器；作册䰧卣、貉子卣、静卣、农卣、效卣、庚嬴卣、競卣、稽卣、彔䧹卣共9件属于穆王时器；次卣1件，共王时器；匡卣1件，懿王时器[②]。

彭裕商先生把传世器物和出土器物对比分析，认为岡劫器（尊、卣）属于成王时器，记载的是周初平息三监武庚叛乱之事，年代在成王二年至成王三年间；保卣作器者保是殷遗民，属成王时器；卿卣属于成王早期器物；北伯卣属于康王时器；盠卣、小臣静卣、小臣传卣、作册䰧卣、息伯卣共5件属于昭王时器；录卣、稽卣、競卣、员卣、启卣、叔趪父卣、繁卣、同卣、农卣、庚嬴卣、孟卣共11件属于穆王时器；匡卣属于孝王时器[③]。

这四位学者对青铜卣断代做出的贡献是有目共睹的，但是我们发现，即便是对同一件器物，他们的观点也并不一致，如（表1-1）[④]所示：保卣，陈梦家定在武王时器，唐兰和彭裕商定在成王；作册翻卣，郭沫若和陈梦家定在成王时器，唐兰和彭裕商定在昭王；员卣，郭沫若和陈梦家定在成王，唐兰定在昭王，彭裕商定在穆王；盠卣，陈梦家定在成王，唐兰和彭裕商定在昭王；等等。

表1-1　西周青铜卣年代诸说表

诸说／器名	郭沫若	陈梦家	唐兰	彭裕商	张懋镕
保卣		武	成	成	成
作册翻卣	成	成	昭	昭	昭
员卣	成	成	昭	穆	昭
盠卣		成	昭	昭	昭
息伯卣		成	昭	昭前后	昭
趞卣	成	成	昭	昭	昭
作册睘卣	成	成	昭	昭	昭

① 陈梦家：《西周铜器断代》，中华书局，2004年，曾连载于《考古学报》1955年9册到1956年4册。

② 唐兰：《西周青铜器铭文分代史征》，中华书局，1986年。

③ 彭裕商：《西周青铜器年代综合研究》，巴蜀书社，2003年。

④ 该表曾参考《西周青铜器断代诸说表》，见张懋镕：《试论西周青铜器演变的非均衡性问题》，《考古学报》2008年第3期。

续表

器名＼诸说	郭沫若	陈梦家	唐兰	彭裕商	张懋镕
作册䰠卣		成	穆	昭	昭
静卣	穆	成康	穆	穆共	穆
效卣	孝	康	穆	穆	穆
庚嬴卣	康	康	穆	穆	穆
競卣	穆	康	穆	穆	中偏早
䄎卣	穆	康	穆	穆	穆
彔戜卣	穆	康	穆	穆	穆
匡卣	懿	懿	懿	孝	懿

出现这种分歧的原因是什么呢？张懋镕先生认为："产生分歧的客观原因在于：西周青铜器的发展呈现一种时快时慢的不平衡的态势。""即便在同一件青铜器上，其形状、纹饰、铭文的演进速度也不是同步的。"[①]据此，张先生将这些器物时代逐一校正，即保卣为成王时器；作册睘卣、员卣、䍙卣、息伯卣、趞卣、作册䰠卣为穆王时器；静卣、效卣、庚嬴卣、䄎卣、彔戜卣为穆王时器，競卣属中期偏早，匡卣为懿王时器。

二、类型学研究

最早对青铜器研究进行类型学尝试的当属李济先生。他把殷墟出土的76件容器分为五目，目之下分式。圈足目有卣形器，两件标本分别出自M238和M331[②]，但我们认为应属于提梁圆壶。

陈梦家先生把收集到的250多件青铜卣分为11类，即A早期卣、B罐形卣、AB型、C鸮形卣、D有棱卣、AD型、BD型、E筒形卣、F壶形卣、G少见的诸形卣、H周代卣[③]。《美帝国主义劫掠的我国殷周铜器集录》中对76件青铜卣的分类，就是这一思路的延续。容庚先生把23件青铜卣分为5类，即鸟兽卣属、提梁卣属、有流卣属、无流卣属、方卣属[④]。他们所使用的标本多是传世器，对青铜卣的分类较为粗糙，可视为青铜卣类型学研究的肇始。

① 张懋镕：《试论西周青铜器演变的非均衡性问题》，《考古学报》2008年第3期。
② 李济：《记小屯出土之青铜器·容器的形制》，《中国考古学报》1948年第3期。
③ 陈梦家：《中国青铜器的形制》，《西周铜器断代》，中华书局，2004年，525～542页。
④ 容庚、张维持：《殷周青铜器通论》，文物出版社，1984年。

随着近代考古学的发展，运用类型学指导器物分类已成为学术“自觉”。郭宝钧先生利用出土资料对青铜器进行分群，首次提出并应用了界标分群法①。马承源先生把商代青铜卣分为扁圆体卣、圆体卣、筒形卣和方卣，西周青铜卣分为扁圆体卣、椭圆体卣、筒形卣、鸟兽形卣②。

朱凤瀚先生将青铜卣分为10型，A型深鼓腹、B型圆球状腹、C型葫芦形圆鼓腹、D型方腹、E型扁罐形卣、F型圆角长方形腹、G型高扁腹、H型长颈圆鼓腹瘦高体、I型长圆筒形腹、J型鸟兽形卣③。

王世民等先生选取了11个器类的353标本进行详细的类型学研究。它们均是常见的器类，或在西周高级贵族大墓发掘出土，或是保存较好的窖藏铜器，或是传世品种的成组铜器，或是零星出土和传世品中的标准器，或是其他年月历日俱全的有重要铭文的铜器。其中青铜卣标本23件，分为三型，即长颈壶形卣，依据器体分为二式；扁圆体罐形卣，依据盖形分为三式；直筒形卣。其中长颈壶形卣主要流行于西周早期；扁圆体罐形卣流行时间从西周早期成王到西周中期穆王时期；直筒形卣数量较少，流行于西周早期④。

彭裕商先生把西周青铜卣分为三型：A型罐形，依据捉手分为四式；B型壶形，区分为壶形盖和卣形盖；C型筒形，根据形体分为二式。A型Ⅰ式承晚殷而来，下限不早于康王时期；A型Ⅱ式流行于成康时期，下限延及昭王；A型Ⅲ式流行于康昭时期，上及成王，下延穆世；A型Ⅳ式流行于穆王时期。B型“起于晚殷，流行于周初成康时期，下限到康昭之际”。C型Ⅰ式流行于西周早期，C型Ⅱ式标本盨卣是昭王时器⑤。

以上诸位学者的观点差别不甚明显，反映了青铜卣类型学研究渐趋成熟，但是对于究竟哪些器物应称为青铜卣，则观点不一。大多数学者遵循有提梁为卣，无提梁为壶的原则，将提梁圆壶归入卣中，如陈梦家、容庚、朱凤瀚、彭裕商、王世民诸位先生；但也有例外，马承源先生就把提梁铜壶从卣中剔除，归入壶中。

至于青铜卣的起源与消失，更是众说纷纭。容庚先生认为青铜卣可能是模仿陶器的形制长期演变而来，后来受到其他器形的影响，演化为各种形状，“如体圆如柱的，有体如瓿的，有体方的”⑥。郭宝钧先生认为卣和壶同源，仿自瓠壶，“穆王后中绝”，战国以后卣多被提梁壶替代⑦。

---

① 郭宝钧：《商周铜器群综合研究》，文物出版社，1981年。

② 马承源：《中国青铜器》，上海古籍出版社，1988年。

③ 朱凤瀚：《中国青铜器综论》，上海古籍出版社，2009年，199～208页。

④ 王世民、陈公柔、张长寿：《西周青铜器分期断代研究》，文物出版社，1999年，121～130页。

⑤ 彭裕商：《西周青铜器年代综合研究》，巴蜀书社，2003年，187～191页。

⑥ 容庚、张维持：《殷周青铜器通论》，文物出版社，1984年。

⑦ 郭宝钧：《商周铜器群综合研究》，文物出版社，1981年。

另外，还有一些文章，谈到青铜卣的时代特征，如《殷墟青铜器的分期与年代》① 《殷代青铜礼器的分期与组合》②。

三、专项研究

1. 青铜卣定名

青铜卣是宋人定名，之后学者多遵从其说。20世纪80年代，台湾学者吴匡先生首先提出不同观点。他依据甲骨文、金文中“卣”字字形特征，以及文献中对卣的记载认为“卣”是指彝器中的觥和鸟兽尊，并推论它的前身是陶鬶③。孙华先生从分析《考古图》中乐司徒从卣的自名和《重修宣和博古图》对卣的分类出发，肯定习称为卣的器物器形应该是觥④。刘昭瑞先生依据河南平顶山薛庄乡北滍村出土的一件青铜卣，铭文为“光作用壶”，断定习称为卣的器物应该改作壶⑤。

王辉先生从宋人对卣之定名、今人对卣的分类及解说、古文字中所见的卣以及文献中所见的卣四个方面梳理了卣的定名分类、功用，认为直筒形提梁器因自名为铚应从卣中排除⑥。张亚初先生考订了壶自名为卣的器物，分析了壶与卣在形制与功用方面的关联，提出了提梁圆壶不能称为卣的诸多特征⑦。

以上五家观点，大体可分为两类：一类以孙华、吴匡、刘昭瑞为代表，认为习称为卣的器物应称为觥和鸟兽尊、壶；一类以王辉和张亚初为代表，认为直筒形提梁卣和提梁圆壶应从习称为卣的器物中剔除。究其思路，可分为三类：一是主要依据古文字字形分析器形特征进而讨论器物定名，一是以铭文自名为主讨论器物定名，一是结合铭文、器形、组合等方面讨论器物定名。不可否认，古文字字形在某种程度上“忠实”地反映了器物特征，器物自名也是讨论定名的直接方法。但是，字形产生和自名出现往往晚于器物的产生。所以，我们较为认同张亚初先生的观点。

---

① 郑振香、陈志达：《殷墟青铜器的分期与年代》，《殷墟青铜器》，文物出版社，1985年，27～78页。

② 杨锡璋、杨宝成：《殷代青铜礼器的分期与组合》，《殷墟青铜器》，文物出版社，1985年，79～102页。

③ 吴匡：《说卣》，《大陆杂志》68卷，1984年第6期。

④ 孙华：《商周铜卣新论——兼论提梁铜壶及铜匜的有关问题》，《洛阳博物馆建馆四十周年纪念文集（1958～1998）》，科学出版社，1999年。

⑤ 刘昭瑞：《爵、尊、卣、鍪的定名和用途杂议》，《文物》1991年第3期。

⑥ 王辉：《卣之定名及其他》，《容庚先生诞辰百年纪念文集》，广东人民出版社，1998年，371～388页。

⑦ 张亚初：《商周卣壶考述》，《容庚先生诞辰百年纪念文集》，广东人民出版社，1998年，360～370页。

2. 青铜卣所见文化传播

李学勤先生谈论了湖南湘潭、岳阳、衡阳出土的几件青铜卣，认为它们是百越的器物。通过比较它们和中原地区青铜卣，发现百越地区青铜卣器物形制与中原地区穆王时期相同，但纹饰却具有南方地区的显著特点，应属于春秋晚期前后器[①]。

李学勤先生比较了1990年河南安阳郭家庄M160墓出土青铜卣与1901年陕西宝鸡斗鸡台出土的青铜卣的形制特征，通过郭家庄M160的时代判定宝鸡斗鸡台青铜卣的时代，推论它是西虢最早的器物[②]。

3. 青铜卣铸造

张光裕先生认为青铜卣多是使用“V”形卯合设计铸造的，并分为器口沿下“V”形下凹和“V”形上凸两种类型[③]。

岳占伟、岳洪彬、刘煜等根据安阳市铁路苗圃北地、孝民屯东南地和孝民屯村南地等铸铜遗址内出土的陶范，结合殷墟出土的表面残留较明显范线的青铜器，谈论殷墟陶范铸造青铜器的分范问题。其中青铜卣有两种分范方式：一种是“无水平分范，垂直分为4扇，有1块顶范，用此方式铸造1件青铜卣需5块范”；一种是“在肩部水平分为2段，每段垂直分为4扇，有1块顶范，用此方式铸造1件青铜卣需9块范。这是殷墟时期流行的分范方法”[④]。

李新秦、杨倩著文认为伯各卣是陶范法复合范技术和分铸技术的典型代表作[⑤]。谭德睿先生发表系列文章，以典型器物图解青铜卣的铸造[⑥]。

4. 单个器物研究

对青铜卣单个器物研究的文章较多的是关于邲其三卣。六祀邲其卣据铭文应定名为𫉬卣。李学勤先生判定这3件器物属于殷末帝辛时期的标准器，并通过与保卣、保尊的对照研究，认为二祀邲其卣所记是商王帝辛在夆地举行的会同之礼，而邲其和保身

---

① 李学勤：《百越的尊、卣》，《比较考古学随笔》，广西师范大学出版社，1997年。

② 李学勤：《郭家庄与斗鸡台——从卣的关联看殷周文化异同》，《学习与探索》1999年第3期。

③ 张光裕：《商周V形卯合设计的青铜器》，《文物》1991年第12期。

④ 岳占伟、岳洪彬、刘煜：《殷墟青铜器的铸型分范技术研究》，《殷墟新出土青铜器》，云南人民出版社，2008年，42页。

⑤ 李新秦、杨倩：《宝鸡強国墓地出土伯各卣铸造工艺的研究》，《文物世界》2011年第1期。

⑥ 谭德睿：《商晚期分铸技术铸成的提梁卣》，《特种铸造及有色合金》2007年第12期；《徙卣——商代整体铸型的又一实例》，《特种铸造及有色合金》2008年第7期；《古父己卣——活块范、分铸技术娴熟运用的青铜器》，《特种铸造及有色合金》2009年第4期。

份相似，均是在典礼中执贶赐之事[①]。

杜迺松先生认为𠨘其属于亚獏家族或亚獏是𠨘其的族徽，通过器形特征、铭文内容风格、花纹等综合判断，他认为𠨘其三器属于帝乙、帝辛时期[②]。张政烺先生回顾器物流传过程，根据铭文所刻位置和内容认为二祀𠨘其卣和四祀𠨘其卣铭文是假的[③]。朱凤瀚先生首先确认二祀𠨘其卣的器形没有疑点，四祀𠨘其卣器形真伪暂时难以下结论。但是两件器物的铭文，作者认为“铭文所记祀典可以排进帝辛时期的周祭祀谱”，且“铭文所述地点之间的相互位置符合殷墟卜辞所见殷代地理情况”，因此是可信的[④]。孙稚雏先生认为六祀𠨘其卣铭文毫无问题，但对于二祀𠨘其卣和六祀𠨘其卣，则不同意张政烺提出的疑点[⑤]。

张光裕先生因二祀𠨘其卣和四祀𠨘其卣经过修复，怀疑器铭是否原器原配，建议采用X射线进行检视，实仍对其真伪存疑[⑥]。丁孟、建民先生通过用X射线探伤机对二祀𠨘其卣和四祀𠨘其卣检测，发现器物的“底部和圈足是完整的，铭文是在原底上，看不出作伪的痕迹”[⑦]。

连劭名先生认为三器铭文绝无问题，认为𠨘其在商王朝担任的官职相当于《周礼》中的“大宗伯”或《礼记 · 曲礼》中的“大祝”，是商王朝宗教活动方面的高级官吏。六祀𠨘其卣的作器者是作册孯，是𠨘其的下属官吏[⑧]。

叶正渤先生通过对铭文的考释认为商代晚期运用祀周年制度计时，即日、旬、月、祀，一旬10日，一月3旬，一年12月，360日，无大小月之分，大概6年置一闰月[⑨]。

此外杜迺松先生认为毓祖丁卣属于商代末期帝乙、帝辛时期，铭文中提到的“后祖丁”可能是帝辛的祖父文丁[⑩]。张懋镕先生认为保卣器主保是殷人后裔，并从铭文称谓，纪年，贶、蔑历、赐等常用语分析该器是殷周文化交汇、融合的产物[⑪]。

杨文山先生认为叔趯父卣属于康王时器，铭文记载的是邢国臣谏抗戎援軝后常驻

---

① 李学勤：《𠨘其三卣与有关问题》，《全国商史学术讨论会论文集》，殷都学刊编辑部，1985年。

② 杜迺松：《𠨘其三卣铭文考及相关问题的研究》，《故宫博物院院刊》1985年第4期。

③ 张政烺：《𠨘其卣的真伪问题》，《故宫博物院院刊》1998年第4期。

④ 朱凤瀚：《有关𠨘其卣的几个问题》，《故宫博物院院刊》1998年第4期。

⑤ 孙稚雏：《𠨘其三卣应先辨真伪》，《故宫博物院院刊》1998年第4期。

⑥ 张光裕：《故宫博物院藏𠨘其三卣笔谈》，《故宫博物院院刊》1998年第4期。

⑦ 丁孟、建民：《𠨘其卣的X射线检测分析》，《故宫博物院院刊》1999年第1期。

⑧ 连劭名：《𠨘其三卣铭文新证》，《故宫博物院院刊》1998年第4期。

⑨ 叶正渤：《𠨘其卣三器铭文及晚殷历法研究》，《故宫博物院院刊》2001年第6期。

⑩ 杜迺松：《谈毓祖丁卣等三件商代长铭铜器》，《文物》1984年第10期。

⑪ 张懋镕：《〈保卣〉——殷周文化合璧的物证》，《古文字与青铜器论集》（一），科学出版社，2002年，177～183页。

軝国为軝国执政，又记载了他晚年对执政接班的安排[①]。

梁彦民先生认为筒形卣很可能出现在商末武王灭商之前的姬周族统治的关中西部和陇东地区，其年代下限不应晚于西周早期[②]，张懋镕先生认为其可能源于宝鸡㢡国[③]。此外，张先生还谈到湖南出土商周青铜卣的特点及意义[④]、列卣[⑤]等问题。

四、理论方法

张懋镕先生长期从事青铜器和古文字研究，积淀深厚，写出了一系列理论文章，如《周人不用日名说》[⑥]《周人不用族徽说》[⑦]《西周青铜器断代两系说刍议》[⑧]《试论中国古代青铜器器类之间的关系》[⑨]《再论〈周人不用日名说〉》[⑩]《关于青铜器定名的几点思考》[⑪]《试论西周青铜器演变的非均衡性问题》[⑫]《试论青铜器自名现象的另类价值》。前两篇文章后被收入《古文字与青铜器论集》（一）[⑬]，后两篇文章后被收入《古文字与青铜器论集》（二）[⑭]，其余四篇文章被收入《古文字与青铜器论集》（三）[⑮]。这些文章，是我们研究青铜卣的有力的理论指导。

---

① 杨文山：《青铜器叔趯父卣与邢、軝关系——两周邢国历史综合研究之六》，《文物春秋》2007年第5期。

② 梁彦民：《周初筒形卣研究》，《考古与文物》2007年第2期。

③ 张懋镕：《试论宝鸡㢡国青铜器的特点》，《古文字与青铜器论集》（二），科学出版社，2006年，148页。

④ 张懋镕：《试论湖南出土商周青铜卣的特点及其意义》，《古文字与青铜器论集》（三），科学出版社，2010年。

⑤ 陕西师范大学中国青铜文化研究中心：《关于扶风红卫村出土“列卣”的思考》，《古文字与青铜器论集》（三），科学出版社，2010年。

⑥ 张懋镕：《周人不用日名说》，《历史研究》1993年第5期。

⑦ 张懋镕：《周人不用族徽说》，《考古》1995年第9期。

⑧ 张懋镕：《西周青铜器断代两系说刍议》，《考古学报》2005年第1期。

⑨ 张懋镕：《试论中国古代青铜器器类之间的关系》，《华学》（八），紫禁城出版社，2006年。

⑩ 张懋镕：《再论〈周人不用日名说〉》，《文博》2009年第3期。

⑪ 张懋镕：《关于青铜器定名的几点思考》，《文博》2008年第5期。

⑫ 张懋镕：《试论西周青铜器演变的非均衡性问题》，《考古学报》2008年第3期。

⑬ 张懋镕：《古文字与青铜器论集》（一），科学出版社，2002年。

⑭ 张懋镕：《古文字与青铜器论集》（二），科学出版社，2006年。

⑮ 张懋镕：《古文字与青铜器论集》（三），科学出版社，2010年。

第二章　青铜卣的定名与用途

青铜卣没有自名，铭文中多称尊彝、宝彝、宝尊彝等，归纳起来有尊类、彝类、宝类、旅类、宗类、祀类等十类[①]。除此之外，我们在甲骨文、金文和文献中常常看到“秬鬯一卣”的记载。下面就从古文字字形和文献记载两个方面来分析青铜卣的定名与用途。

第一节　古文字中所见“卣”

一、甲骨文中所见“卣”字

我们可以从甲骨文中“卣”的字形来分析其器形的某些典型特征。

《甲骨文字典》[②]认为卣的腹部像圆瓠形酒器，下有圈足，与盂鼎、昌壶、毛公鼎铭文中“卣”字字形略同。在甲骨卜辞中看到有一卣（《戬二五·一〇》载“其登新鬯二升一卣王……”）、五卣（《戬二五·九》载“旅鬯五卣……”）的记载，说明卣是盛酒的容器。根据《甲骨文编》[③]中收录的“卣”（图2-1）字，确认卣形器物至少具有以下两个方面特征：一是近似圆形的腹部且口部较小，二是有圈足。

那么“壶”字呢？《甲骨文字典》对“壶”字的解释是：“像壶形。上像盖，旁为两耳，中之像环绕之纹，下为圈足。”[④]《说文》：“壶，昆吾圜器也。象形，从大，像其盖也。”根据《甲骨文编》中收录的字形（图2-2），我们认为称为壶的器物至少具有以下几个特征：有盖且盖较大，颈较细长，腹较深，颈腹区分不明显，颈侧有半环形耳，下有圈足。尤其是《前·五·五·五》中“壶”字表现得更加形象。

---

① 张亚初：《商周卣壶考述》，《容庚先生诞辰百年纪念文集》，广东人民出版社，1998年，360～370页。

② 徐中舒：《甲骨文字典》，四川辞书出版社，1989年，758页。

③ 中国科学院考古研究所：《甲骨文编》，中华书局，1965年。

④ 徐中舒：《甲骨文字典》，四川辞书出版社，1989年，1167页。

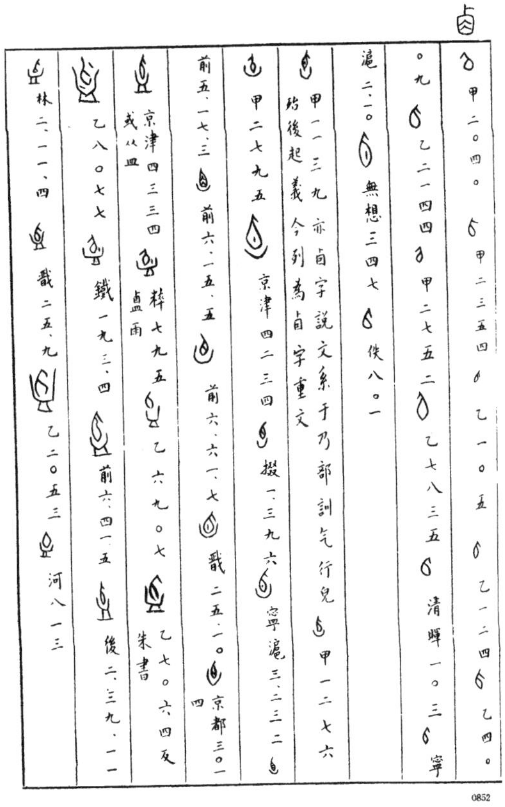

图2-1　卣

（引自《甲骨文编》301页）

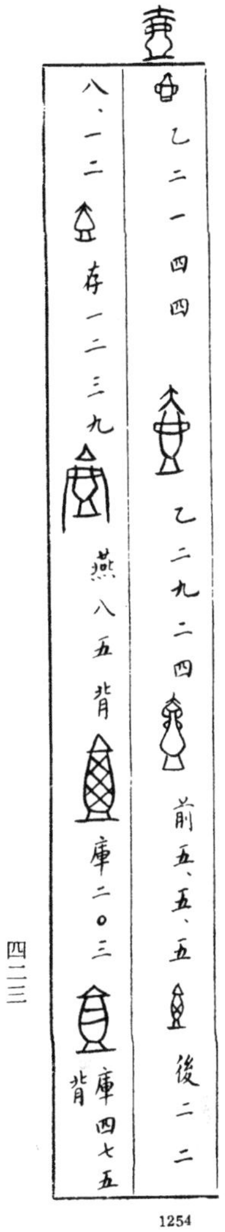

图2-2　壶

（引自《甲骨文编》423页）

二、金文中所见“卣”字

《金文编》中收录“卣”字（图2-3）主要强调椭圆形的器腹，腹内盛放某种物品。这和甲骨文中看到的器物特征有重合之处。“壶”字（图2-4）表现出的器形特征与甲骨文中也有重合之处，主要强调壶的腹较深且颈细长，整体视觉感受与“卣”字还是有明显区别的，呈修长纤细状。这点可以作为区分卣和壶的切入点之一。

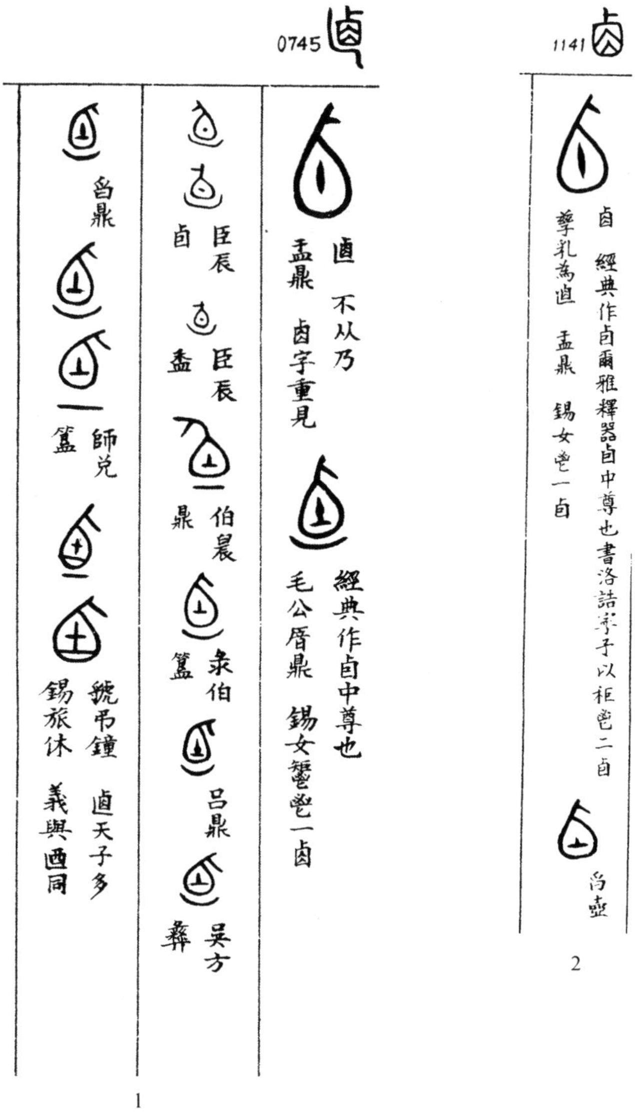

图2-3　卣

（引自《金文编》319、487页）

三、铭文中所见“秬鬯一卣”

我们收集到记载“秬鬯一卣”的铭文23条，按照时代先后排列，形成表2-1[①]。

① 这部分内容主要参考了《殷周金文集成》，器物编号、铭文及时代皆从其说。

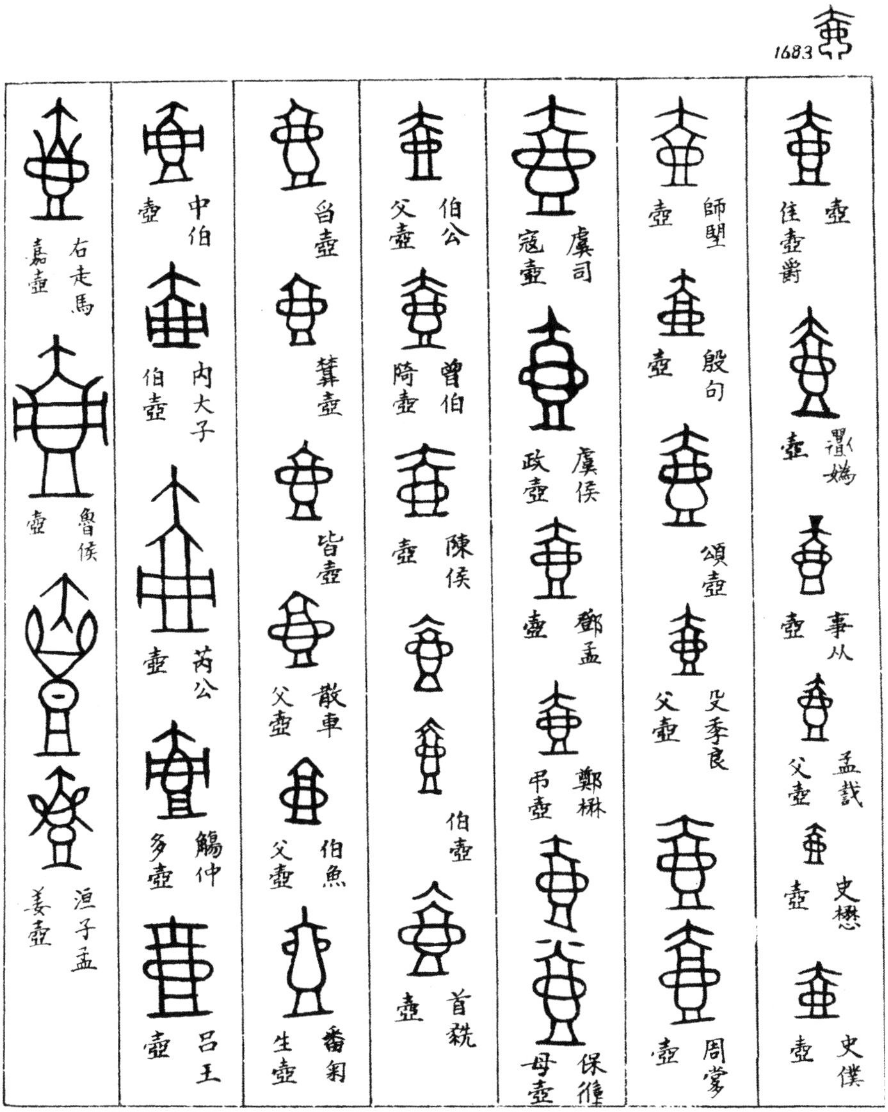

图2-4　壶

（引自《金文编》701、702页）

表2-1　记载“秬鬯一卣”铭文

器名	西周	字数	与卣有关的赏赐	编号
二十三年盂鼎	早	存286	賜女（汝）鬯一卣，冂（冕）衣、巿、舃、車馬。賜乃祖南公旂，用狩。賜女（汝）邦司四伯，人鬲自馭至于庶人六百又五十又九夫，賜尸（夷）司王臣十又三伯，人鬲千又五十夫，□□遷自厥土	5.2837

续表

器名	西周	字数	与卣有关的赏赐	编号
宜侯夨簋	早	126	賜□鬯一卣，商瓚一，□，彤弓一，彤矢百，旅弓十，旅矢千。賜土：厥川（甽）三百□，厥□百又□，厥宅邑卅又五，厥□百又卌（四十）。賜在宜王人□□又七生（姓），賜奠（甸）七伯，厥盧□又五十夫。賜宜庶人六百又□六夫	8.4320
士上盉	早	54	罘賞卣鬯、贝	15.9454
士上卣（器）	早	50	罘賞卣鬯、贝	10.5422
士上卣（盖）	早	50	罘賞卣鬯、贝	10.5421
士上尊	早	存37	罘賞卣鬯、贝	11.5999
彔伯𢦚簋盖	中	109	余賜女（汝）秬鬯一卣、金車、賁幬（幬）較、賁䩛、朱虢靳、虎冟（冪）朱裏、金甬（筩）、畫䡈、金厄（軛）、畫轉、馬四匹、鋚勒	8.4302
牧簋	中	字存219（又重文2）	賜女（汝）秬鬯一卣、金車、賁較、畫䡈、朱虢（鞹）䩛靳、虎冟（冪）熏（纁）裏、旂、余〔馬〕四匹，取□□寽（鋝）	8.4343
曶壶盖	中	100	賜女（汝）秬鬯一卣、玄衮衣、赤市、幽黄（衡）、赤舄、攸（鋚）勒、緣（鑾）旂	15.9728
吴方彝盖	中	101（合文1）	賜秬鬯一卣、玄衮衣、赤舄、金車、賁䩛、朱虢（鞹）靳、虎冟（冪）熏（纁）裏、賁較、畫轉、金甬（筩）、馬四匹、攸（鋚）勒	16.9898
吕方鼎	中	存40	王賜吕秬鬯三卣、贝三十朋	5.2754
伯唐父鼎①	中	63	賜秬鬯一卣、贝廿朋	
伯晨鼎	中晚	存97	賜女（汝）秬鬯一卣，玄衮衣、幽市、赤舄、駒車、畫□、幬較、虎幃、冟（冪）衵裹幽、攸（鋚）勒、旅（旂）五旅（旂）、彤弓、彤矢、旅（玈）弓、旅（玈）矢、□戈、皋胄	5.2816
毛公鼎	晚	479	賜女（汝）秬鬯一卣，祼圭瓚寶，朱市、悤（蔥）黄（衡）、玉環、玉琭、金車、賁縟較、朱鞹䩛靳、虎冟（冪）、熏裹、右軛、畫轉、畫䡈、金甬、遣（錯）衡、金踵、金㡛、□□、金簟笰、魚箙、馬四匹、攸（鋚）勒、金□、金膺、朱旂二鈴。	5．2841

续表

器名	西周	字数	与卣有关的赏赐	编号
三年师兑簋（盖）	晚	盖存84	賜女（汝）秬鬯一卣、金車、贲較、朱虢（鞹）鞃靳、虎冟（冪）熏（纁）裏、右厄（軛）、畫轉、畫輯、金甬（筩）、馬四匹、攸（鋚）勒	8.4318
三年师兑簋（器）	晚	124	賜女（汝）秬鬯一卣、金車、贲較、朱虢（鞹）鞃靳、虎冟（冪）熏（纁）裏、右厄（軛）、畫轉、畫輯、金甬（筩）、馬四匹、攸（鋚）勒	8.4319
师询簋	晚	210（重文3）	賜女（汝）秬鬯一卣，圭瓚，尸（夷）允三百人	8.4342
师克盨	晚	141（又重文3）	賜女（汝）秬鬯一卣，赤市、五黄（衡）、赤舄、牙僰、駒車、贲較、朱虢（鞹）、鞃靳、虎冟（冪）、熏（纁）裏、畫轉、畫輯、金甬（筩）、朱旂、馬四匹、攸（鋚）勒、素戉（鉞）	9.4467
师克盨盖	晚	141（又重文3）	賜女（汝）秬鬯一卣，赤市五黄（衡）、赤舄、牙僰、駒車、贲較、朱虢（鞹）、鞃靳、虎冟（冪）、熏（纁）裏、畫轉、畫輯、金甬（筩）、朱旂、馬四匹、攸（鋚）勒、素戉（鉞）	9.4468
晋侯苏编钟[2]	中晚期		王亲侪晋侯秬鬯一卣，弓矢百，马四匹	
四十二年逨鼎[3]	晚	281	贅汝秬鬯一卣，田于疐卅田，于徲廿田	
四十三年逨鼎	晚	341	逨，赐汝秬鬯一卣、玄衮衣、赤舄、駒車、贲較、朱虢（鞹）鞃靳、虎冟（冪）熏（纁）裏、畫轉、畫輯、金甬（筩）、馬四匹、攸（鋚）勒	
盟盨	晚	151（又重文2合文1）	賜女（汝）秬鬯一卣、乃父市、赤舄、駒車、贲較、朱虢（鞹）鞃靳、虎冟（冪）、熏（纁）裏、畫轉、畫輯、金甬（筩）、馬四匹，鋚勒	9.4469

注：①刘雨：《伯唐父鼎的铭文与时代》，《考古》1990年第8期。②刘雨、卢岩：《近出殷周金文集录》，中华书局，2012年，35器。③刘怀君、辛怡华、刘栋：《四十二年、四十三年逨鼎铭文试释》，《文物》2003年第6期。

这23件器物，①从时代分析，西周早期有6件，中期6件，晚期（中晚期）11件，晚期器物数量占到总数的47.8%。②从铭文字数分析，仅士上尊、吕方鼎现存铭文少于50字，其余21件器物均在50字以上，毛公鼎是“西周一代铭文最长的圆鼎”，牧簋是“铭文最长的簋”[1]。③从器类分析，西周早期6件青铜器中食器2件，1鼎1簋；酒器3件，1盉1卣1尊。西周中期6件器物中食器4件，2鼎2簋；酒器2件，1壶1彝。西周晚期

① 张懋镕：《周原出土西周有铭青铜器散论》，《古文字与青铜器论集》（一），科学出版社，2002年，116页。

11件器物，4鼎3簋3盨1钟，盨是由簋中演变而来，与簋有密切关系[①]。由此也可以印证周人在西周中期以后逐渐形成独特的文化风格，即对食器的重视和偏爱。既然“秬鬯一卣”铭文所依附的器物都是周人所重视的食器，且“秬鬯一卣”多是周王赏赐臣下或贵族的物品，那么拥有这些器物的器主身份地位又如何呢？

西周早期，二十三年盂鼎铭文记载的是康王赏赐盂，赏赐的物品可分为四类：“秬鬯一卣”，车马服饰，祖南公旗帜，臣仆。盂是南宫括之后[②]，南宫括是南宫家族的第一代，南宫家族是居住在周原的世族[③]。宜侯夨簋铭文记载的是康王把虞侯改封到宜地，赏赐夨的物品有“秬鬯一卣”、商瓒、弓箭类兵器、土地、臣民。而士上被赏赐的物品只有鬯和贝，陈梦家认为士和史皆官名。刘雨先生认为“不但西周王室有不少史官，就是诸侯和其他奴隶主贵族，也都拥有自己的史官”[④]。

西周中期，彔伯𢦚簋盖铭文记载的是穆王赏赐彔伯𢦚，赏赐物品有“秬鬯一卣”和车马及车马饰品，彔伯𢦚的祖先是彔国的国君，“到了伯𢦚一辈，征伐淮夷，立了大功。彔国在与周王室和好之后，伯𢦚一支入仕王朝，在周原有采地”[⑤]。牧簋，王赏赐的物品也是“秬鬯一卣”和车马及车马饰品，牧任司士，主管对百官的禁戒刑罚之事。曶壶铭文记载赏赐的物品除了“秬鬯一卣”和车马及车马饰品还有旗帜，曶任冢司徒于成周八师。吴方彝盖铭文记载吴被赏赐的物品有“秬鬯一卣”、服饰、车马及车马饰品，吴的职官是作册，“作册是各种册命文书的起草人，是各种礼仪的参与者，是各种政治活动的参加者，政治的、宗教的各种活动都离不开他们。所以他们在当时的社会上处于非常尊荣的地位，经常受到各种优厚的赏赐”[⑥]。吕方鼎铭文记载吕被赏赐的是秬鬯三卣、贝三朋，根据唐兰的解释，吕是帮助周王赞礼[⑦]。伯唐父鼎铭文反映的是穆王新继位举行的一种祭祀，伯唐父参与因而被赏赐[⑧]。

西周晚期，伯晨鼎器主是伯晨，继承韩侯爵位，赏赐的物品有“秬鬯一卣”、服饰、车马及车马饰品、武器、旗帜；毛公鼎器主毛公其家族也是居住在周原的世族，

---

① 张懋镕：《两周青铜盨研究》，《考古学报》2003年第1期。

② 李学勤：《青铜器与周原遗址》，《西北大学学报》（哲学社会科学版）1981年第2期。

③ 张懋镕：《周原出土西周有铭青铜器散论》，《古文字与青铜器论集》（一），科学出版社，2002年，120页。

④ 张亚初、刘雨：《西周金文官制研究》，中华书局，2004年，28页。

⑤ 张懋镕：《周原出土西周有铭青铜器散论》，《古文字与青铜器论集》（一），科学出版社，2002年，120页。

⑥ 张亚初、刘雨：《西周金文官制研究》，中华书局，2004年，35、36页。

⑦ 唐兰：《西周青铜器铭文分代史征》，中华书局，1986年，333页。

⑧ 刘雨：《伯唐父鼎的铭文与时代》，《考古》1990年第8期。

从其始封者郑开始“一直到西周晚期毛氏家族始终是王室股肱之臣”[①]。宣王赏赐他的物品有“秬鬯一卣”、车马及车马饰品、服饰、士兵。师询簋器主职官是师，王赏赐的是“秬鬯一卣”、圭瓚及臣民。𬭚盨铭文记载王赏赐的物品有“秬鬯一卣”和车马及车马饰品。三年师兑簋和师克盨器主被赏赐的物品与其类似，器主𬭚的职官是师。晋侯苏被赏赐的物品有“秬鬯一卣”、武器、马匹。逨是单逨家族的第八代，单逨家族从第一代单公到第八代逨都建立了赫赫功业，有逨盘为证。“在四十二年和四十三年逨鼎铭文中，赏赐物品中都有秬鬯一卣，这种用于祭祀的重要物品，在册命赐物中列于首项，只赐给官爵较高的贵族。”[②]

毛公为姬姓世族，南宫姓氏不易确定，录伯𢦏为庶姓世族[③]。从大盂鼎铭文内容及训诫语气来看，“疑盂是周王同姓贵族，南宫氏族或为姬姓”[④]。逨也是姬姓贵族[⑤]。所有赏赐秬鬯一卣的金文基本上都是周王室重臣或诸侯，几乎不见诸侯用秬鬯赏赐臣下或王用秬鬯赏赐中大夫以下贵族的例子[⑥]。

总之，记载有“秬鬯一卣”的青铜器铭文字数都较多，而且90.4%都是长铭。酒器的数量从西周早期到中期逐渐减少，晚期不存在；食器的数量从西周早期到中期逐渐增多。赏赐品也是西周早期寡少而中后期丰厚，这种变化以酒器最为明显。整体而言，不论是西周早期还是中期、晚期被赏赐者的身份都很高，多是王室重臣或中上层贵族。青铜卣西周中期以后在中原地区已经消失（详见本书第六章），但是铭文中“秬鬯一卣”的记载在西周晚期还能见到。这里存在两种可能性：①“秬鬯一卣”中卣是名词，表示的是器类，也就说把用秬鬯酿成的酒装在卣这种容器中。根据已有的考古发掘资料及我们的分析，青铜卣西周中期以后在周王统治的王畿地区已经很少见到了。或许随着考古发掘的进行，会有一些西周中期以后的器物出现。但是这种可能性很小，因为整体而言，西周中期以后酒器就逐渐消失了。这和西周时期的文化风格是相一致的。②“秬鬯一卣”中的卣是量词，亦即一卣酒，那这里讲的卣就和我们要分析判断的有盖、有提梁、鼓腹、有圈足、整体呈浑圆饱满态势的青铜器无关了。也

---

① 张懋镕：《周原出土西周有铭青铜器散论》，《古文字与青铜器论集》（一），科学出版社，2002年，119页。

② 张懋镕：《眉县窖藏青铜器与西周单逨家族》，《古文字与青铜器论集》（二），科学出版社，2006年，48页。

③ 张懋镕：《周原出土西周有铭青铜器散论》，《古文字与青铜器论集》（一），科学出版社，2002年，121页。

④ 朱凤瀚：《商周家族形态研究》，天津古籍出版社，1990年，361页。

⑤ 张懋镕：《眉县窖藏青铜器与西周单逨家族》，《古文字与青铜器论集》（二），科学出版社，2006年，48页。

⑥ 孙华：《铜卣新论——兼论提梁铜壶及铜匜的有关问题》，《洛阳博物馆建馆四十周年纪念文集（1958～1998）》，科学出版社，1999年。

就是说“秬鬯一卣”只是借用了其所代表的较高的社会等级以及被周王赏赐给家族带来的荣耀，其所代表的内涵与器物本身的消失不是同步的，这大概就是哲学上常说的意识形态相对于物质文化存在一定的滞后性吧。我们知道，天马—曲村M93出土一件青铜卣，是明器，属春秋初年器，但其器形模仿的是西周中期的青铜卣。

第二节　文献中所见“秬鬯一卣”

一、典籍中关于“秬鬯一卣”的记载

在《尚书》《诗经》《左传》等典籍中，经常见到有“秬鬯一卣”的记载，现列举如下。

《尚书 · 洛诰》：

> 考朕昭子刑，乃单文祖德，伻来毖殷，乃命宁。予以秬鬯二卣曰：明禋，拜手稽首休享。予不敢宿，则禋于文王、武王。

郑康成注曰：“禋，芬芳之祭。”孔颖达疏曰：“禋者，《周礼 · 春官 · 大宗伯》‘以禋祀祀昊天上帝’。”周公摄政七年三月，经营洛邑，天下太平，既成洛邑，又归向西都，以秬鬯二卣告文、武王以美享，既告致政。

《诗 · 大雅 · 江汉》：

> 王命召虎，来旬来宣。文武受命，召公维翰……赍尔圭瓒，秬鬯一卣，告于文人，赐山土田。于周受命，自召祖命。虎拜稽首，天子万年。

郑笺云：“赐之使祭其宗庙，告其先祖也。”

《尚书 · 文侯之命》：

> 王曰：“父义和，其归视尔师，宁尔邦。用赉尔秬鬯一卣，彤弓一，彤矢百，卢弓一，卢矢百，马四匹。”

《尔雅 · 释诂》：“赉，赐也。”幽王被犬戎所杀，平王东迁洛邑，文侯迎送安定之，故而赏赐。

《左传 · 僖公二十八年》：

> 王命尹氏及王子虎、内史叔兴父策命晋侯为侯伯，赐之大辂之服，戎辂之服，彤弓一，彤矢百，玈弓矢千，秬鬯一卣，虎贲三百人。

晋、楚城濮之战后，周襄王封晋文公为侯伯，是诸侯之长，并对其赏赐。赏赐物品有二辂、武器、秬鬯一卣、虎贲。《礼记 · 王制》载：“诸侯赐弓矢，然后征；赐鈇钺，然后杀；赐圭瓒，然后为鬯。未赐圭瓒，则资鬯于天子。”

以上数条文献资料至少透漏了以下几点信息。

1. 秬鬯一卣多是王赏赐给诸侯的

《尚书·文侯之命》记载的是周平王赐给晋文侯秬鬯一卣。《左传·僖公二十八年》记载的是周襄王赐晋文公秬鬯一卣。《诗·大雅·江汉》记载的是召穆公被赏赐秬鬯一卣，与宣王命召穆公即召虎征伐淮夷有关。由此可以看出，文献资料和金文反映出的情况相符即"秬鬯一卣"赏赐者和被赏赐者的身份都比较高，赏赐者多是周王，这和《礼记》中的记载也是相吻合的。《礼记·王制》载："诸侯赐弓矢，然后征；赐鈇钺，然后杀；赐圭瓒，然后为鬯。未赐圭瓒，则资鬯于天子。"赐圭瓒者，亦谓上公九命者，若未赐圭瓒者，则用璋瓒。《周礼·小宗伯》注："天子圭瓒，诸侯璋瓒。"既不得鬯，则用薰，《王度记》："天子以鬯，诸侯以薰。"此外，我们在墓葬中发现斗与青铜卣共出，且共出尊、卣、斗的墓葬墓主地位较仅随葬有尊卣的地位要高，这也可能与斗用于祼礼有关。

2. 秬鬯一卣是供受赐者祭祀先祖用的

《尚书·洛诰》是周公祭祀文王、武王。《文侯之命》乃周平王赐给晋文侯"当以赐命，告其先祖"。郑笺《江汉》"使以祭其宗庙，告其先祖诸有美德见记者。"《礼记·曲礼下》记载："凡摯，天子鬯，诸侯圭，卿羔，大夫雁，士雉，庶人之摯匹，童子委摯而退。"郑氏云："摯之言至也，天子无客礼，以鬯为摯者，所以唯用告神为至也。"正义曰："天子鬯者。"孔氏云，酿黑黍为酒，其气芬芳调畅，故因谓为鬯也。天子无客礼，必用鬯为摯者，天子弔临适诸侯，必舍其祖庙。既至诸侯祖庙，仍以鬯礼于庙神，以表天子之至。

二、何为秬鬯

《说文》曰："秬，黑黍也，一稃二米以酿也，从鬯秬声。"何为黍？《说文》又曰："黍，禾属而黏着也……孔子曰，黍可为酒。"《诗·周颂·良耜》孔疏："大夫之祭礼食有黍，明黍是贵也。"可见平年时黍是贵重的粮食而小米是贱食。据于省吾先生统计，殷代的谷类作物，"甲骨文中出现最多的黍"①。"这是因为卜辞乃是记录王室占卜之事，黍乃是殷王室和贵族的主食和酿酒的主要原料，在王畿之地主要种黍，故而受到王室的特别重视，在卜辞中出现次数也最多。"②

商代酒有酒、醴、鬯、果酒、药酒5种③。鬯属于谷酒，在卜辞中多见鬯，在金文

① 于省吾：《商代的榖类作物》，《东北人民大学人文科学学报》1957年第1期。

② 温少峰、袁庭栋：《殷墟卜辞研究——科学技术篇》，四川省社会科学院出版社，1983年。

③ 宋镇豪：《商代社会生活与礼俗》，中国社会科学出版社，2010年，140～146页。

中多见秬鬯，在典籍中还可见到郁鬯。凌纯声先生认为：“此三者之中，当以鬯之起源最早，秬鬯次之，郁鬯又次之。”[①]但其实不然，黑黍酿的香酒则称为秬鬯，简称为鬯；用鬯与郁金香草所煮的汁水相和，就成为一种气味芬芳的酒叫做“郁鬯”。《说文》曰：“鬯，以秬酿郁草，芬芳修服，以降神也。”郁金香草即鬯草，可能就是麻黄草，主要取其易于致幻的功能[②]。《周礼 · 春官 · 鬯人》：“掌共秬鬯而饰之。”郑玄注：“秬鬯不和郁者。”郁鬯是秬鬯的升级产品，有可能在商代多见郁鬯，而西周则多见秬鬯。这也和商代尊神事鬼而周人敬天保民思想吻合。

① 凌纯声：《中国酒之起源》，历史语言研究所集刊第二十九册（下），1958年。

② 何努：《郁鬯琐考》，《考古学研究》（十），科学出版社，2012年，244页；宋镇豪：《商代社会生活与礼俗》，中国社会科学出版社，2010年，140～146页。

第三章　青铜卣类型学研究

在前文中，我们分析了古文字中“卣”字的字形特征；为了更清楚地了解青铜卣的器形演变过程，我们对收集到的596件青铜卣进行类型学研究。首先将其分为甲乙两类。甲类是主流形态的青铜卣，乙类是非主流形态的青铜卣。

第一节　甲类：主流形态青铜卣

一、型式划分

主流形态青铜卣大多有盖、盖上有捉手、短颈、颈侧有提梁、敛口、深腹、下有圈足，我们统称其为甲类。根据其腹部形状差异，分为六型。

A型　圆鼓腹，圈足外侈较矮。分为三亚型。

Aa型　小口，短颈，鼓腹，口径约为腹径的1/2，器形呈浑圆状。依提梁形状分为四式。

Ⅰ式：绳索状提梁。标本一：殷墟西区第一墓区M2575出土史卣[①]（GM2575：23），通高19厘米。缺盖，直口，圆鼓腹，矮圈足微外侈，肩部两侧有环耳，与绳索状提梁套接。颈部饰联珠纹、雷纹（图3-1）。有铭文1字“史”，殷墟二期器。

Ⅱ式：扁平状提梁两端无兽首。标本：1952年河南辉县褚邱出土聑须妇𡚬卣[②]，通高25.3厘米，口径12.5×10.5厘米。盖顶为花蕾状捉手，盖面、颈部饰兽面纹以云雷纹衬底，圈足饰弦纹（图3-2）。殷墟三、四期器。

Ⅲ式：扁平状提梁两端有兽首。标本：辽宁喀左山湾子出土的青铜卣[③]，通高34厘米，口径14.5×11.4厘米。盖面饰兽面纹，颈部中间饰兽首上下饰弦纹，圈足也饰弦纹。整体装饰风格简朴。器外底有方格纹（图3-3）。盖内铭文3字“舟父甲”，器内铭文四字“串𢍰父丁”。商末周初器。

---

① 中国社会科学院考古研究所：《殷墟青铜器》，文物出版社，1985年。

② 新乡市博物馆：《介绍七件商代晚期青铜器》，《文物》1978年第5期。

③ 喀左县文化馆、朝阳地区博物馆、辽宁省博物馆：《辽宁省喀左县山湾子出土殷周青铜器》，《文物》1977年第12期。

图3-1　史卣

图3-2　聑须妇[illegible]卣

（引自《河青》（一））

图3-3　串㝵父丁卣

Ⅳ式：扁平状提梁两端有兽首，垂腹外鼓。标本：倗兄丁卣（《图像》12865）（图3-4），通高28厘米。盖面、颈部饰象纹，圈足饰弦纹。盖内有铭文3字“倗兄丁”。西周早期前段器。

Ab型　口径较大，约大于腹部的1/2。圆腹，器形周正。依提梁及捉手分为三式。

Ⅰ式：绳索状提梁，盖顶花蕾状捉手。标本：1958年河南安阳市大司空村殷代墓葬出土卣（M51：11）（图3-5）[①]，通高23厘米。花蕾状捉手，小口短直颈，丰肩鼓腹近圆，圈足外侈。颈部饰蕉叶纹和云雷纹。圈足两旁各有一个“十”字镂空。殷墟三期器。

Ⅱ式：扁平状提梁两端无兽首，盖顶花蕾状捉手。标本：1986年郭家庄北M6出土羊卣（86AQM6：29）[②]（图3-6），通高21.8厘米，口径10.8厘米。素面，颈部前后饰兽首。有铭文1字，即“羊”。殷墟四期器。

Ⅲ式：扁平状提梁两端无兽首，盖顶圈状捉手。标本：1971年洛阳北窑M26出土登卣[③]（图3-7），通高21.7厘米，口径8.7×10.3厘米。盖面和颈部饰圆饼状装饰。盖、器同铭，各4字，为“登作尊彝”。武成时器。

Ac型　器侧有扉棱。依盖顶捉手形状，分为二式。

Ⅰ式：盖顶花蕾状捉手。标本：1976年长安马王镇出土丙父丁卣[④]（图3-8），通高34厘米，口径12×14厘米。通体有两道扉棱，颈部、盖沿、圈足饰夔龙纹。盖面和

① 河南省文化局文物工作队：《1958年春河南安阳市大司空村殷代墓葬发掘简报》，《考古通讯》1958年第10期。

② 安阳市文物工作队：《河南安阳郭庄村北发现的一座殷墓》，《考古》1991年第10期。

③ 洛阳博物馆：《洛阳北窑西周墓清理记》，《考古》1972年第2期。

④ 王长启：《西安丰镐遗址发现的车马坑及青铜器》，《文物》2002年第12期。

图3-4　倗兄丁卣

图3-5　云雷纹卣

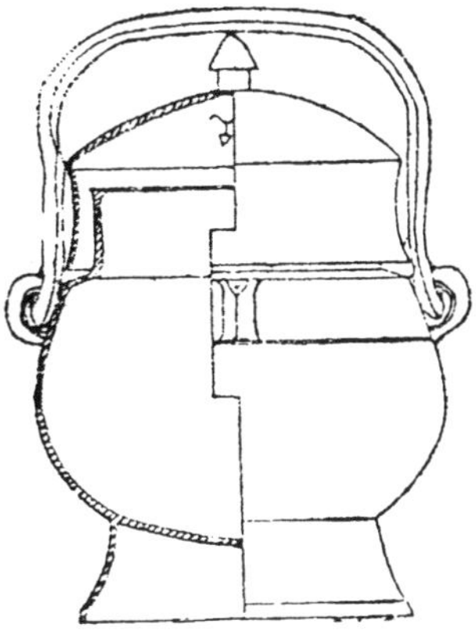

图3-6　羊卣

图3-7　登卣

图3-8　丙父丁卣

腹部饰兽面纹。盖、器铭文不同，各3字，盖铭为“丙父丁”。西周早期前段器。

Ⅱ式：圈状捉手。标本：坒卣（《图像》13264；《西清》15.34），通高8.5寸，口径3.7×4.7寸，通体两道扉棱。盖面和腹部饰兽面纹，圈足饰弦纹。盖、器同铭各11字（图3-9）。西周早期后段器。

B型　鼓腹，圈足起台较高。分为二亚型。

Ba型　器侧无扉棱。依提梁形状分为二式。

Ⅰ式：绳索状提梁。标本一：殷墟范家庄M4出土宁狗卣[①]（M4：4）（图3-10），通高25.7厘米，口径12.7×11厘米。直口，圆鼓腹，圈足微侈有台，肩部两侧有环耳，与绳索状提梁套接。颈饰蕉叶纹、联珠纹、夔纹。器内底部有铭文“宁

① 中国社会科学院考古研究所安阳工作队：《河南安阳市殷墟范家庄东北地的两座商墓》，《考古》2009年第9期。

图3-9　坒卣

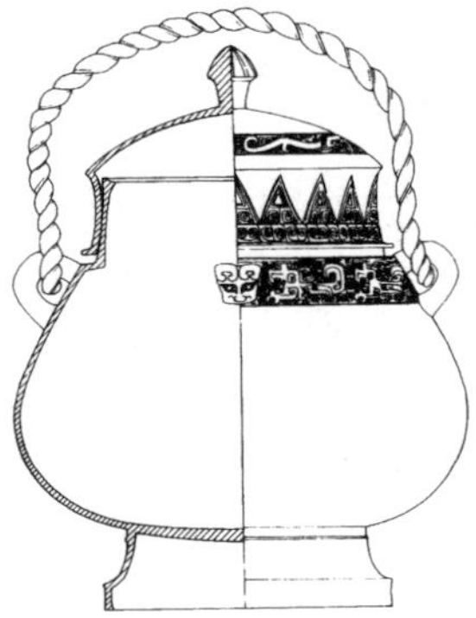

图3-10　宁狗卣

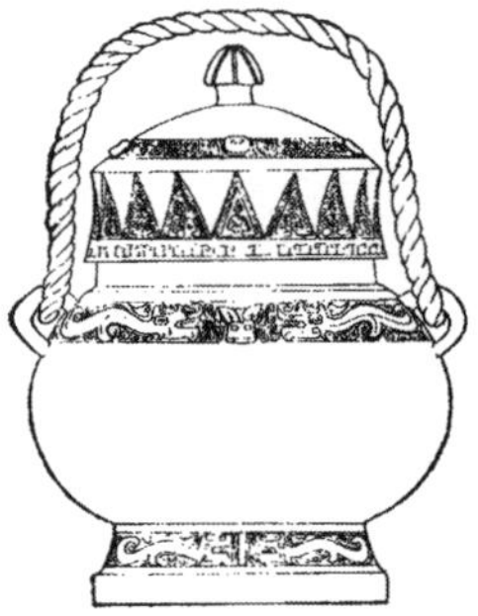

图3-11　亚盥卣

狗”。该器属于祖庚祖甲的最晚阶段。M4出土的陶器与青铜器均表现出一定的过渡性，把殷墟二期偏晚阶段与殷墟三期很好地衔接起来。标本二：1963年安阳苗圃北地出土的亚盥卣（PNM172：3）①（图3-11），通高29.5厘米。花蕾状捉手，绳索状提梁与颈侧环耳套接。盖沿饰仰叶纹，颈部及圈足饰夔纹以雷纹衬底，有铭文2字“亚盥”。殷墟三期器。

Ⅱ式：绳索状提梁两端饰兽首。标本：父癸卣（《图像》12669，《西甲》8.6）（图3-12），通高9.5寸，口径3.6×4.9寸。盖沿、颈部、圈足饰夔纹。盖、器同铭，各2字。殷墟四期器。

Bb型　器侧有扉棱。依提梁形状及腹部最大径位置分为四式。

Ⅰ式：绳索状提梁。标本：冉辛卣（《图像》12683）（图3-13），通体有四道扉棱。盖面和腹部饰兽面纹，盖沿饰仰叶纹，颈部和圈足饰夔龙纹，颈部前后饰浮雕兽首，均以云雷纹衬底。殷墟三期器。

Ⅱ式：扁平状提梁两端有兽首。标本：1963年湖南宁乡炭河里出土冉癸卣②（图3-14），通高25.9厘米，口径12.5×15厘米。通体有四道扉棱，盖面和腹部饰兽面纹，盖沿饰仰叶纹，颈部和圈足饰夔龙纹，均以云雷纹衬底。殷墟四期器。

Ⅲ式：扁平状提梁两端有兽首，鼓腹略向内收。标本：1971年泾阳高家堡M1出土𫟦卣③（图3-15），通高36厘米，口径11.6×14.8厘米。器侧有四道扉棱，盖面、颈部、圈足饰龙纹，以雷纹衬底。盖内铭文7字，器底1字。西周早期器。

---

① 中国社会科学院考古研究所：《殷墟青铜器》，文物出版社，1985年，图版67。

② 高至喜：《湖南宁乡黄材发现商代铜器和遗址》，《考古》1963年第12期。

③ 葛今：《泾阳高家堡早周墓葬发掘记》，《文物》1972年第7期。

图3-12　父癸卣

图3-13　冉辛卣

Ⅳ：扁平状提梁两端有兽首，提梁中间亦有兽首装饰。标本：宝鸡竹园沟M7出土伯各卣（BZM7：6）①（图3-16），通高27.5厘米，口径8.5×10.7厘米。盖面、腹部饰兽面纹，颈部和圈足饰夔龙纹。盖、器同铭6字。成康时器。

C型　椭圆形腹，圈足外侈，口径大于腹径的1/2。可分为二亚型。

Ca型　椭圆形腹。根据提梁形状差异，分为六式。

Ⅰ式：绳索状提梁，腹部最大径位于正中，花蕾状捉手。标本：罗山天湖M28出土云雷纹卣（M28：2）②（图3-17），通盖高20.2厘米。盖面、颈部饰云雷纹上下界以

图3-14　冉癸卣
（引自《图像》）

图3-15　㝬卣

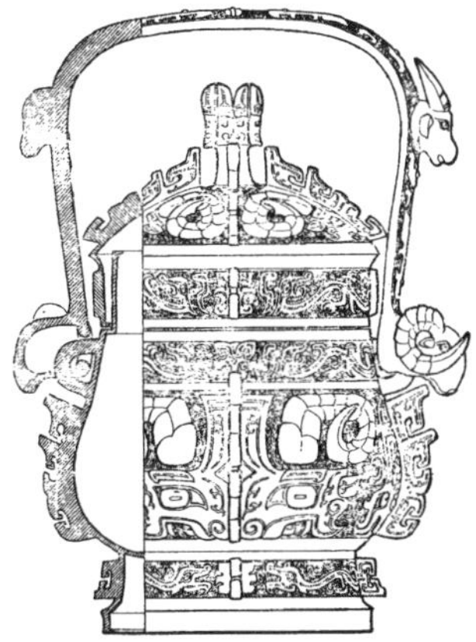

图3-16　伯各卣

① 卢连成、胡智生：《宝鸡𢐗国墓地》，文物出版社，1988年，103、104页。

② 河南省信阳地区文管会、河南省罗山县文化馆：《罗山天湖商周墓地》，《考古学报》1986年第2期。

联珠纹。殷墟二期器。

Ⅱ式：扁平状提梁两端无兽首。标本：亚獏父辛卣（《图像》12929，《西清》16.22）（图3-18），通高10寸，口径3.7×4.7寸。盖面和颈部饰夔纹上下界以联珠纹，圈足饰夔纹以云雷纹衬底。盖器同铭，各4字。殷墟三期器。

Ⅲ式：扁平状提梁两端有兽首。标本：父癸卣（《图像》12668）（图3-19），通高29厘米。盖沿、颈部、圈足饰夔纹。盖、器同铭各2字。殷墟四期器。

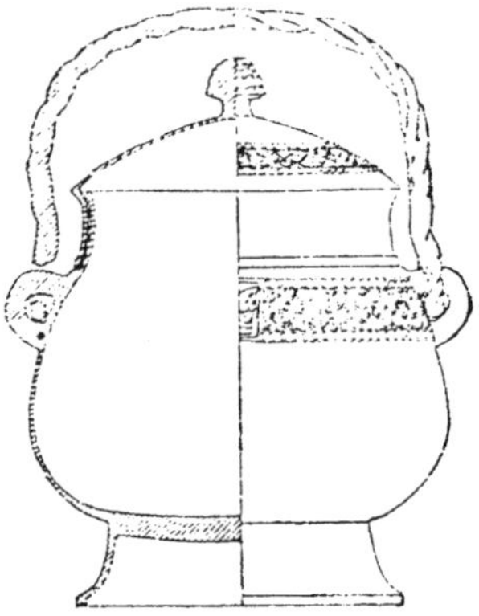
图3-17　云雷纹卣

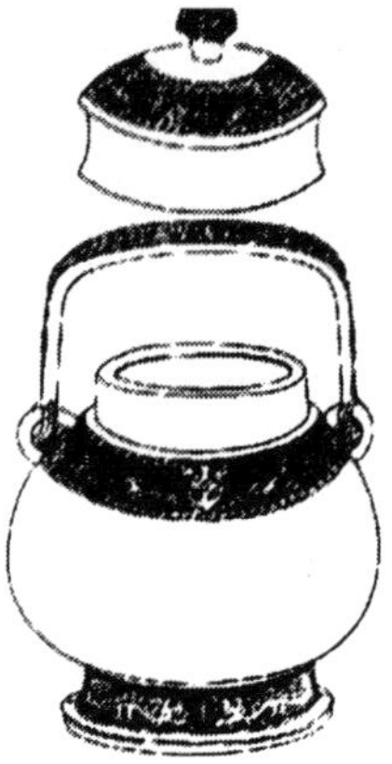
图3-18　亚獏父辛卣

图3-19　父癸卣

Ⅳ式：扁平状提梁两端有兽首，盖顶圈状捉手。标本：冉蛙卣（《图像》12717，《西清》16.16）（图3-20），通高7.6寸，口径2.7×3.7寸。盖沿、颈部及圈足均饰云雷纹上下界以联珠纹。盖、器同铭，各2字。商末周初器。

Ⅴ式：扁平状提梁两端有兽首，圈状捉手，垂腹外鼓。标本：1980年天马—曲村M6069出土龙纹卣①（图3-21），通高21厘米。盖面、颈部饰龙纹，圈足饰弦纹。成康时器。

Ⅵ式：扁平状提梁两端有兽首，圈状捉手，垂腹外鼓，盖顶两侧有犄角。标本：扶风云塘M20出土作旅彝卣②（M20：7）（图3-22），通高28.6厘米，口径14.2×10.5厘米。盖沿和颈部皆饰夔纹，圈足饰弦纹三周。盖底同铭各3字“作旅彝”，康昭时器。

Cb型　扁圆形腹。根据提梁及捉手形状不同，分为三式。

Ⅰ式：绳索状提梁。标本一：1984年安阳钢铁第四生活区M269出土云雷纹卣（M269：10）③（图3-23），通高21.9厘米。盖面和颈部饰云雷纹上下界以联

① 北京大学考古学系商周组：《天马—曲村（1980～1989）》，科学出版社，2000年，349页。

② 陕西周原考古队：《扶风云塘西周墓》，《文物》1980年第4期。

③ 安阳市文物工作队：《殷墟戚家庄东269号墓》，《考古学报》1991年第3期。

图3-20　冉蛭卣

图3-21　龙纹卣
（引自《全集》）

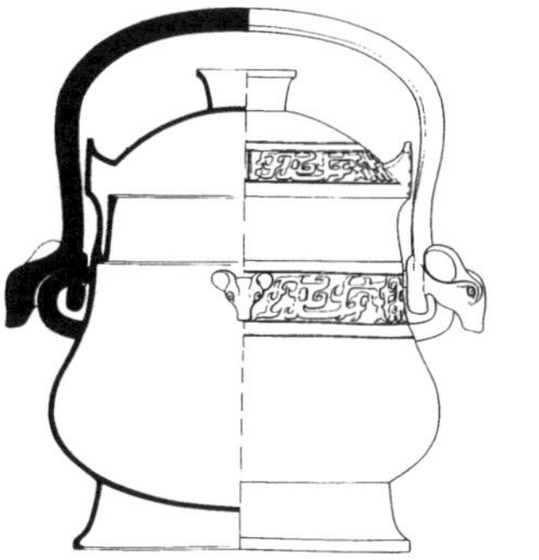
图3-22　作旅彝卣
（引自《周原出土青铜器》卷七）

珠纹，圈足饰弦纹。殷墟三期器。标本二：2007年安阳榕树湾M1出土云雷纹卣（2007RSWM1：15）[①]（图3-24），通高24厘米。盖面及颈部饰云雷纹上下界以联珠纹，圈足饰弦纹。帝辛时器。

Ⅱ式：扁平状提梁两端有兽首。标本：1993年洛阳林业学校C3M230出土兽面纹卣（C3M230：5）（图3-25）[②]，通高37厘米。盖面、颈部、圈足饰夔纹，腹部饰兽面纹，均以云雷纹衬底。西周早期前段器。

Ⅲ式：扁平状提梁两端有兽首，圈状捉手。标本：1962年湖北江陵出土小臣卣[③]（图3-26），通高24.2厘米。盖器同铭7字。盖面、颈部及饰夔纹以雷纹衬底，西周早期后段器。

图3-23　云雷纹卣

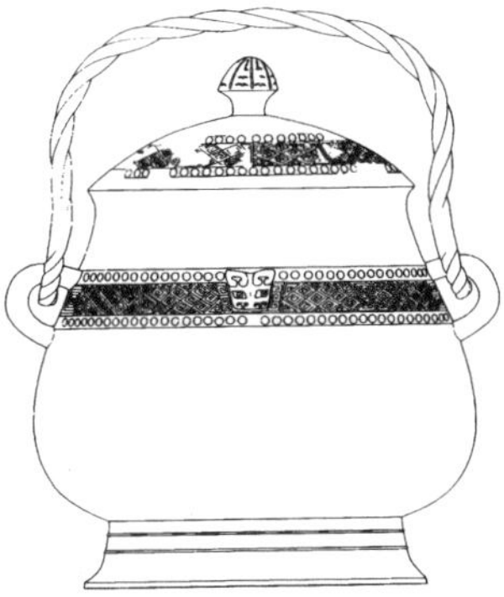
图3-24　云雷纹卣

图3-25　兽面纹卣

① 安阳市文物考古研究所：《河南安阳市榕树湾一号商墓》，《考古》2009年第5期。
② 洛阳市文物工作队：《洛阳林校西周车马坑》，《文物》1999年第3期。
③ 李健：《湖北江陵万城出土西周铜器》，《考古》1963年第4期。

D型　椭方形腹。可分为二亚型。

Da型　口方腹圆。根据提梁及捉手形状不同分为三式。

Ⅰ式：扁平状提梁两端饰兽首，花蕾状捉手。标本：长子口M1出土长子口卣（M1：163）[①]（图3-27），通高38.8厘米。盖面、颈部及圈足饰双身龙纹上下界以联珠纹，盖沿及腹部饰“山”字形勾连雷纹，盖、器同铭各3字。武成时器。

Ⅱ式：扁平状提梁两端有兽首，圈状捉手。标本：1965年山东黄县归城姜家M2出土作宝尊彝卣（M2：165）（《图像》12983），通高22.2厘米。盖沿和颈部饰云雷纹组成的兽面纹。盖器同铭，各4字（图3-28）。成康时器。

图3-26　小臣卣

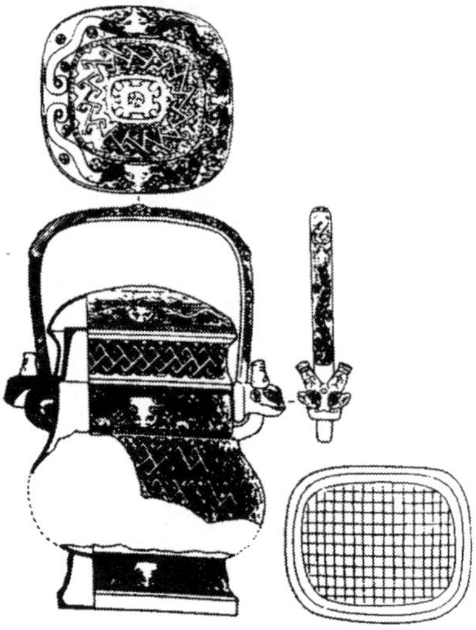
图3-27　长子口卣

图3-28　宝尊彝卣

Ⅲ式：扁平状提梁两端饰兽首，圈状捉手，盖顶两端有犄角，垂腹外鼓。标本：1971年宝鸡茹家庄出土公卣[②]（宝21）（图3-29），通高22.2厘米，口径8.8×13厘米。盖沿及颈部饰夔纹，圈足饰弦纹，器盖同铭，为“公作彝”。康昭时器。

Db型　口及腹部均为椭方形。依提梁及盖顶捉手形状分为四式。

Ⅰ式：扁平状提梁两端有兽首，盖顶花蕾状捉手。标本：1952年征集的宰甫卣[③]（图3-30），通高31.5厘米，口径11×13厘米。盖面和腹部饰兽面纹，盖沿饰夔纹。盖、器同铭各23字。殷墟四期器。

① 河南省文物考古研究所、周口市文化局：《鹿邑太清宫长子口墓》，中州古籍出版社，2000年，110页。

② 宝鸡市博物馆：《宝鸡市茹家庄发现西周早期铜器》，《考古与文物》1980年第1期。

③ 菏泽市文化馆、菏泽地区文展馆、山东省博物馆：《殷代长铭铜器宰甫卣的再发现》，《文物》1986年第4期。

Ⅱ式：扁平状提梁两端有兽首，圈状捉手。标本：1982年北京顺义牛栏山出土亚㠱父己卣①，通高24厘米。盖面、颈部及圈足饰夔纹。盖器同铭各4字（图3-31）。西周早期前段器。

图3-29　公卣

图3-30　宰甫卣

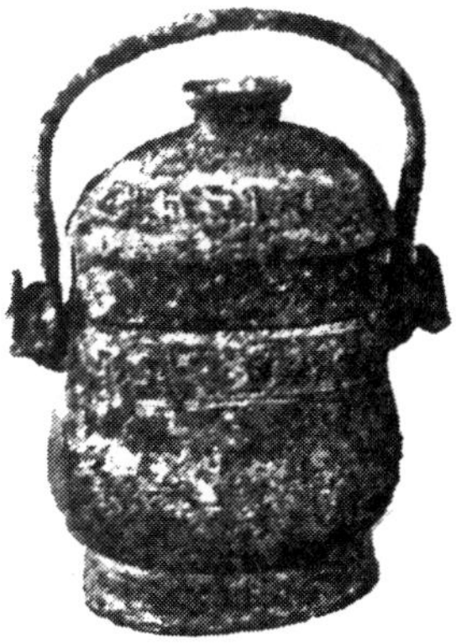

图3-31　亚㠱父己卣

Ⅲ式：扁平状提梁两端有兽首，圈状捉手，垂腹。标本：天马—曲村M6214出土作旅彝卣②（M6214：45）（图3-32），通高20.4厘米。盖面和颈部饰夔龙纹以云雷纹衬底，圈足饰弦纹。盖、器同铭各3字。西周早期后段器。

Ⅳ式：扁平状提梁两端有兽首，圈状捉手，盖侧有犄角。标本：扶风齐家M19出土作宝尊彝卣③（78FQM19：51）（图3-33），圈状捉手，盖面圆转，器沿两侧出犄角。提梁两端作羊首，颈部饰夔纹，圈足饰凸弦纹。器盖同铭"作宝尊彝"。穆王前后器。

E型　提梁纵置。根据器侧有无扉棱，可分为三亚型。

Ea型　器侧无扉棱。此型器物较少，目前仅见到3件。标本：罗山天湖M1出土天卣（M1：24）④（图3-34），通高21.5厘米，口径8.5厘米。颈部饰云雷纹上下界以联珠纹，圈足饰云雷纹，器底有一族徽。殷墟三期器。

Eb型　器侧有扉棱。可纵置也可横置。根据腹部最大径位置分为二式。

Ⅰ式：最大径位于腹部正中。标本一：安阳郭家庄M160出土亚址卣（M160：172）⑤（图3-35），通高35.8厘米，口径13.5×15厘米。盖沿、颈部、圈足饰长尾鸟纹，盖面、腹部饰直棱纹、鸟纹，均以云雷纹衬底，有铭文10字，殷墟三期

① 程长新：《北京市顺义县牛栏山出土一组周初带铭青铜器》，《文物》1983年第11期。

② 北京大学考古学系商周组：《天马—曲村（1980～1989）》，科学出版社，2000年，411页。

③ 陕西周原考古队：《陕西扶风齐家十九号西周墓》，《文物》1979年第11期。

④ 信阳地区文管会、罗山县文化馆：《河南罗山县蟒张商代墓地第一次发掘简报》，《考古》1981年第2期。

⑤ 中国社会科学院考古研究所安阳工作队：《安阳郭家庄160号墓》，《考古》1991年第5期。

图3-32　作旅彝卣

图3-33　作宝尊彝卣

图3-34　天卣

（引自《周原出土青铜器》卷七）

器。标本二：1965年河南辉县褚邱出土的祖辛卣[①]（图3-36），通高25.8厘米，口径9.2×10.6厘米。盖面和下腹部饰鸟纹，上腹部饰直棱纹，盖沿、圈足饰长尾鸟纹。器盖同铭各2字，殷墟四期器。

Ⅱ式：最大径接近圈足。标本：上海博物馆藏冉蛙父丁卣（《图像》12954）（图3-37），通高35.3厘米，口径12.8×15.3厘米。颈部和圈足饰卷尾长鸟纹，腹上部饰直棱纹，下部饰以云雷纹衬底的花冠长尾凤鸟纹。西周早期器。

Ec型　器侧有扉棱。依据提梁分为二式。

Ⅰ式：绳索状提梁。标本：1973年扶风美阳出土兽面纹卣[②]（图3-38），通高24厘

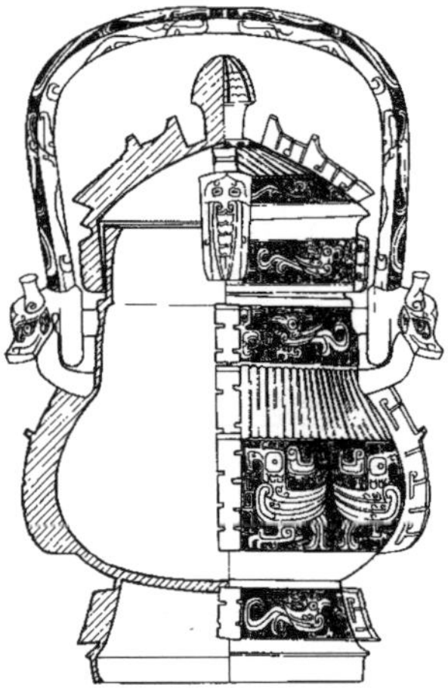

图3-35　亚址卣

图3-36　祖辛卣

（引自《图像》）

图3-37　冉蛙父丁卣

（引自《图像》）

① 新乡市博物馆：《河南辉县出土的商代祖辛卣》，《文物》1979年第7期。

② 扶风县文化馆：《扶风美阳发现商周铜器》，《文物》1978年第10期。

米，口径9.8×12厘米。缺盖。腹侧有四道扉棱，垂腹外鼓。颈部及圈足饰夔纹，腹饰兽面纹，以云雷纹衬底。殷墟三期器。

Ⅱ式：扁平状提梁两端有兽首。标本：1976年扶风岐山贺家村丙卣[①]（图3-39），通高21.6厘米，口径8.1×6.7厘米。盖面和腹部饰兽面纹，盖沿饰鸟纹，颈部及圈足饰夔纹，以云雷纹衬底。器内底铸铭文1字。殷墟四期器。

F型　体较瘦高。依提梁分为二式。

Ⅰ式：扁平状提梁两端无兽首。标本：遽册卣（《图像》12995，《善斋》4.26）（图3-40），通高11.9寸，口径4.9×3.7寸。盖沿和颈部饰云雷纹衬底的夔纹，圈足饰弦纹。盖器同铭各4字。西周早期前段器。

图3-38　兽面纹卣

图3-39　丙卣

图3-40　遽册卣

Ⅱ式：扁平状提梁两端有兽首。标本：宝鸡竹园沟M8出土作宝尊彝卣（BZM8：6）[②]（图3-41），通高31.5厘米，口径12.8×9厘米。下腹外鼓。盖面和颈部饰夔纹，圈足饰弦纹。成康时器。

甲类青铜卣中，以提梁横置器（甲A、B、C、D、F型）为主，且较常见器侧有扉棱器（甲Ac、Bb型）。提梁横置器中，Aa型器见于殷墟二期至西周早期成康时期，提梁从绳索状逐渐演变为扁平状进而发展为扁平状提梁两端有兽首；口径从小变大，但均相当于腹径的1/2；圈足外侈较低，从无卷边发展到有卷边。Ab型器出现较Aa型器晚，大约在殷墟三期。提梁从绳索状演变为扁平状，盖顶捉手从花蕾状演变为圈状。口径从小变大，但仍保持约大于腹径的1/2。圈足较Aa型高。该型器大约流行于殷墟三期至成王时期。Ac型器，器形与Aa型形似，但器侧有扉棱。依目前可见标本判断，Ac

① 陕西省博物馆、陕西省文物管理委员会：《陕西岐山贺家村西周墓葬》，《考古》1976年第1期。

② 卢连成、胡智生：《宝鸡弶国墓地》，文物出版社，1988年，178页。

图3-41　作宝尊彝卣
（引自《图像》）

型器物最早可至成王时期，最晚至康昭时期。但据器物发展规律推测，Ac型器上限还可稍向前提。B型器，口径约为腹径的1/2。鼓腹，圈足较高，且起台。Ba型器，出现于殷墟二期，殷墟四期以后少见。器物从绳索状提梁演变为扁平状提梁两端有兽首。Bb型器物器形与Ba型相似，唯器侧有扉棱。Bb型器最早见于约殷墟三期，成康以后几乎不见。提梁由绳索状变为扁平状提梁两端有兽首，进而演变为提梁上亦有浮雕兽首。腹部由圆鼓逐渐略向内收。C型器是甲类器物中较多见的一类。口径大于腹径的1/2。Ca型从殷墟二期延续到康昭时期，演变序列完整。提梁从绳索状变为扁平状，进而发展为扁平状提梁两端有兽首，捉手从花蕾状演变为圈状捉手进而发展为盖顶两侧有犄角，腹部从鼓部变为垂腹外鼓。Cb型器物腹部为扁圆形，殷墟三期出现，成康以后不见。提梁由绳索状演变为扁平状提梁两端有兽首，盖顶捉手从花蕾状发展为圈状。D型器物出现较晚，应是青铜卣在进入繁盛期后衍生的新产品。依据目前所见标本，Da型器物最早见于约武成时期，Db型器物约在殷墟四期，但据器物发展规律我们推测Db型器物出现时间应稍晚于Da型。Da型器物流行时间较短，大概见于武成康昭时期。Db器物流行时间较长，从殷墟四期到穆共时期。二者演变趋势相同，只是Da型器为口方腹圆，而Db型是椭方腹。E型器物提梁纵置，Ea型器侧无扉棱，据纹饰判断只能为提梁纵置放置，Ea型器数量极少，见于殷墟三、四期。Eb型器物显然是从Ea型器物发展而来，器侧有扉棱，据纹饰判断，可横置也可纵置，与提梁相对方向，盖沿两侧有犄角。Eb型器由鼓腹发展为垂腹，出现于殷墟三期，西周早期武成以后少见。Ec型器，大约出现于殷墟三期，西周早期武成以后少见。从绳索状提梁发展为扁平状提梁两端有兽首。与提梁相对方向，盖侧或有犄角。据纹饰判断，Ec型器物只能纵置。F型器物较少，体较瘦高。盖顶捉手与两面夹角较小，器盖侧面呈尖角状。F型器物由扁平状提梁两端无兽首演变为提梁两端有兽首，从鼓腹变为垂腹，大约只见于西周武成康三世。

总体而言，甲类器中，A、B、C型是商代青铜卣的主打产品，而D、E、F型则是在主打款基础上衍生的新产品。这些器形，进入西周以后，主打款式C型颇受欢迎，一直延续到康昭时期。新产品中D型颇得好评，以至于成康以后多见Db型Ⅳ式器物。A、B型衍生的副产品Ac、Bb型，虽华丽瑰异，但终是昙花一现，成康以后便少见。E型器也是如此。新产品多出现在殷墟三、四期，此时正是青铜卣发展的兴盛时期。由此我们可以断定，青铜卣发展的规律大致是：器形的变化早于装饰的变化，装饰的变化早于放置方式的变化。在器形发展到极致时便会改变纹饰，在纹饰发展到极致时便改变放置方式。步子逐渐迈大，在商末周初，出现了模仿竹器、木器以致受到其他青铜器如罍的影响而产生新的器形。

二、形制特征

根据以上分析，判断甲类青铜卣的形制特征如下。

（1）有盖、有提梁、短颈、鼓腹、圈足。这是最基本的特征。器物高度多在20～30厘米，最高不超过35厘米，最低不低于15厘米。因腹部较大，器物矮胖，显得浑圆饱满。最早的一件青铜卣是史卣（GM2575：23），河南安阳殷墟西区出土，殷墟二期器，通高19厘米；最晚的一件卣（M84：103）是河南平顶山应国墓地出土，时代在共王后期，通高20.6厘米。

（2）盖上有捉手。最早出现花蕾状，后来逐渐演变成圈状。花蕾状捉手从殷墟二期延续到殷墟四期，西周早期武成以后，多见圈状捉手。西周早期成康以后，盖顶两侧出现犄角。犄角的出现使得提梁能够固定在器侧而避免左右摇摆。同时也是青铜卣走向衰落的一个反映。我们认为犄角是在提梁横置器物上保留下来提梁纵置的特征。

（3）卣盖和颈部呈子母口——前者是母口，后者是子口——亦即盖是罩在器外的。这使得青铜卣的密封性能良好，这与它的功能以及文献中记载鬯酒以降神相吻合①。卣颈部较短，没有明显颈部。

（4）提梁多在器物颈侧。有绳索状提梁和扁平状提梁两种。首先出现绳索状，后来逐渐演变成扁平状，而且以后者的数量居多。一般来说，绳索状提梁两端是圆环而扁平状捉手两端多饰兽首。放置方式有横置和纵置，横置的青铜卣数量多且延续时间长，纵置器数量少且延续时间短，仅从殷墟三期延续到西周早期武成时期，成康以后几乎不见。提梁的方向和纹饰的位置二者之间存在一定的关系，“提梁的位置从左到右变为从前到后，纹饰最初并没有跟着改变而保持原位，后来不得不和提梁的变化相一致。而提梁的位置改回到它原来的样子时，纹饰仍保持其新的位置，但随后又改回到它原来的样子”②。

（5）颈侧有环耳，与提梁套接。不管提梁是绳索状还是扁平状，与其套接的均是在颈侧的两个半圆形环耳。

（6）青铜卣由提梁、盖、环耳、颈部、腹部、圈足组成。提梁是单独制作，之后与环耳套接。盖作为母口罩在器外。所以，目前我们看到的器物部分提梁缺失，部分缺盖。

（7）青铜卣有圈足，高低不一，但圈足径大体与口径相当。这点需注意，或许和卣用来盛放鬯酒，圈足需承重有直接关系。

---

① 陈梦家先生曾在《中国青铜器的形制》中说明鬯酒容易挥发。

② 陈梦家：《中国青铜器的形制》，《西周铜器断代》，中华书局，2004年。

（8）青铜卣装饰纹样多见兽面纹，或有弦纹、夔纹、联珠纹。装置位置一种是从盖到圈足包括提梁通体装饰，一种是仅在盖面、颈部和圈足装饰。前者往往是装饰以云雷纹为底的兽面纹、小鸟纹等，后者是在盖面和颈部饰夔纹上下界以弦纹、联珠纹，圈足上纹饰有时与盖面、颈部相同，有时仅有几圈弦纹。装饰风格或繁缛华丽或简朴肃穆，估计这和它用来祭祀祖先神灵有关。从装饰手段上讲，由始至终多数青铜卣颈部前后均饰浮雕状兽首，殷墟三期到西周早期部分青铜卣器侧出扉棱呈浮雕状装饰。一般来说，前者装饰华丽后者装饰简朴。

根据对甲类青铜卣的型式划分以及形制判定，可以肯定宋人对卣的命名是正确的[①]，也就是说把卣称为觥、鸟兽尊是缺乏充分依据的。基于以上分析，我们可以得知确定一件器物是否为卣，应以其主体部分器盖、口径、腹部、圈足、环耳等确定，而不是以其附加部分提梁来区分。

第二节　乙类：非主流形态青铜卣

应该说主流形态青铜卣其提梁、盖、腹、圈足等特征均符合青铜卣的特征，但是非主流形态青铜卣的特征就略微复杂一些，其某些部分符合以上所述的形制特征，但是某些部分也有变化。依其腹部形状分为五型。

A型　体形较高，小口、短颈、颈腹分界不明显、无肩、深腹、高圈足，口径与腹径相当，横截面呈圆形。绝大多数器物颈侧有环耳。该型器共10件，其中出土器5件，传世器5件。其中1件传世器盖和提梁缺失。根据盖和器的承接关系的不同分为二亚型。

Aa型　盖为子口，纳入颈中，扁平状提梁与颈侧环耳卯合。1件。标本：1982年郑州向阳食品厂发现的兽面纹卣（H1：11）（图3-42），扁平状提梁与颈部环耳套接，盖舌内插入颈部，腹部饰兽面纹。口径12厘米，通高50厘米。二里冈上层器，相对年代早于安阳殷墟出土的青铜器[②]，它是目前所知最早的青铜卣[③]。其装饰风格及颈部不分的特点与主流形态青铜卣颇为神似。

Ab型　盖为母口罩在器外，绳索状提梁与颈侧环耳套接，盖顶圈状捉手。8件，出土器4件，传世器4件。标本：2003年安阳大司空村M303出土的马危卣（M303：58）[④]（图3-43），通高38.4厘米，口径10.1厘米。盖面、颈部通高。盖上饰

① 陈梦家：《中国青铜器的形制》，《西周铜器断代》，中华书局，2004年，528页。

② 河南省文物考古研究所、郑州市博物馆：《郑州新发现商代窖藏青铜器》，《文物》1983年第3期。

③ 陈旭：《郑州杜岭和回民食品厂出土青铜器的分析》，《中原文物》1986年第4期。

④ 中国社会科学院考古研究所安阳工作队：《殷墟大司空M303发掘报告》，《考古学报》2008年第3期。

夔龙纹，颈部亦饰夔龙纹上下界以连珠纹，圈足饰兽面纹，均以云雷纹衬底。殷墟四期器。

附：江西新干大洋洲商墓三足卣（标本048）（图3-44），小口，带盖，深腹，圜底，三空锥足外撇。颈部较短，扁平状提梁与颈侧环耳卯合，两端各饰一兽面。口径9.2厘米，通高37.2厘米，二者比0.25。发掘者认为该器属于二里冈上层器①。我们把该器与殷墟妇好墓出土的三足盉（M5：824）②比较，发现两者腹部相似，唯前者锥足，后者柱足。与Aa型标本比较，发现与Aa型相同之处为扁平状提梁与颈侧环耳卯合，不同之处是前者是盖为子口，后者盖为母口罩在器外。故此，我们认为新干出土的三足卣（标本048）时代大概应在二里冈上层到殷墟二期之间。

图3-42　兽面纹卣

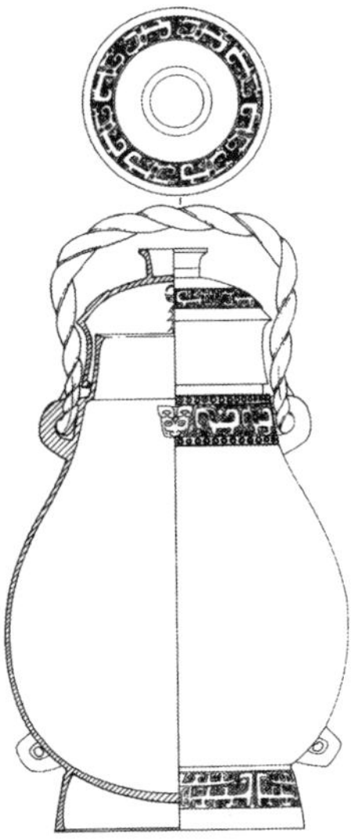

图3-43　马危卣

图3-44　三足卣

B型　腹部呈方形，4件。标本：江西广丰排汕征集的公卣③，通高35厘米，腹部正中及四边有扉棱，共八道。口沿上部及圈足饰夔龙纹，颈部饰鸟纹，腹部饰兽面纹，以云雷纹衬底。器底有铭文2行6字，“公作宗宝尊彝”。简报认为是西周初期器，我们认为或应稍晚，大致可至成康以后。此外，传世器中鱼纹方卣（《博古图》11.33）（图3-45）、饕餮纹卣（《古器具名》）与其相似，可归入此类。

C型　深腹，器呈圆筒形，可分为三亚型。

① 江西省文物考古研究所、江西省新干县博物馆：《江西新干大洋洲商墓发掘简报》，《文物》1991年第10期。

② 《殷墟青铜器》称卣，《殷墟妇好墓》中称盉。

③ 罗小安：《广丰发现西周青铜提梁卣》，《江西文物》1989年第1期。

Ca型　器侧无扉棱，共3件，出土器1件，传世器2件。标本：亚告卣（《图像》12645）（图3-46），通高8.4寸，口径2.35寸。扁平状提梁两端有兽首，盖顶花蕾状捉手。盖沿、颈部饰夔纹以云雷纹衬底，腹部饰直棱纹，圈足饰兽面纹。器内铸铭文2字，“告亚”。商代晚期器。

Cb型　器侧无扉棱，器呈直筒形，该型器物可能仿自竹器。共14件，出土器和传世器各7件。标本：甘肃灵台白草坡出土㴱伯卣（M1：13）[①]（图3-47），通高29厘米，口径13厘米。扁平状提梁，两端有兽首。盖顶为圈状捉手。同墓出土2件器物，纹饰相同，仅大小有别。提梁两端为羊首形，盖沿和腹上下饰夔龙纹。盖器同铭，各6字，为“㴱伯作宝尊彝”。西周早期前段器。

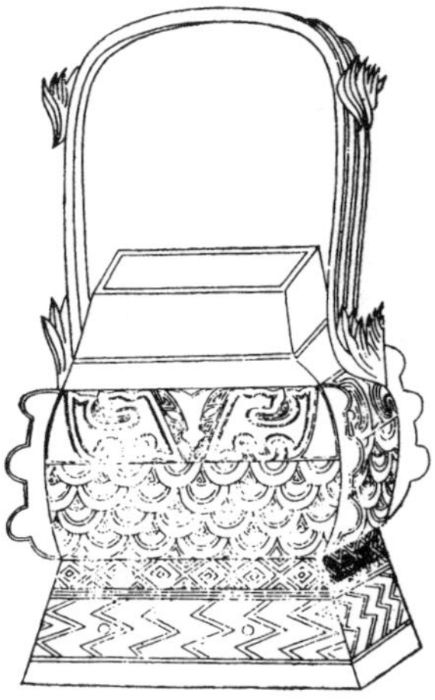

图3-45　鱼纹方卣

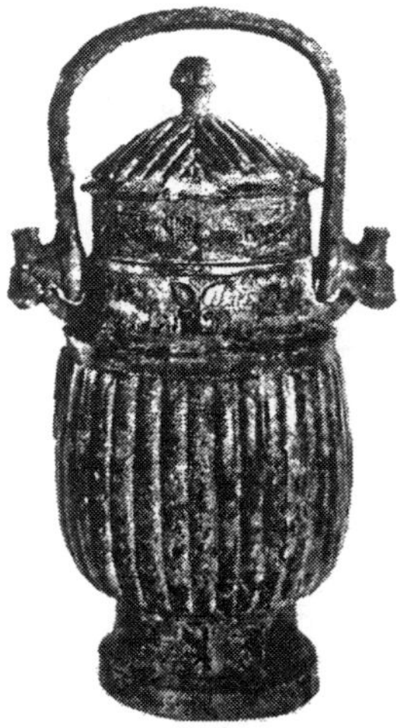

图3-46　亚告卣

图3-47　㴱伯卣

Cc型　器侧有扉棱，盖顶为花蕾状捉手。共7件，均为传世器。标本：[illegible]卣（《西清》16.11，《图像》12625）（图3-48），通高24.8厘米，口径6.8×7.2厘米。通体有四道扉棱，扁平状提梁两端有兽首，盖顶花蕾状捉手。盖面和腹部饰兽面纹，盖沿、颈部、上腹部及圈足饰夔龙纹。通体以云雷纹衬底。商代晚期器。

D型　罍形卣。该型器腹部和罍相似，反映了罍对卣的影响。分为二亚型。

Da型　器侧无扉棱，共4件，出土器3件，传世器1件。标本：宝鸡竹园沟M7出土弦纹卣[②]（图3-49），通高17.5厘米。屋形捉手，束颈，颈侧有扁平状提梁，腹部较深斜收，圈足。盖上与腹部近颈部饰弦纹。有铭文2字。西周早期前段器。

Db型　器侧有扉棱，共2件，均为传世器。标本：兽面纹卣（《全集》3.135）（图3-50），传河南安阳出土，通高23.6厘米。通体饰兽面纹和鸟纹。商代晚期器。

---

① 甘肃省博物馆：《灵台白草坡西周墓》，《文物》1972年第12期。

② 卢连成、胡智生：《宝鸡強国墓地》，文物出版社，1988年。

图3-48　[illegible]卣

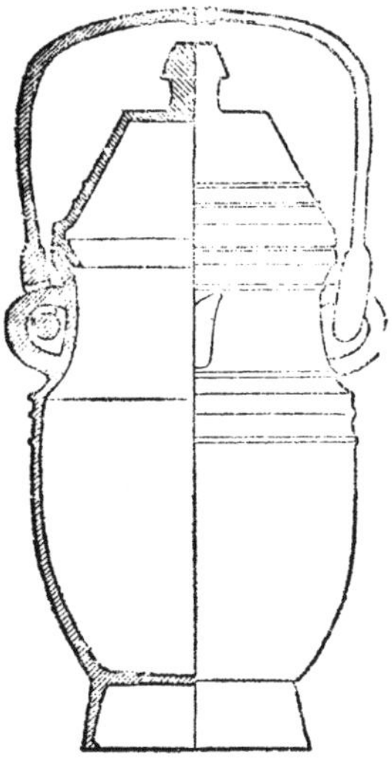

图3-49　弦纹卣

图3-50　兽面纹卣

乙类器中，郑州向阳食品厂出土的兽面纹卣（H1∶11）（乙Aa型）应该是目前所知的时代最早的青铜卣。江西新干大洋洲出土的三足卣和殷墟妇好墓三足盉（M5∶824）[①]腹部相似。无独有偶，妇好墓出土的鼎形器（M5∶763）腹部与鼎腹同，但前有流后有鋬。器类之间互相模仿创造出新器形的过程，恰恰是青铜器从发展走向兴盛的一个缩影。青铜卣亦是如此。殷墟一期以后，甲类青铜卣大行其道，乙A型器物少见。

乙B型青铜卣，应是青铜器在以商王畿为中心向外辐射过程中，地方土著文化对中原地区青铜器的模仿，反映了青铜文化的向心力与影响力。乙Cb型青铜卣，可能是模仿竹器产生。乙D型青铜卣，反映了青铜卣与罍的关系。

第三节　小　　结

概言之，甲类青铜卣，即主流形态的青铜卣，是青铜卣中的大宗，出土器中有197件，占91.6%。它体现了青铜卣的标准形制特征，反映了青铜卣的发展演变趋势。同时，多数学者对其称谓观点一致，不存在分歧争议。乙类，即非主流形态青铜卣，数量极少，出土器中仅有18件，占8.4%，连甲类青铜卣的1/10都不到。乙类青铜卣多是商周时期中原地区以外方国（封国）的器物，是青铜卣地方特色的反映。总而言之，甲类青铜卣反映了青铜卣器类的统一性与标准性，乙类青铜卣反映了青铜卣器形器类的多样性与复杂性。二者互为补充，反映了青铜卣的形制演变过程。

---

① 《殷墟青铜器》称卣，《殷墟妇好墓》中称盉。

第四章　与青铜卣易混淆之提梁铜壶研究

提梁铜壶与青铜卣的区分，是研究青铜卣的基础。在以往的研究中，学者们多按照提梁划分，有提梁称为卣，无提梁称为壶。但是仔细观察这两类器物，即使同有提梁，仍在器形局部特征、装饰纹样、功能组合、流行时间等方面存在差别。鉴于此，我们将对提梁铜壶进行研究，以期制定一些标准能够将提梁铜壶与青铜卣较好地区分开来。

第一节　提梁铜壶的特征试析

青铜器的定名，有自名的器物要依自名定名。我们收集到有自名的提梁铜壶4件，其中2件是考古发掘出土，2件是传世器物。

一、自名为壶的提梁铜壶

1. 光作用壶

该器于1985年4月在河南平顶山薛庄乡北滍村出土，有铭文4字，释为“光作用壶”[①]（图4-1），此壶器形修长。圈状捉手，盖为子口，颈为母口。扁平状提梁，两端有兽头。颈部较长，颈侧有环耳，腹部下垂。圈足较高。颈部饰凤纹一周两组，腹部饰菱形回纹，圈足外饰两周弦纹，圈足内饰凤纹，雷纹作底纹。同出的器物还有两件鼎和一件簋，出自竖穴土坑墓。时代属西周早期。

2. 曾侯壶

该器于2011年湖北叶家山M65出土，有铭文5字，“曾侯作田壶”（图4-2）。该器器盖为子口，内插入颈内。长颈、深腹，颈侧有环耳，提梁扁平状。腹部饰宽带络纹，盖面和圈足饰弦纹。时代属西周早期。简报中认为壶是水器[②]，是正确的。

---

① 平顶山市文管会：《平顶山市新出土西周青铜器》，《中原文物》1988年第1期；另刘雨、卢岩编著的《近出殷周金文集录》第三册中把该器铭文释为“小姓作用壶”；吴镇烽主编的《商周青铜器铭文暨图像集成》释为“光作用壶”。本文采用《图像》观点。

② 湖北省文物考古研究所、随州市博物馆：《湖北随州叶家山M65发掘简报》，《江汉考古》2011年第3期。

图4-1　光作用壶

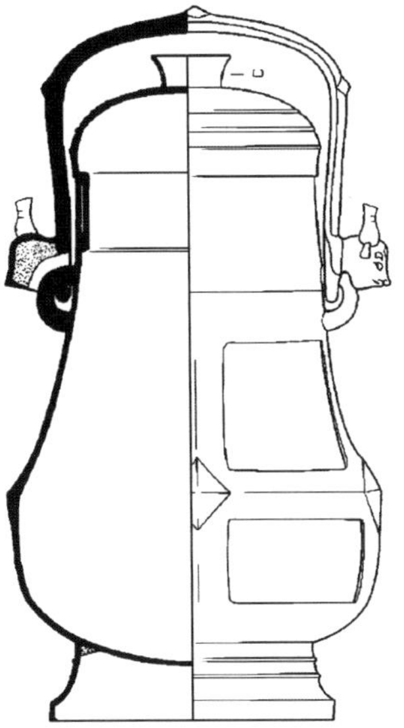

图4-2　曾侯作田壶

3. 倗叔壶

传晋南出土。圈状捉手，盖为子口，伸入颈内，扁平状提梁两端有首与颈侧环耳套接，长颈，鼓腹，圈足较矮。提梁、盖面和颈部均饰卷尾长鸟纹，以云雷纹衬底（图4-3）。盖内铸铭文6字“叔作田父尊壶”，器外底28字，为“唯廿又六年十月，初，己卯，倗叔作田父宝尊壶，其万年子子孙孙永宝用”[①]。时代属西周中期前段（穆王二十六年）[②]。

4. 隹壶

《近出殷周金文集录》[③]著录该器，器形为圈状捉手，盖为子口，插入颈内，直颈较长，颈侧有环耳套接扁平状提梁，鼓腹，有圈足。腹部饰勾连雷纹。通高30.7厘米。器盖同铭2字“隹壶”（图4-4）。西周早期器。

以上诸器均有以下共性：①器盖有圈状捉手，盖为子口，有舌插入颈内；②颈侧有环耳套接提梁，提梁多为扁平状；③有颈部，且颈部较长，腹部较深呈圆形或椭圆形外鼓；④有圈足，足径多大于口径。自名为壶的提梁铜壶揭示的应该是该类器物的“遗传密码”，可以说符合这四点的都可以称为提梁铜壶，但未必所有的提梁铜壶都

① 吴镇烽：《商周青铜器铭文暨图像集成》，上海古籍出版社，2012年，12401倗叔壶。

② 《商周青铜器铭文暨图像集成》中写是穆王二十八年，因铭文中有“廿又六年”，疑“八”是六之误，故改之。

③ 刘雨、卢岩：《近出殷周金文集录》，中华书局，2002年，563隹壶。

图4-3　倗叔壶

图4-4　隹壶

能符合这四点，毕竟“遗传”中也有“变异”。

去掉这4件器物自身携带的时代性或局限性，我们认为提梁铜壶应该符合以下特征：①器盖为子口，颈部为母口；②器盖有捉手；③颈部较长，颈侧有环耳；④有提梁；⑤腹部外鼓；⑥有圈足。整体而言，器形呈修长高挑，也就是说颈部和腹部的形状及比例在确认提梁铜壶的形制特征中占重要地位。

那么这一特征到底是与青铜卣接近还是与青铜壶接近呢？

二、自名为壶的青铜壶

1. 康伯壶盖

1963年河南洛阳北窑M701出土，器盖圈状捉手，盖舌呈子口，子口高4.8厘米。盖沿饰4只两两相对的分尾鸟纹，并以云雷纹衬底。盖内壁铸有铭文“康伯作郁壶”5字[①]（图4-5），西周早期器。与之形制类似的还有伯泺父壶盖（《图像》12177）（图4-6），西周中期器。

---

① 洛阳市文物工作队：《洛阳北窑西周墓》，文物出版社，1999年，89页。

图4-5　康伯壶盖

图4-6　伯泺父壶盖

2. 保侃母壶

故宫博物院藏的保侃母壶（《图像》12300）（图4-7），壶盖为圈状捉手，盖为子口，盖舌插入颈内，颈较短，两侧有贯耳，鼓腹，圈足。器盖、颈部和圈足各饰一道弦纹。有铭文14字“王姒赐保侃母贝。扬姒休，用作宝壶”。西周早期器。

仲姞壶（《图像》12257）形制与之相似，圈状捉手，盖为子口，盖舌插入颈内，颈侧有贯耳，长颈，鼓腹，有圈足。颈部饰弦纹，腹部饰鳞纹。有铭文10字“仲姞作宝壶，其万年永用”，时代属西周中期前段。

与之形制相似的还有姪妊壶（《图像》12149）（图4-8），无盖，直口长颈，颈侧有贯耳，腹向外垂，有圈足。颈部饰两组云雷纹组成的兽面纹，腹部饰粗细相间的曲折雷纹，上部有一周三角雷纹。口径7.8厘米，通高9厘米。盖器同铭5字“姪妊作安壶”。西周早期器。

3. 熊奚壶

1980年9月山东黄县龙头村1号墓出土熊奚壶[①]，盖顶捉手呈椭方形圈状，颈部有一对贯耳，盖有长子口，横截面呈长方形，长颈鼓腹，矮圈足。通体光素。口径13×9厘米，通高40厘米。有铭文5字“熊奚作宝壶”（图4-9）。西周中期器。

4. 员壶

该器体修长，直口长颈，鼓腹，圈足外侈，颈部有一对贯耳，盖有长榫口，盖面隆起，上有圈状捉手。通体光素。有铭文“员作旅壶”4字（《图像》12113）（图4-10），西周中期前段器。与之形制相似时代相同的器物还有尧作壶（《图像》12090）（图4-11）、吏从壶（《图像》12119）（图4-12）。

---

① 王锡平、唐禄庭：《山东黄县庄头西周墓清理简报》，《文物》1986年第8期。

图4-7　保侃母壶

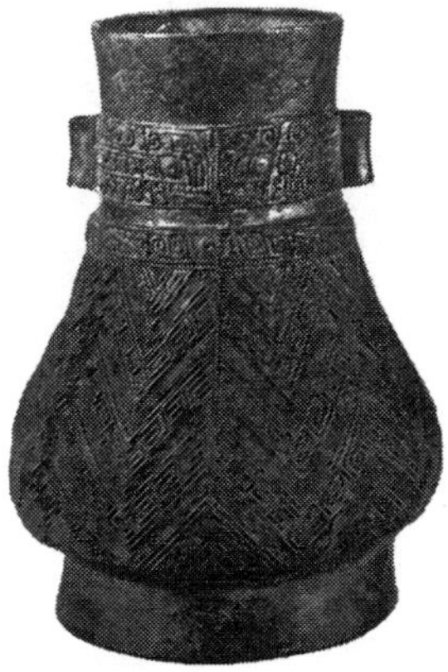

图4-8　娅妊壶

图4-9　熊奚壶

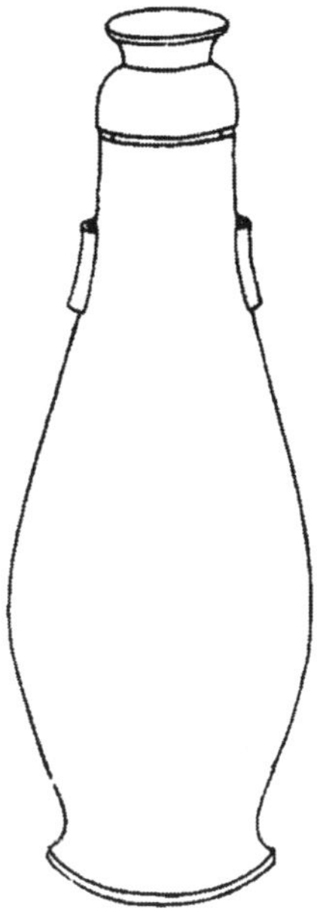

图4-10　员壶

图4-11　尧作壶

图4-12　吏从壶

据此分析，我们可知壶的形制特点：①有盖（或无盖）；②器盖为子口，颈部为母口；③有盖盖顶均是圈状捉手；④颈部较长，颈侧有耳；⑤腹部外鼓，呈圆形或椭方形；⑥有圈足。

有自名的提梁铜壶与青铜壶相比，二者形制特征有较多共同之处，如器盖为子口，颈部为母口，盖顶有圈状捉手，颈部较长，腹部外鼓，有圈足。这就充分说明提梁铜壶应该归属到青铜壶中。由此推之，提梁铜壶的典型特征就应该既符合青铜壶的典型特征，又满足提梁铜壶的特征，即壶盖为子口，颈为母口，颈侧有环耳与提梁套接，长颈鼓腹。

第二节　自名为尊彝的提梁铜壶研究

王国维先生指出："尊彝皆礼器之总名也。古人作器，皆云作宝尊彝，或云作宝尊，或云作宝彝。然尊有大共名之尊（全部礼器），有小共名之尊（壶卣罍等总称），又有专名之尊（盛酒器之侈口者）。彝则为共名而非专名。"①张懋镕先生认为："共名的使用早于专名。商代青铜器大部分用共名，西周早期开始，专名渐趋增多。共名涵盖专名。"②

目前收集到的自名尊彝的提梁铜壶共有30件（参见附表三、附表四）。商代晚期有6件，西周早期有23件，西周中期有1件。一般认为在西周中期，周人青铜器风格逐渐形成。且共名出现早于专名，提梁铜壶上称彝最早在商代晚期，称壶则到西周早期。这30件器物中有16件有日名，商代晚期器中3件有日名，西周早期有13件，西周中期没有使用日名的器物。

根据使用日名的规律，可以判定使用提梁铜壶的器主多属商人或商遗民③，这类提梁铜壶则代表了商系文化特征，据此我们可以了解商人所制造或使用的提梁铜壶的形制特征。

有日名的提梁铜壶共有16件④，根据其腹部形状可分为两类：①瘦高型（A型），共6件。其中葡壶时代属商代晚期；齐壶、布壶、作父乙壶、丁父壶、夹壶，这5件时代属西周早期。该类器物有提梁，均为扁平状，提梁两端为兽头；器盖仅葡壶为伞状捉手，其余均见圈状捉手，盖为子口，盖舌呈子口插入颈内；细长颈，圆腹，口径约为腹径的1/2弱；有圈足。器物装饰部位主要集中在盖面、颈部和圈足三部分。装饰纹样多见雷纹、联珠纹、夔纹、弦纹。

②矮宽型（B型），共10件。分别为亚壶、剌壶、几壶、牧壶、子殷壶、作父辛

---

① 王国维：《观堂集林（附别集）》，中华书局，1959年，153页。

② 张懋镕：《试论青铜器自名现象的另类价值》，《古文字与青铜论集》（三），科学出版社，2010年。

③ 张懋镕：《周人不用日名说》，《历史研究》1993年第5期。

④ 参见附表三《出土提梁铜壶统计表》和附表四《传世提梁铜壶统计表》。

壶、荚壶、𢿢罠壶、𩒨作妇日庚壶、西壶。仅剌壶属商代晚期器，其余9件均属西周早期器。这类器物有提梁，均为扁平状提梁两端有兽首与颈侧环耳套接；器盖有圈状捉手，盖为子口，颈为母口；颈部较短，多见椭圆形腹，口径为腹径的1/2强。有圈足。器物盖面、颈部、腹部、圈足等全身均有装饰。

装饰纹样分为三类：①腹部饰兽面纹，兽面两侧填以鸟纹，盖面和圈足饰夔纹，仅有一件器物即剌壶，属商代晚期器；②盖面、颈部和圈足饰云雷纹衬底的鸟纹，腹部饰宽带络纹，如牧壶（《图像》12273）等，时代均属西周时期；③器物装饰风格与瘦高型提梁铜壶相同，只有1件，为子般壶，盖面及颈部饰云雷纹组成的兽面纹，圈足饰两条弦纹。这三种装饰风格，第一类占10%，第二类占80%，第三类占10%。第一类是矮宽型提梁铜壶新出现的装饰风格；第二类是西周时期新出现、占重要地位并且流行的装饰风格；第三类是则是受到瘦高型提梁铜壶的影响。

第三节　同墓所出青铜卣和提梁铜壶分析

青铜卣与提梁铜壶的区分是一项复杂的工作，我们在前文已经从字形、自名等方面分析了提梁铜壶的器形特征。此外，我们还发现了有的墓葬既出土青铜卣，又出土提梁铜壶。它为我们了解二者横向的联系提供了十分重要的线索。这样的墓葬我们共收集到9座，如附表六所示。

这9座墓葬，殷墟四期有1座。为安阳刘家庄北M1046。M1046墓室面积8.3平方米，有棺椁葬具，有腰坑，有殉人（6具），属于帝辛时期。随葬青铜容器33件，16种。墓主属于担任武职的高级贵族[①]。该墓出土的2件卣和1件壶装饰风格接近，均是在盖沿和颈部饰夔纹以云雷纹衬底，但是卣颈部前后有兽首而壶颈部无。器形方面，相同之处是二者均为绳索状提梁与颈侧环耳套接，但是青铜卣是盖顶有花蕾状捉手，器盖罩在器外；而提梁铜壶是器盖有圈状捉手，器盖有舌纳入颈内。该墓出土有3件尊，2件方尊（M1046：23、M1046：45）、1件圆尊（M1046：7）。考虑到3件尊与2件卣（M1046：5、M1046：10）铭文相同，且2件方尊形制大小、纹饰基本相同，所以我们推测2件方尊和2件卣形成2尊2卣组合。

西周早期有8座，占88.9%。郑州洼刘M1（ZGW99M1）墓室面积7.7平方米，有一棺一椁，随葬青铜容器9种12件，属武王灭商至成王时期遗存，墓主应为大夫以下、

① 中国社会科学院考古研究安阳工作队：《安阳殷墟刘家庄北1046号墓》，《考古学集刊》（15），文物出版社，2004年，385页。

元士以上的贵族[①]。该墓出土两件青铜卣（ZGW99M1：7、ZGW99M1：8）、1件提梁铜壶（ZGW99M1：9），二者装饰风格迥异。两件青铜卣器盖、腹部、圈足均饰兽面纹，扁平状提梁两端饰兽首，器盖为花蕾状捉手；而提梁铜壶则是盖面、颈部及圈足饰雷纹上下界以联珠纹，扁平状提梁两端有兽首与颈侧套接，器盖圈状捉手插入颈内。青铜卣与提梁铜壶的铭文不同，考虑到该墓中出土的尊（ZGW99M1：10）与两件青铜卣不仅装饰风格相同，铭文也相同，我们认为此墓中应是1尊2卣组合。

滕州前掌大M120，墓室面积7.3平方米，有一棺，殉人1具，年代在西周早期偏晚阶段[②]。随葬青铜容器14种共20件。该墓出土的1件青铜卣和1件提梁铜壶装饰较为接近。青铜卣为花蕾状捉手，扁平状提梁与颈侧环耳套接，盖面、颈部、圈足饰夔纹以雷纹衬底，上下界以联珠纹。提梁铜壶则是绳索状提梁，盖顶圈状捉手，盖面、颈部饰雷纹上下界以联珠纹。该墓出土1件尊，其与卣（M120：18）纹饰风格相同。考虑到该墓墓室面积不足9平方米，推测应为1尊1卣组合。

宝鸡竹园沟M13墓室面积15.3平方米，一椁两棺，时代约在康王前期[③]。随葬青铜容器13种22件。该墓出土2件直筒形青铜卣，1件提梁铜壶。因筒形提梁卣（BZM13：1、BZM13：2）装饰花纹与尊（BZM13：4）相同，我们认为二者形成1尊2卣组合。提梁铜壶盖面、圈足饰夔纹，颈部饰夔纹上下界以联珠纹。“此墓盘、壶组合，可能为一套水器。”[④]

甘肃灵台白草坡M1，墓室面积8平方米，属康王时期[⑤]。随葬青铜容器12种23件。2件青铜卣，1件提梁铜壶。2件青铜卣为筒形提梁卣，在盖面、颈部、下腹部饰夔纹。提梁铜壶在盖面、颈部、圈足饰夔龙纹，该器扁平状提梁两端无兽首，盖顶圈状捉手，器盖罩在器口外。该墓出土的尊（M1：16）与筒形提梁卣铭文相同，纹饰风格接近，我们认为是1尊2卣组合。

1997年河南鹿邑长子口墓（M1），为两个斜坡墓道的“中”字形大墓，墓室面积45.3～59.6平方米，一棺重椁，有殉人（15具）。随葬品丰富，青铜容器17种79件。长子口墓葬的器物组合具有商代晚期和西周初年的双重特征，是过渡时期的反映。“长子口是殷遗民，生活在商末周初时期，在商为高级贵族，与商王朝关系密切，在周仍有很高的社会地位，为一地的封君。从长子口墓所在的地理位置和商末周初的史实分析，长子口可能原为东夷人的后裔，受商王册封在鹿邑一带，商亡后又被周封于此。

---

① 郑州市文物考古研究所：《郑州市洼刘村西周墓葬（ZGW99M1）发掘简报》，《文物》2001年第6期。

② 中国社会科学院考古研究所编：《滕州前掌大墓地》，文物出版社，2005年，524页。

③ 卢连成、胡智生：《宝鸡𢐗国墓地》，文物出版社，1988年，263页。

④ 卢连成、胡智生：《宝鸡𢐗国墓地》，文物出版社，1988年，69页。

⑤ 甘肃省博物馆文物队：《甘肃灵台白草坡西周墓》，《考古学报》1977年第2期。

或者原为殷人，臣服周后，被派往鹿邑做镇守一方的高级将领。”[①]长子口共出土6件卣，1件提梁铜壶（M1：218）。其中2件长子口椭圆卣（M1：219、M1：129）装饰风格与提梁铜壶相似，均是在盖面、颈部饰雷纹，上下界以联珠纹，青铜卣圈足上亦饰与颈部相同纹饰，但提梁铜壶圈足饰弦纹。青铜卣和提梁铜壶均是盖顶圈状捉手，但青铜卣为绳索状提梁，而提梁铜壶为扁平状提梁。同墓所出的青铜卣（M1：224）与提梁铜壶提梁相同，但是其盖顶是花蕾状捉手，且与提梁铜壶不同是器盖罩在器外而非纳入颈部。该墓出土5尊6卣，尊分方尊（2件）、圆尊（3件），其中1件卣为方形，“5件卣为长圆形或椭方形。这里有三套组合值得注意：一是1尊（M1：137）1卣（M1：224），同铭，皆“长子口”，铜质、锈色相同，为同一匠人所制，形体为商末周初之间。二是同铭但器不完全同形的1尊（M1：221）2卣（M1：163、M1：13）组合，鸟纹筒形尊与龙纹提梁卣，均铭‘长子口’，提梁卣形制相同，大小有别，为同铭同形，尊卣质地、纹饰不同。三是1尊（M1：127）2卣（M1：219、M1：129）同铭同形的组合，皆为‘长子口作旅宗䵼’，铜质、呈色、纹饰完全相同”[②]。该墓出土有盉有盘，均为水器[③]。故此，推测提梁铜壶应为酒器。

2011年湖北叶家山M65，墓室面积15.39平方米，一椁二棺。属于康昭之际。该墓随葬青铜礼器11种22件，墓主是曾侯谏，地位相当于诸侯国君[④]。该墓出土1件青铜卣（M65：29）、1件提梁铜壶（M65：31）。二者装饰风格、铭文不同，卣（M65：29），盖面饰鸟纹，腹部饰鸟兽纹，圈足饰弦纹。器盖内底铸铭文“作尊彝”。曾侯作田壶（M65：31），盖面饰三道凸弦纹，腹部饰宽带“田字”形凸纹，圈足间饰弦纹，有铭文5字，即“曾侯作田壶”。器形方面，青铜卣和提梁铜壶均为扁平状提梁两端有兽首，但是青铜卣器盖顶部为花蕾状捉手，而提梁铜壶则是圈状捉手。该墓出土尊（M65：30），其纹饰主题及铭文与卣（M65：29）相同，应是尊卣组合。该墓有盘、盉，简报将壶列为水器[⑤]，是正确的。

宝鸡竹园沟M4，墓室面积13.4平方米，一椁两棺，有殉人（1具），随葬青铜礼器

---

① 河南省文物考古研究所、周口市文化局：《鹿邑太清宫长子口墓》，中州古籍出版社，2000年，210页。

② 河南省文物考古研究所、周口市文化局：《鹿邑太清宫长子口墓》，中州古籍出版社，2000年，205页。

③ 河南省文物考古研究所、周口市文化局：《鹿邑太清宫长子口墓》，中州古籍出版社，2000年，121页。

④ 湖北省文物考古研究所、随州市博物馆：《湖北随州叶家山M65发掘简报》，《江汉考古》2011年第3期。

⑤ 湖北省文物考古研究所、随州市博物馆：《湖北随州叶家山M65发掘简报》，《江汉考古》2011年第3期。

11种16件，时代属昭王晚期，墓主为強季[①]。该墓出土1件青铜卣（BZM4：1）和1件提梁铜壶。青铜卣器盖顶有圈状捉手，盖有舌较短插入颈内，扁平状提梁两端有兽手，下接四足，盖面和颈部饰夔纹以云雷纹衬底，颈部前后有兽首。提梁铜壶扁平状提梁与颈侧环耳套接，盖为子口插入器颈，盖顶圈状捉手，盖面饰云雷纹、弦纹，颈部饰兽面纹，腹部饰“十字”带纹，圈足饰弦纹。该墓出土1件強季尊（BZM4：2），纹饰铭文均与強季卣相同。该墓无盉，且“盘、壶一套，出土时铜壶置于盘内，水器”[②]。宝鸡竹园沟M4属昭王晚期，那我们可知可能至迟在成康以后，提梁铜壶已作为水器使用了。

1975年扶风召李村墓，墓室面积3.92平方米，属西周早期后段。该墓随葬青铜器4件，有1件青铜卣和1件提梁铜壶。这两件器物铭文不同，器物装饰风格也不同。青铜卣铭文4字，为“伯作尊彝”，提梁铜壶是“册劦竹父丁”[③]；青铜卣是通体以雷纹为底，上饰涡纹、兽面纹，而提梁铜壶颈饰回首夔纹，圈足饰雷纹。两者相同之处在于盖顶均为圈状捉手，但青铜卣是扁平状提梁两端有兽首，而提梁铜壶则无；青铜卣是盖为母口罩在颈外，而提梁铜壶则是器盖有舌插入颈内。

从以上分析，我们得知以下认识。

（1）印证了我们前文得出的关于青铜卣与提梁铜壶的器形特征的认识。器形方面，青铜卣的形式多样，有扁圆形卣、方圆形卣、筒形卣、四足卣几类；多数器物是器盖为母口罩在颈外，盖顶有花蕾状捉手和圈状两种；提梁多见有绳索状提梁、两端无兽首的、有兽首的几种。而提梁铜壶则形式单调，多见长颈圆腹，多数器物盖为子口，盖舌插入颈内，盖顶均为圈状捉手。纹饰方面，青铜卣多见雷纹、联珠纹、夔纹、弦纹等纹饰，但唯独不见“十”字带纹。而此纹饰在提梁铜壶上频频出现。装饰部位，青铜卣可分为两种，或在器盖、颈、腹、圈足、提梁装饰花纹，或在盖面、颈部、圈足装饰，而提梁铜壶多见在盖面、颈部、圈足装饰。

（2）更新了我们判定青铜卣与提梁铜壶的标准。判断一件器物是壶还是卣，如果据器形判断有疑点，可从组合方面分析。与尊形成固定组合的青铜卣，往往与尊铭文相同、纹饰相同，或铭文、纹饰均相同。灵台白草坡M1出土的筒形提梁卣与尊铭文相同、纹饰相近，宝鸡竹园沟M13出土的筒形提梁卣与尊花纹相同，二者均形成1尊2卣组合。因此，这两座墓葬出土的提梁铜壶称壶是正确的。反之，如果判断一件器物首先从组合出发，则结论未必正确。因为提梁铜壶在成王时期，曾参与了与尊的组合[④]。

① 卢连成、胡智生：《宝鸡強国墓地》，文物出版社，1988年，267页。

② 卢连成、胡智生：《宝鸡強国墓地》，文物出版社，1988年，158页。

③ 扶风县文管所、陕西省文管会：《陕西扶风县召李村一号周墓清理简报》，《文物》1976年第6期，铭文参考《图像》12139。

④ 北京琉璃河M253出土两件提梁铜壶（M253：4、M253：5），从器形特征判断，我们认为是提梁铜壶，但是两件提梁铜壶器物纹饰风格与尊（M253：2）相同，故推测这两件提梁铜壶与尊形成1尊2卣组合。

在殷墟四期，可能也作为酒器，与尊组合，用以彰显墓主人的身份。这方面的例子极少，且墓主多是高级贵族。

（3）动态分析提梁铜壶的功能。殷墟四期，1件提梁铜壶与2件卣通常出现在高级贵族墓中，作为酒器使用，以此彰显墓主人的身份地位；到了武成时期，在一些低级贵族墓中也发现了1件提梁铜壶、2件青铜卣，但墓中往往有壶、有盉，无盘，因此壶的功能不易确定，可能处在由酒器向水器转变的过渡阶段。康王以后，提梁铜壶纹饰发生变化，暗示其功能的改变，大概在成康以后，提梁铜壶逐渐变为水器，与盘组合。康昭之际，提梁铜壶出现自名，标志着与卣的“决裂”。自此以后，青铜卣逐渐淡出历史舞台，而提梁铜壶也逐渐被橄榄形壶取代。

（4）提梁铜壶和青铜卣从殷墟四期到武成时期，装饰纹样接近，功能相同，故而互相纠缠。到了成康以后，二者渐行渐远，以致最后分道扬镳。这一变化过程，实际上和商人重酒、周人重食的文化传统暗合，和商人尊神事鬼、周人敬天保民的思想观点吻合，和商周政权更替，周人建立自己的文化风格的过程契合。

第四节　与青铜卣易混淆器物辨析

我们在前文已经从不同角度讨论了壶和卣的区别，分析了提梁铜壶不同于青铜卣的形制特征。为了更进一步地阐释我们的结论，特抽取学界比较关注的10件器物，分析不同学者的观点，形成表4-1。这10件器物，我们按照时代排列，器名称壶或卣代表我们的观点。诸家观点，我们按照其代表作的出版时间从左到右排列。

这10件器物，从时代分析，4件属商代，其中二里冈上层2件、殷墟二期1件、殷墟四期1件；6件属西周早期，且只有1件属西周早期后段，余3件均属西周早期前段。

分析各家观点发现，其中郑州向阳回民食品厂出土卣（H1：11）66.7%称卣，四祀邲其壶60%称壶，甘肃灵台M1壶（M1：12）和北京琉璃河圉壶均称卣，其他6件器物壶卣各50%。

就器形而言，郑州向阳兽面纹卣（H1：11）短颈，其侧饰扁平状提梁，深腹，直圈足较高；腹部饰兽面纹，圈足中间饰云纹上下界以联珠纹。二里冈上层偏晚时器。这件器物最明显的特征就是颈腹不分，器形整体浑圆饱满，而提梁铜壶则是瘦高修长，所以它应称为卣。

湖北黄陂M1壶（李M1：9）（图4-13）绳索状提梁，颈部较长，颈腹转折陡急形成肩部；腹部饰兽面纹，圈足饰方形镂孔。二里冈上层偏晚时器。有自名的器物隹壶与之十分相近，因此该器应称为壶。

小屯M18壶（M18：10）（图4-14）殷墟二期器，和安阳妇好墓出土的提梁铜壶（M5：765）形制相同，都是蛇形扁平状提梁。四祀邲其壶（图4-15），帝辛时器，与郑州洼刘1999年出土的提梁铜壶（M1：9）形制相同，都是圈状捉手，扁平状提梁有兽

表4-1　卣壶异说表

诸说 器名	马承源①	朱凤瀚②	张亚初③	王辉④	王世民⑤	彭裕商⑥	高西省⑦	曹玮⑧
郑州向阳H1卣	壶	卣						卣
黄陂李家嘴M1壶	壶	卣		卣				
四祀邲其壶	壶		壶	卣		卣	壶	
小屯M18壶	壶	卣		卣			壶	
伯矩壶	壶			卣	壶	卣		
宝鸡竹园沟M13壶					卣		壶	
宝鸡竹园沟M4壶			壶			卣		
灵台白草坡M1壶		卣				卣		卣
北京琉璃河圉壶					卣⑨	卣		
扶风召李M1壶						卣	壶	

注：①马承源：《中国青铜器》，上海古籍出版社，1988年。

②朱凤瀚：《古代中国青铜器》，南开大学出版社，1995年。

③张亚初：《商周卣壶考述》，《容庚先生诞辰百年纪念文集》，广东人民出版社，1998年，360～370页。

④王辉：《卣之定名及其他》，《容庚先生诞辰百年纪念文集》，广东人民出版社，1998年，371～388页。

⑤王世民等：《西周青铜器分期断代研究》，文物出版社，1999年。

⑥彭裕商：《西周青铜器年代综合研究》，巴蜀书社，2003年。

⑦高西省：《西周青铜壶研究》，《西周文明论集》，朝华出版社，2004年。

⑧曹玮：《从周原铜器看西周青铜器中的北方青铜文化因素》，《周原遗址与西周铜器研究》，科学出版社，2004年。

⑨王世民等原书中认为“作宝彝”器是卣，由于圉壶和作宝彝器是同墓所出，形制纹饰相同，只是大小有别，故列入圉壶。

图4-13　湖北黄陂M1壶

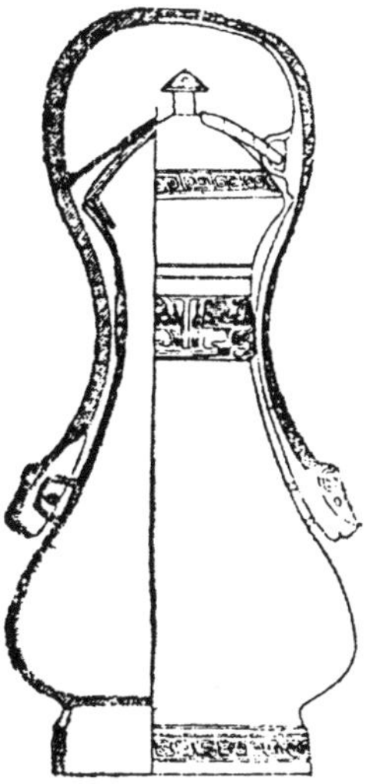

图4-14　小屯M18壶

图4-15　四祀邲其壶

首。前文已经明确指出安阳妇好墓出土的提梁铜壶（M5：765）和郑州洼刘1999年出土的提梁铜壶（M1：9）都应称壶，所以小屯M18壶（M18：10）和四祀邲其壶称壶才正确。

伯矩壶（图4-16），无耳，盖上圈状捉手较小，深腹，直圈足。器腹和盖饰兽面纹，颈部饰小鸟纹，圈足饰变形龙纹。西周早期器[①]。伯矩壶如果加上贯耳，和殷商时期的青铜壶相似。例如，安阳小屯M5妇好扁圆壶（M5：863）（图4-17），器侧有贯耳，通体饰兽面纹以云雷纹为底纹，殷墟二期器。如果去掉器盖，仍旧和殷商时期的青铜壶相似，如陕西淳化夕阳乡黑豆嘴M3出土的壶（图4-18）。因后两件器物称谓壶是没有争议的，所以伯矩壶应该称为壶。

图4-16　伯矩壶

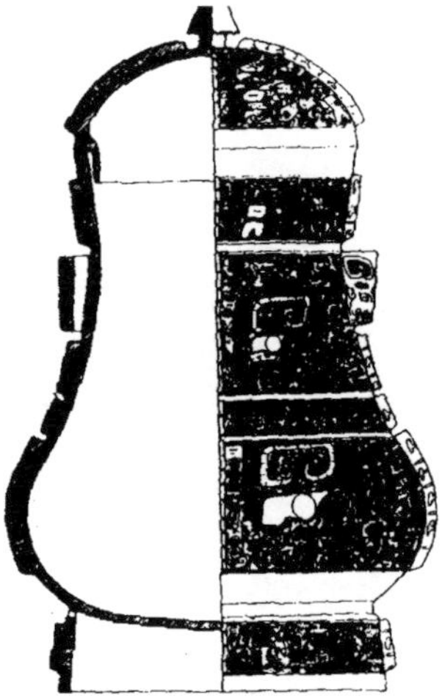

图4-17　妇好扁圆壶
（引自《殷墟青铜器》）

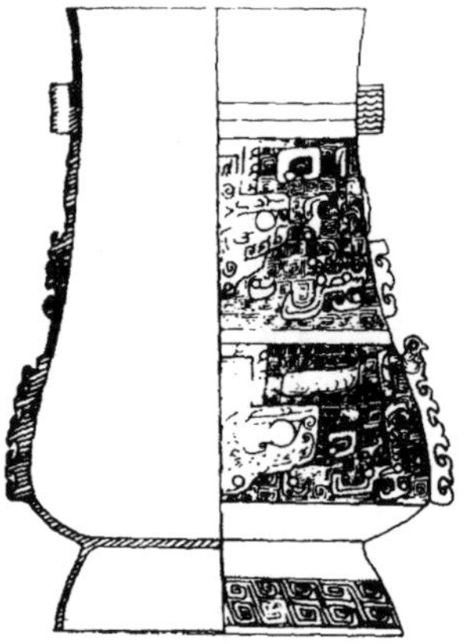

图4-18　兽面纹壶
（引自《陕青》（一））

其余5件器物都比较相似，扁平状提梁，圈状捉手器盖插入器内，颈部和腹部分界更加不明显。这5件器物中甘肃灵台白草坡M1壶（M1：12）（图4-19）与宝鸡竹园沟M4出土的提梁圆壶相似，腹部饰十字形宽带纹，前文已经说明这种纹饰不见于青铜卣，所以它应称壶。两者均属成康时器[②]。宝鸡竹园沟M13出土的壶，西周早期器，出土时放置在盘内作为水器与盘组合使用。同时期的青铜卣仍是盛酒器和尊组合使用，所以称它壶是正确的。扶风召李M1出土的提梁铜壶（图4-20）与河南平顶山出土的提梁铜壶形制相似，也应称壶。

经过分析发现，这10件器物仅有第一件称卣，其余9件都应该称为提梁铜壶。这9件提梁铜壶时代最早的一件是安阳小屯M18壶——殷墟二期器，最晚的一件是扶风召李M1出土的提梁铜壶——西周早期成康时器。殷墟二期仅有1件，殷墟晚期1件，西周

---

① 王世民等：《西周青铜器分期断代研究》，文物出版社，1999年，131页。

② 李丰：《黄河流域西周墓葬出土青铜礼器的分期与年代》，《考古学报》1988年第4期。

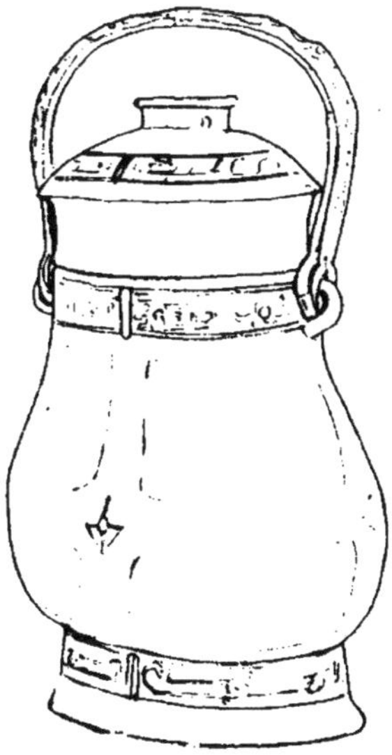

图4-19 灵台白草坡M1壶

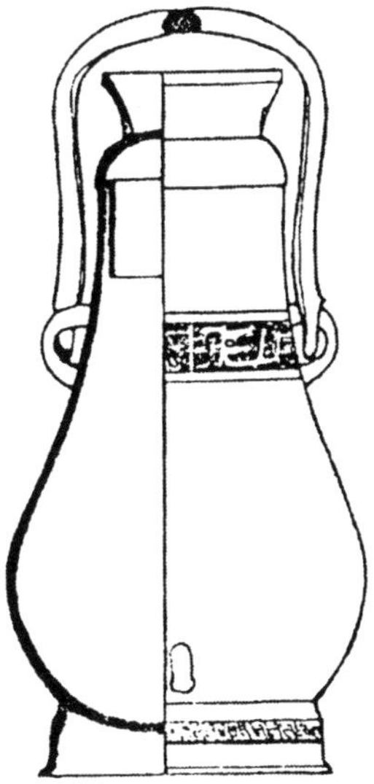

图4-20 扶风召李M1壶

早期有5件器物。这在一定程度上反映大家存在争议的器物主要在西周早期，形成这种状况的原因有二：其一，殷墟时期提梁铜壶发现较少，或者提梁铜壶此时发展缓慢，数量较少；其二，有可能西周早期的提梁铜壶正处在功能转化时期——从酒器转换为水器，使得此时提梁铜壶的装饰变化丰富多样，时而与酒器接近，时而与水器雷同。其三，装饰纹样对器物的名称造成迷惑。争议最大的器物往往是器形类壶而纹饰似卣，比如郑州向阳卣（H1∶11）。

第五节 小 结

至此，我们已经能够较为清晰和完整地勾画提梁铜壶的诸多特征。

（1）同一时期的提梁铜壶和青铜卣相比，前者瘦高修长，后者浑圆饱满。这是一条十分重要的原则。我们在前面已经以安阳刘家庄北M1046出土的器物为例进行论证，兹不赘述。

（2）提梁铜壶与青铜卣最易区别的部位之一是器盖。提梁铜壶的器盖多为子口，盖舌插入颈部。青铜卣则恰好相反，器盖罩在器口之外。

（3）同一时期提梁铜壶与青铜卣相比，前者颈部修长和腹部过渡缓慢流畅，后者则表现为短颈鼓腹矮胖形状；前者颈部较长而后者颈部较短，若以颈长与腹深比，则前者是2/3或者1/2，但后者多为1/3左右。

（4）从提梁铜壶的器盖盖面方析，盖顶捉手多见圈状。而青铜卣的捉手首先出现的是花蕾状捉手，进入西周以后圈状捉手才逐渐使用并逐步取代花蕾状捉手。青铜卣圈状捉手的出现明显是受到了提梁铜壶的影响。

（5）提梁圆壶有两种功能——酒器、水器。二里冈上层到殷墟四期，作为酒器使用。西周早期武成时期以后逐渐兼具水器功能。

（6）提梁铜壶的装饰和青铜卣相同之处是殷墟二期到西周早期武成时期多在盖面、颈部和圈足饰夔纹或上下界以联珠纹；相异之处，成康以后的提梁铜壶饰“十”字形宽带纹饰，而青铜卣始终不见这种纹饰。这和它们在此时期功能的转变是相吻合的。

（7）提梁铜壶的形制变化没有青铜卣丰富多样。比如，青铜卣从殷墟三期就出现了提梁纵置，一直到西周早期才消失；而且从殷墟三期起就出现了器侧扉棱装饰，一直到西周早期成康以后这种装饰手段还存在。但提梁铜壶从殷墟二期到西周中期都没有出现这种装饰。

第五章　青铜卣分期研究

青铜卣在二里冈上层已经出现，到了西周中期以后逐渐在中原地区消失。在此过程中，它的形制特征也在相应地发生改变。据此，我们将把青铜卣分为四期。一期是从二里冈上层到殷墟一期，此时青铜卣刚刚出现，数量较少。殷墟二期到西周早期武成时期，为二期。这时甲类青铜卣出现，并迅速发展，青铜卣器形丰富，装饰华丽，数量众多，并与尊形成固定组合。西周早期成康以来至穆共时期是第三期，此时青铜卣的发展态势呈全面收缩状，数量减少，器形单一，是青铜卣发展的稳定阶段。穆共以后到春秋时期，是第四期，此时多在长江中下游地区见到青铜卣。虽其形制与中原地区青铜卣相似，但纹饰却具有地方特色。可视为中原地区青铜卣的仿制品。

为了更好地区分提梁铜壶与青铜卣，我们把提梁铜壶的分期融入青铜卣的分期之中。商代晚期青铜器的分期，采取邹衡先生的四期说①。西周青铜器的分期，采用陈梦家先生的三期说②。

第一节　一期：初始阶段

一期从二里冈上层到殷墟一期，是青铜卣发展的初始阶段。此期，器物数量少且分布零散，没有形成中心。仅见乙A型青铜卣，有2件，河南郑州、江西新干各出土1件。乙A型青铜卣具备了卣类器的基本形制特征：有提梁，有盖，上有捉手；短颈，颈侧有环耳，深腹，下有圈足承重，口径与足径接近。这些都被殷墟一期以后的青铜卣所继承。

此期青铜卣盖与颈的扣合方式尚未固定，盖或为子口插入颈部，或为母口罩在器外，但均呈浑圆饱满状。扁平状提梁与颈侧环耳卯合，器盖有链环与提梁套接。殷墟一期以后，器盖再无链环与提梁套接，估计与铸造技术提高有关。殷墟一期以后，多见提梁与颈侧环耳套接，而之前多为卯合。青铜器通体有纹饰，腹部饰兽面纹，以云雷纹为底纹。

此期提梁铜壶数量较多，是青铜卣的2倍，有4件。北京平谷③（Da型Ⅰ式）、陕

---

① 邹衡：《试论殷墟文化分期》，《北京大学学报》（人文科学）1964年第4、5期。

② 陈梦家：《西周铜器断代》，中华书局，2004年。

③ 北京市文物管理处：《北京市平谷县发现商代墓葬》，《文物》1977年第11期。

西城固[①]（Da型Ⅰ式）、湖北黄陂[②]（Da型Ⅰ式）、江西新干[③]（C型）各出土1件。其装饰风格可分为两类：一是在盖面、肩部及腹部有一圈纹饰带，主体纹饰为兽面纹；一是通体光素无纹。

这几件器物均为绳索状提梁与颈侧环耳套接，有颈且较长，几乎与腹深相等。其与青铜卣相比，区别在于是否有明显颈部。如果有且颈长与腹深相当，则该器应称为提梁铜壶，否则为卣。

北京平谷出土的提梁铜壶与夏家店文化有联系[④]。湖北黄陂和陕西城固出土的提梁铜壶形制相似，二者应沿汉水传播。湖北黄陂盘龙城是商王朝在南方地区的一个方国，城固在商时属巴方。以上分析说明这期的提梁铜壶较大程度反映了各地土著青铜文化的特征。

第二节　二期：繁荣阶段

从殷墟二期到西周早期成康之前，青铜卣器形丰富多样，装饰或素朴或华丽，呈现出一种蓬勃发展的态势。具体而言，可分为前后两段。前段包括殷墟二、三期；后段包括殷墟四期到武成时期。

一、前段：殷墟二、三期

甲类青铜卣出现。二期出现甲Aa型Ⅰ式、甲Ba型Ⅰ式、甲Ca型Ⅰ式器物，出土器共5件。分别是殷墟西区第一墓区M2575出土的史卣（GM2575：23）（缺盖）、2003年安阳范家庄M4出土宁狗卣、罗山天湖M8出土青铜卣（M8：6）及M28出土青铜卣（M28：1、M28：2）。均为绳索状提梁，盖顶花蕾状捉手。纹样有云雷纹、联珠纹、夔纹；或在盖面及颈部饰云雷纹上下界以联珠纹；或盖面及颈部饰夔纹以云雷纹衬底，盖沿饰仰叶纹。圈足无纹饰装饰。该期器物组合多为和食器及其他酒器共出，仅罗山天湖M28为1尊2卣组合，估计是和墓葬等级有关。

三期出现甲Ab型Ⅰ式、甲Bb型Ⅰ式、甲Cb型Ⅰ式、甲Ea型Ⅰ式、甲Eb型Ⅰ式、

---

① 王寿芝：《陕西城固出土的商代青铜器》，《文博》1988年第6期。

② 湖北省博物馆、北京大学考古专业：《盘龙城一九七四年田野考古纪要》，《文物》1976年第2期。

③ 江西省文物考古研究所、江西省新干县博物馆：《江西新干大洋洲商墓发掘简报》，《文物》1991年第10期。

④ 北京市文物管理处：《北京市平谷县发现商代墓葬》，《文物》1977年第11期。

甲Ec型Ⅰ式器物。新出现扁平状提梁，盖顶捉手依旧为花蕾状。甲Ba型Ⅰ式、甲Ca型Ⅰ式器物圈足装饰花纹，与颈部相同。装饰纹样增多，可见鸟纹、兽面纹、直棱纹等。器侧有扉棱器及提梁纵置器出现。器物组合仍多见卣和食器及其他酒器共出，偶见3尊1卣、2尊1卣。

二、后段：殷墟四期至西周早期武成时期

殷墟四期，新出现甲Db型Ⅰ式器物，乙Ca型、乙Cc型、乙Db型器可能在此期首现。多见扁平状提梁两端有兽首，盖顶捉手依旧为花蕾状。器物装饰风格可分为两类：一类是盖沿、颈部及圈足装饰；一类是通体装饰。后者多见于器侧有扉棱或提梁纵置者。1尊1卣组合较常见。

武成时期，新出现甲Ac型Ⅰ式、甲Da型Ⅰ式、甲F型Ⅰ式、乙B型、乙Cb型、乙Da型器物。多见扁平状提梁两端有兽首，盖顶捉手偶见圈状。新出现1尊2卣组合。

青铜卣二期前后段相比，我们发现：①殷墟二、三期出现的器物，已涵盖了甲类青铜卣的大部分类型。我们将甲类青铜卣分为六型，在二、三期出现了四个类型。殷墟四期至西周早期武成时期，一方面是继承已有型式继续发展，一方面是出现了新的器形，如甲D、F型器，乙类的B、C、D型。②前段主要是甲类青铜卣，后段则出现了乙类青铜卣。③前段，青铜卣尚未和尊形成固定组合，多见和食器及其他酒器共出。后段，则较多见1尊1卣、1尊2卣组合。

青铜卣二期，时代最早的器物为史卣（GM2575：23）。与新干出土的三足卣（标本048）相比，二者均为盖为母口罩于器外，器为子口，唯史卣颈部更短，这两点都与我们讨论的主流形态青铜卣特征相似。不同之处在于，江西新干三足卣是扁平状提梁与颈侧环耳卯合，史卣是绳索状提梁与颈侧环耳套接，此其一。其二，前者器形较高，后者较矮。关于第一点，我们推测与青铜器铸造技术的改进有关；另外，还可从父丁卣[①]和布伦戴奇收藏的韦册卣[②]中得到启示：两件器物均有提梁，前者是绳索状提梁，后者是绳索状提梁两端有兽首。且均为侈口，束颈，鼓腹，圈足，颈部饰弦纹。侈口意味着有盖则盖必为子口插入颈部，这可以视为一期青铜卣盖为子口插入器物颈部这一特点在二期的延续。而这两件器物与史卣比，高度依次降低，审美风格也颇为一致，可以认为是青铜卣在殷墟二期新特征的开启。

此期青铜卣分布地域集中。绝大多数器物出自安阳，另外，在河南鹿邑、罗山、洛阳，陕西泾阳高家堡、长安、岐山，山西灵石、保德，山东滕州、寿光，北京琉璃河等地也有发现。位于安阳的殷墟遗址是商代后期的都城所在；鹿邑长子口墓葬墓主

① 曹淑琴：《记我们看到的一批传世商周铜器》，《考古》1986年第9期。

② 陈寿：《记布伦戴奇收藏的中国青铜器》，《考古与文物》1982年第2期。

"长子口是殷遗民，生活在商末周初时期，在商为高级贵族，与商王朝关系密切，在周仍有较高的社会地位，为一地的封君"[①]；罗山天湖墓地属于商代息族墓地[②]；山西灵石旌介商墓是与商王朝有着较为稳定的臣属关系、商代的一个友好方国的遗存[③]，有学者认为应是"丙"国[④]。武王伐纣后，殷遗民被迫向西、向北、洛阳一带迁徙[⑤]。所以，此期的青铜卣不论是出自商的方国还是周的封国，其形制都与王畿出土的器物表现出高度的一致性。

与一期不同，二期青铜卣的形制特征已经形成，足以将其与其他器物区分开来。主要表现在：①提梁形状。有绳索状和扁平状提梁两种，绳索状提梁两端与颈部环耳套接，扁平状提梁两端多见兽首；且绳索状提梁出现要早于扁平状提梁。②提梁放置方式。有横置（甲A、B、C、D、F型及乙A、B、C、D型）、纵置（E型）两种。以提梁横置者居多，纵置者少见。后者可分为器侧有扉棱（Eb、Ec型）和无扉棱（Ea型）两类。提梁纵置器侧有扉棱器物虽然数量较少，但却大多装饰繁复华丽，盖面与提梁相对方向有犄角。它应该是成康以后卣盖两侧犄角的由来。就时代而言，提梁纵置出现晚于横置，且有扉棱者又晚于无扉棱器物。③盖面拱起盖沿圆折顶有花蕾状捉手，武成时期偶见圈状捉手。④几乎所有器物（甲A、B、C、D、E、F型和乙Ab、Ca、Cc型）都是盖为母口罩于器外。⑤腹部形状可分为圆形（甲A型）、椭圆形（甲B型、Ca型）、扁圆形（甲Cb型）、口方腹圆形（甲Da型）、椭方形（甲Db型）、圆筒形（乙C型）、罍形（乙D型）。⑥圈足。均有圈足，且圈足径多与口径相近。从殷墟二期到西周武成时期，圈足由低变高。⑦器侧有扉棱器较常见，如甲Ac、Bb、Eb、Ec型及乙Cc、Db型器物。该类器物从殷墟三期出现，到武成以后少见。

此期的青铜卣装饰风格继承一期并有较大发展，可分为两种：一种是仅在盖面、颈部和圈足有装饰。而且这三处的装饰纹样大多相同，或是盖面、颈部、圈足饰夔纹，或是盖面、颈部饰雷纹上下界以联珠纹，圈足弦纹。另一种是通体装饰，通常在腹部装饰兽面纹以雷纹为底纹，而且器侧有扉棱，极为华丽繁缛。我们简称前者为简朴式，后者为华丽式，第二期以简朴式装饰风格多见。

提梁铜壶在殷墟二期出现了Aa型器物（殷墟妇好墓M5：765）、殷墟四期出现了Ab型器物（安阳刘家庄北M1046：6）、B型器物（刺壶）。与青铜卣相比，绝大多数

① 河南省文物考古研究所、周口市文化局：《鹿邑太清宫长子口墓》，中州古籍出版社，2000年，第210页。

② 河南省信阳地区文管会、河南省罗山县文化馆：《罗山天湖商周墓地》，《考古学报》1986年第2期。

③ 李伯谦：《从灵石旌介商墓的发现看晋陕高原青铜文化的归属》，《北京大学（哲学社会科学版）》1988年第2期。

④ 殷玮璋、曹淑琴：《灵石商墓与丙国铜器》，《考古》1990年第7期。

⑤ 李宏、孙英民：《从周初青铜器看殷遗民的流迁》，《史学月刊》1999年第6期。

的提梁铜壶符合以下特点：①盖为子口，有盖舌插入颈内；②颈部较长，颈部长于或等于腹部，颈腹分界明显；③圈足径略大于口径。在殷墟四期至西周武成时期，提梁铜壶与青铜卣在提梁形状、装饰纹样及部位、功能等方面相似或相同。但若与同墓所出青铜卣相比，前者铜壶瘦长纤细状而后者浑圆饱满（见第四章第三节）。

第三节　三期：稳定阶段

此期从成康以来到穆共时期，是青铜卣发展的稳定阶段。成康以来，未见新器形，均为二期之延续，可见甲类Aa型Ⅳ式、Ac型Ⅱ式、Bb型Ⅳ式、Ca型Ⅴ式、Da型Ⅱ式、Db型Ⅲ式、F型Ⅱ式器物。康昭时期，仅见甲类Ca型Ⅵ式、Da型Ⅲ式、Db型Ⅳ式器物。穆共时期，偶见Db型Ⅳ式器物。提梁纵置不见，器侧有扉棱器减少，扁平状提梁两端有兽首及圈状捉手常见。成康时期高等级墓葬多见1尊2卣组合，成康以后多见1尊1卣组合。

如果说二期的青铜卣是朝气蓬勃、旭日东升的清晨，三期则是暮霭沉沉的傍晚。该期青铜卣：①多见扁平状提梁两端有兽头与颈侧圆环套合。提梁多为横置，纵置近乎绝迹。盖顶多为圈状捉手，两侧有犄角。它可能就是纵置提梁青铜卣器盖上的犄角，位于提梁相对方向。纵置提梁消失后，盖顶犄角并未一同消失而是与提梁横置器融合，产生了提梁横置盖顶器侧有犄角器。这反映了此期青铜卣呈收缩态势，不再创新，逐渐趋同。②腹部形状为椭圆形、口方椭圆形、椭方形三种。③装饰风格延续二期，亦然可分为两种：一种是仅在盖面、颈部有一圈纹饰，纹样多见小鸟纹；一是在提梁、盖面、颈部、腹部均有装饰，题材多见西周中期流行的垂冠大鸟纹，个别器物腹部装饰兽面纹显系商代晚期装饰风格的遗留。前者多见，后者较为少见。至此，周人的风格完全形成。

三期青铜卣数量锐减。二期时出土器有157件，至三期仅有43件，约近二期的1/4。分布范围缩小，主要集中在陕西扶风、临潼、长安，河南平顶山，山西曲沃等地。陕西扶风、临潼、长安一带，属周王畿地区，河南平顶山是应国封地，山西曲沃是晋侯封地。由此可见，此期器物多见于西周王室、高级贵族及姬姓封国。

大约在成康时期，自名为壶的提梁铜壶出现。此后，壶的腹部多见“十”字形宽带纹，提梁铜壶逐渐由环耳演变为贯耳[①]，橄榄形壶出现。至此，提梁铜壶与青铜卣已经渐行渐远，最终分道扬镳。

---

①　高西省：《西周青铜壶研究》，《西周文明论集》，朝华出版社，2004年。

第四节　四期：衰落阶段

四期从穆共以后到春秋晚期，是青铜卣发展的衰落阶段。该期器物数量极少，目前仅收集到9件青铜卣，占出土器（215件）的3.7%。

分布零散。青铜卣散见于湖北京山、安徽屯溪、江苏丹徒、湖南衡阳及岳口、广西元龙坡、山西北赵晋侯墓地、三门峡虢国墓地、陕西韩城梁带村①等。仅有虢季子组卣属西周晚期，其余均属春秋时期。从西周晚期到春秋晚期，此期器物有前后承袭关系的极少。这和平王东迁以后周王室影响力和控制力下降，各诸侯国势力增强有一定关系。

天马—曲村北赵晋侯墓地M93出土卣（M93：53），卣身横截面呈椭方形，垂腹。这两个特征与三期的青铜卣相似，但是纹饰不同。颈饰重环纹，圈足饰垂鳞纹。属春秋初年器②。此器口长径7.8厘米，通高18.2厘米。属于明器，是西周中期青铜卣的"微型"③。卣作为明器，已和作为祭祀的礼器迥然不同。在殷墟晚期我们也看到青铜卣作为明器随葬在墓中，如1997年安阳刘家庄M9出土的举卣。但因此时还处于青铜卣的繁盛阶段，正所谓瑕不掩瑜是也。而到了四期，明器卣的出现，则昭示着青铜卣的衰落已经必然。

器物形制与中原地区西周早期器物类似，但是局部细节、纹样装饰却具有地方特色。1959年在安徽屯溪M1出土的青铜卣（M1：94），盖、腹、圈足饰蟠螭纹，"这卣数处纹饰的上下还以圈点纹、绳纹为界，这都是江南地区青铜器特色的表现"④。《全集》定其时代为春秋晚期⑤；江苏丹徒发现的青铜卣，器形形制、纹饰均与中原地区西周早期器接近，但是盖面斜直、盖钮为小立鸟及以圈点纹作主纹的纹饰风格具有地方特色⑥。湖南衡阳出土的青铜卣，其腹部饰蛇纹、蛙纹，更是南方常见的水族动物纹饰，极具地方特色。对中原地区西周青铜器的仿铸。上海博物馆藏的一件兽面纹卣，其"器形、纹饰与中原地区西周早期卣很相似，但其提梁上两个向前突出的龙首，以

---

① 陕西韩城梁带村 M27出土提梁卣，原简报认为是商周之际器物，我们认为其可能是两周之际对周初器物的仿制。参见陈小三：《韩城梁带村M27出土尊、卣年代辨析》，《文博》2011年第1期。陕西省考古研究所、韩城市文物旅游局：《陕西韩城梁带村遗址M27发掘简报》，《考古与文物》2007年第6期。

② 北京大学考古系、山西省文物考古研究所：《天马—曲村遗址北赵晋侯墓地第五次发掘》，《文物》1995年第7期。

③ 巫鸿：《"明器"的理论和实践》，《文物》2006年第6期。

④ 《中国青铜器全集》卷11《图版》说明27页。

⑤ 《中国青铜器全集》卷11。

⑥ 《中国青铜器全集》卷11《图版》说明11页。

及兽面纹和鸟纹的制作均表现出强烈的春秋时期南方青铜器的特征，卣的锈色也具有明显的南方出土青铜器所特有的地域性氧化呈色。所以这是一件春秋时期越族仿铸的青铜卣”[①]。广西武鸣元龙坡出土的青铜卣也是中原地区西周青铜器的仿铸品[②]。陕西韩城梁带村墓地属于芮国，虢季子组卣属于虢国，北赵曲沃属于晋国，安徽屯溪、江苏丹徒出土的卣属于吴越[③]。

虢季子组卣与郑州向阳回民食品厂出土的青铜卣相似，同样是颈腹不分，深腹，这就说明在西周晚期青铜卣已经出现了复古倾向。这些都是青铜卣走向衰亡的铁证。

第五节　小　结

青铜卣在二里冈上层出现，其与提梁铜壶的相似之处较多，可谓是“小荷才露尖尖角”；到了殷墟二期出现的椭圆形卣，已与提梁铜壶迥然不同，估计它在继承二里冈期青铜卣的基础上还受到了提梁罐的影响。从殷墟二期到西周早期成康时期，是青铜卣发展的繁荣时期，不仅青铜卣数量多，而且提梁形状、放置方式及器物装饰纹样变化多样，一派生机勃勃的景象。到了成康以后，则是立志守成。青铜卣器盖多见圈状捉手，两侧有犄角。逐渐形成周人风格的青铜卣。西周中期以后，青铜卣逐渐消失。虽然在南方地区仍可以见到一些青铜卣，但多是模仿中原地区西周时期的器物，仅纹饰具有地方特色。

---

① 《中国青铜器全集》卷11《图版》说明11页。

② 《中国青铜器全集》卷11《图版》说明37页。

③ 李国梁：《吴、越、徐青铜器概述》，《中国青铜器全集》卷11，文物出版社，1997年。

第六章　青铜卣分区研究

青铜卣分布范围广泛，在河南、陕西、山西、河北、辽宁、山东、安徽、江苏、湖北、湖南、广西、江苏等地均可见到其踪影。根据青铜卣的分布范围及其特征变化，结合商周时期政权更替，政治中心转移，我们将其分为五个区域。

第一节　中原地区

这里指广义上的中原，大致包括陕西关中、山西南部及河南全境等地。这一地区河流众多，泾河、渭河、北洛河、伊洛河汇入黄河；土地肥沃，西有关中盆地，中有伊洛平原、北有安阳盆地与华北平原相接。商的都城遗址均位于此区域内，如偃师商城、郑州商城、洹北商城、殷墟遗址；西周亦是如此，岐周（周原遗址）、宗周（沣镐遗址）、成周（洛邑）都位于关中盆地及伊洛平原。这一地区出土的青铜卣数量居各区之首。目前我们收集到的出土器共215件，中原地区有133件，比例高达到61.9%。

二里冈上层时期，河南郑州向阳回民食品厂窖藏发现了乙Aa型青铜卣（提梁卣H1：11），其颈腹不分饱满浑圆的特点已初步具备了该类器的特征。至殷墟二期，主流形态的甲Aa型Ⅰ式青铜卣（史卣）在殷墟出现。殷墟三期，提梁纵置器侧有扉棱器物（Eb型）出现。至四期，提梁横置器物大多器侧出现扉棱。商代晚期的青铜卣大多数出自殷墟，此外在王畿近郊辉县褚邱、方国所在地信阳罗山等地也有出土。

商王朝灭亡后，鲁公、康叔分得殷遗民。《左传·定公四年》载：“分鲁公……殷民六族，条氏、徐氏、萧氏、索氏、长勺氏、尾勺氏，使帅其宗氏，辑其分族，将其类丑，以法则周公。……分康叔……殷民七族，陶氏、施氏、繁氏、锜氏、樊氏、饥氏、终葵氏。”这些殷民六族、殷民七族多是手工业工匠，估计这也是西周初期青铜卣风格与商代晚期难以区分的一个原因[①]。有些殷遗贵族西迁至周原、长安一带，有些居住在洛阳[②]。殷遗民的迁徙、武王灭商后赏赐“西土之人”以及平定武庚叛乱后“周人将士很有可能有预谋、有组织地大肆发掘了殷王室和顽固贵族的大墓”，这些

① 袁艳玲：《周代青铜礼器的生产与流动》，《考古》2009年第10期。

② 李宏、孙英民：《从周初青铜器看殷商遗民的流迁》，《史学月刊》1999年第6期。

都导致了殷式铜器在周初的出现[①]。

青铜卣中不乏此例。周原扶风庄白一号铜器窖藏出土的商卣（图6-1）器形就是商代晚期的风格。《墙盘》铭文道“微史烈祖乃来见武王，武王则命周公舍宇于周”，证明了殷商灭亡之后，微史迁居周原。微史是商代纣王庶兄微子启的一支[②]。此外保卣亦乃殷人后裔所做[③]。

西周早期，出土青铜卣数量较少且出土地点零散。主要是河南淮阳、上蔡、洛阳、襄县霍庄、郑州洼刘、鹿邑，陕西陇县，长安沣西、张家坡，宝鸡石鼓山（图6-2）、峪泉、戴家湾、麟游、竹园沟（M7、M13）、岐山贺家村、扶风，泾阳高家堡，天马—曲村等地（青铜卣的器形特征及装饰风格变化详见本书第五章第二节）。

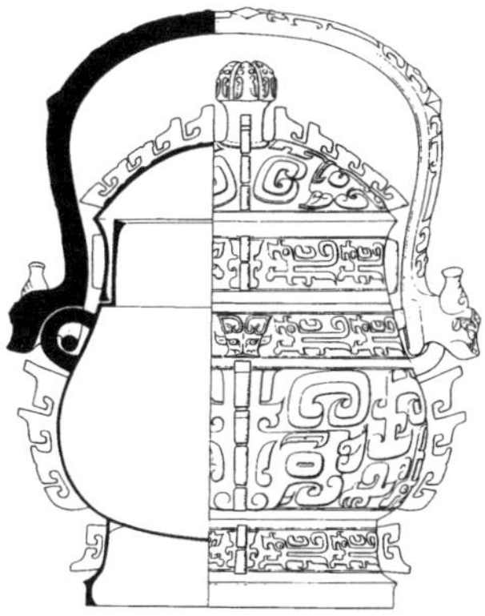

图6-1 商卣

（引自《周原出土青铜器》卷三）

图6-2 户卣甲

（引自《文物》2013年第2期）

成康以来，周人政权根基渐稳，青铜卣的周人风格特征逐渐形成。器形多见圈状捉手，盖顶两侧有犄角。提梁纵置器物不见，器侧有扉棱器物少见。在山西曲沃、陕西宝鸡、扶风、长安、临潼南罗，河南平顶山、浚县、洛阳等地均有青铜卣出土。

康昭以后，青铜卣逐渐退出历史舞台。平顶山应国墓地M84出土的雩卣（图6-3）属共王时期，是甲类器中时代最晚的一件。天马—曲村出土的重环纹卣（M93：53）（图6-4）属春秋初年器，已不具备实用性质，是为明器。韩城梁带村M27出土的凤鸟纹卣（图6-5），属两周之际器，应是模仿商周之际青铜卣所做。

该区域出土的西周时期的青铜卣大多属于王室及贵族，其余则属于各个方国。河

① 路国权：《殷墟孝民屯东南地出土陶范年代的再认识及相关问题》，《考古》2011年第8期；井中伟：《殷墟王陵区早期盗掘坑的发生年代及背景》，《考古》2010年第2期。

② 张懋镕：《周原出土西周有铭青铜器散论》，《古文字与青铜器论集》（一），科学出版社，2002年。

③ 张懋镕：《保卣——殷周文化合璧的物证》，《古文字与青铜器论集》（一），科学出版社，2002年。

图6-3　㝬卣

（引自《图像》）

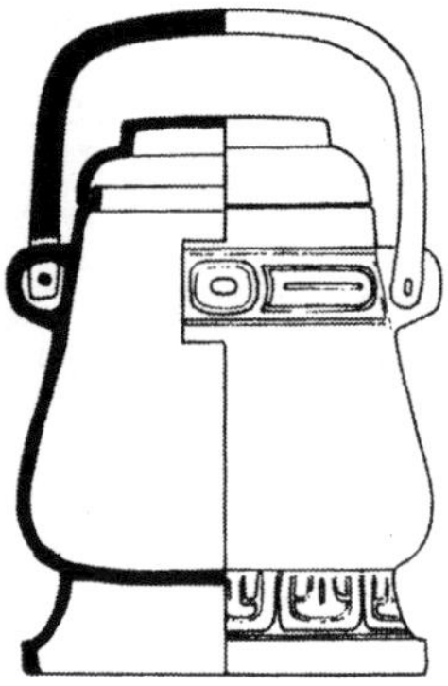

图6-4　重环纹卣

（引自《文物》1995年第7期）

图6-5　凤鸟纹卣

（引自《文物》2007年第6期）

图6-6　强季卣

（引自《全集》）

南平顶山M84属于应国墓地、山西曲沃是晋侯封地、浚县辛村属卫国封地，这三个封国均为姬姓。宝鸡竹园沟及茹家庄属于強国墓地，为非姬姓方国，曾与姬姓井氏联姻[①]；鹿邑太清宫长子口墓地属于长国，墓主生活跨越商、周两代，是殷遗民。陕西韩城梁带村M2属于芮国墓地。山西绛县M2墓主为倗伯[②]，为倗国的国君。这些封国所出青铜卣与周原地区出土的器物几无二致，仅強季卣（BZM4：1）（图6-6），腹下接四个扁形虎足，较为罕见。另外，在宝鸡強国墓地和鹿邑太清宫长子口出土了乙C、D型器物，联系到这两个方国均非姬姓，我们认为其有可能是非姬姓方国的独创。张懋镕先生认为“筒形卣可能源于宝鸡強国”[③]。

整体而言，中原地区青铜卣器形变化丰富，种类多样，发展演变序列清晰完整。该区域内出土的青铜卣，应是商代和西周时期青铜卣的典范和标准。方国（封国）器物和商周王室及贵族所出器物器形相似，装饰风格一致。这是商周王室对方国影响力的表现，也从侧面印证了青铜卣在商周政权中的地位和作用。

---

① 卢连成、胡智生：《宝鸡強国墓地》，文物出版社，1988年，423页。

② 山西省考古研究所、运城市文物工作站、绛县文化站：《山西绛县横水西周墓地》，《考古》2006年第7期。

③ 张懋镕：《试论宝鸡強国青铜器的特点》，《古文字与青铜器论集》（二），科学出版社，2006年，148页。

第二节　海岱地区

海岱地区是以山东地区为中心的古代文化区域，该区出土青铜卣数量较少，据不完全统计有26件，约占出土器的12.1%。出土地点为潍坊、寿光、黄县、新泰、费县、章丘、长清、滨县、滕州等地。

一、器形特征

乙Ab型器，1件。1994年滕州前掌大M11出土史卣（M11：96）（图6-7），盖沿和颈部饰兽面纹，圈足饰弦纹。同墓出土3件卣，另两件为甲Bb型Ⅱ式。

甲Ab型Ⅰ式，2件。均为商代晚期器。潍坊地区调查所得青铜卣（院：2）①，颈部饰菱形雷纹，器身两侧饰凸出的小羊头。长清出土的祖辛禹卣（《图像》13076）（图6-8），器形略似球体，下具高圈足，颈侧和盖侧各有两个贯耳，无铜质提梁，颈侧前后饰浮雕兽首，两个贯耳间饰圆涡纹和四瓣花纹，以云雷纹衬底，商代晚期器。该件器物纹饰纹样、装饰风格也是中原地区青铜卣上所常见，但器形罕见，这与殷墟所出的青铜卣不同，可视为海岱地区的地方特征。

甲Ba型Ⅰ式，1件。商代晚期器。滨县出土的叀卣（《图像》12544），盖沿饰仰叶纹，颈部及圈足饰夔纹以云雷纹衬底，与宁狗卣（M4：4）装饰部位及纹饰均同。

图6-7　史卣

（引自《图像》）

图6-8　祖辛禹卣

（引自《图像》）

① 潍坊市博物馆：《山东潍坊地区商周遗址调查》，《考古》1993年第9期。

甲Ca型Ⅰ式，9件。1957年长清出土的祖辛禹卣（《图像》13077）盖面和颈部饰雷纹上下界以联珠纹，颈部前后有浮雕兽首，圈足饰弦纹；山东寿光出土的两件已侯卣[①]，纹饰形制相同，均饰兽面纹无底纹，仅大小有别，与尊形成2尊2卣组合；滕县井亭发现的𠬝父丁卣[②]腹部饰兽面纹；传1981年费县出土的青铜卣[③]盖面和颈部饰夔纹，以云雷纹衬底，圈足饰弦纹；章丘明水出土的作父癸彝卣[④]颈饰菱形雷纹上下界以联珠纹，颈部前后饰浮雕兽首，圈足饰弦纹；1989年滕州庄里西西周墓M7出土疑對卣（M7：3）[⑤]，盖面、颈部、圈足饰夔龙纹，均以云雷纹衬底；1996年前掌大M38出土2件史卣（M38：61、M38：66）[⑥]盖沿及颈部饰菱形雷纹上下界以联珠纹，圈足饰弦纹；这些器物，滕州M7出土疑对卣（M7：3）和章丘明水出土作父癸彝卣属于西周早期，其余均为商代晚期。

甲Ca型Ⅱ式器，1件。滕州前掌大M120出土夔龙纹卣（M120：18）[⑦]（图6-9），扁平状提梁两端无兽首。盖面、颈部及圈足均饰夔龙纹以云雷纹衬底。该器表现的正面夔龙纹形象十分罕见。

甲Ca型Ⅲ式器，2件。滕州前掌大M21出土父乙卣（M21：40）[⑧]，盖沿、颈部、圈足饰夔龙纹以云雷纹衬底，颈部前后有浮雕兽首；1989年滕州庄里西西周墓青铜卣（M7：4）[⑨]装饰部位与纹饰与父乙卣（M21：40）相同，亦为盖面、颈部及圈足饰夔龙纹以云雷纹衬底，颈部前后有浮雕兽首。

甲Ca型Ⅳ式，1件。黄县庄头出土小夫卣[⑩]（图6-10），腹下部饰数道凸弦纹，腹最大径在下部。简报定为西周前期。此器形在中原地区也较为少见，可能是海岱地区的地方特征。

甲Bb型Ⅱ式，2件。1994年滕州前掌大M11出土两件史卣（M11：111、

---

① 寿光县博物馆：《山东寿光县新发现一批纪国铜器》，《文物》1985年第3期。

② 孔繁银：《山东滕县井亭煤矿等地发现商代铜器及古遗址、墓葬》，《文物》1959年第12期。

③ 程长新、曲得龙、姜东方：《北京拣选一组二十八件商代带铭铜器》，《文物》1982年第9期。

④ 常兴照、宁荫堂：《山东章丘出土青铜器述要兼谈相关问题》，《文物》1989年第6期。

⑤ 杜传敏、张东峰、魏慎玉、潘晓庆：《1989年山东滕州庄里西西周墓发掘简报》，《国家博物馆馆刊》2012年第1期。

⑥ 中国社会科学院考古研究所：《滕州前掌大墓地》，文物出版社，2005年，81页。

⑦ 中国社会科学院考古研究所：《滕州前掌大墓地》，文物出版社，2005年，281页。

⑧ 中国社会科学院考古研究所：《滕州前掌大墓地》，文物出版社，2005年，278页。

⑨ 杜传敏、张东峰、魏慎玉、潘晓庆：《1989年山东滕州庄里西西周墓发掘简报》，《国家博物馆馆刊》2012年第1期。

⑩ 王锡平、唐禄庭：《山东黄县庄头西周墓清理简报》，《文物》1986年第8期。

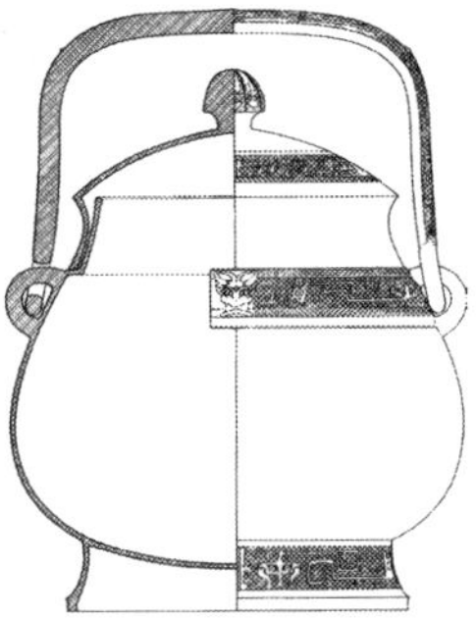

图6-9 夔龙纹卣

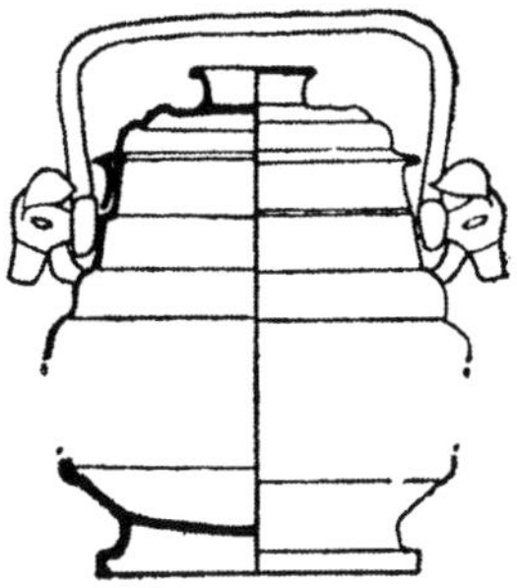

图6-10 小夫卣

M11：112）（图6-11、图6-12）①，扁平状提梁纵置两端有兽首，通体有四道扉棱。提梁、盖沿、颈部、圈足均饰双身龙纹以云雷纹衬底，龙纹波曲处饰以圆涡纹，盖面和器腹饰直棱纹。圆涡纹在殷墟较少见到。器物时代属西周早期前段。

甲Db型Ⅰ式，1件。菏泽征集的宰甫卣②是扁平状提梁两端有兽首，口呈椭方形，腹和圈足呈椭圆形，商代晚期器。殷墟所出青铜卣腹部多为圆形或椭圆形，口、腹均呈椭方形者甚少见。但是在鹿邑长子口墓出土有两件方圆卣（M1：13、M1：224）③，与之较近似。菏泽与鹿邑相距不远，二者有可能具有某种关系，或是器物随主人迁徙或是山东地区对中原地区边缘地带的影响。

甲Da型Ⅱ式，2件。黄县归城姜家出土的2件青铜卣，即作宝尊彝卣（M1：6）④、作宝尊彝卣（M2：165）（《图像》12983）。二者装饰部位和纹饰相同，均为盖沿和颈部饰云雷纹组成的兽面纹，颈部前后有浮雕兽首，圈足饰弦纹。西周早期后段器。

甲Db型Ⅳ式，1件。黄县归城小刘庄出土启卣⑤（图6-13），扁平状提梁两端有兽首，盖面方折盖顶有圈状捉手，两侧有犄角，垂腹。盖沿和颈部饰波曲纹以云雷纹衬底。有铭文5行37字，因铭文提到“王出狩南土”，与《左传·僖公四年》记载“昭王南征而不复”相吻合，故此器是昭王时期的标准器。其器形与长安花园村青铜卣（M17：39）相似，纹饰与洛阳北窑出土的异卣盖盖沿纹饰相同。

乙Ca型，1件。新泰出土的兽面纹卣⑥，近直筒形，盖上有圈形捉手。扁平状提梁两端有兽首。盖沿、颈部、圈足饰兽面纹。颈部两侧纹饰间各有一突出的牛头，

① 中国社会科学院考古研究所：《滕州前掌大墓地》，文物出版社，2005年，281页。

② 菏泽市文化馆、菏泽地区文展馆、山东省博物馆：《殷代长铭铜器宰甫卣的再发现》，《文物》1986年第4期。

③ 河南省文物考古研究所、周口市文化局：《鹿邑太清宫长子口墓》，中州古籍出版社，2000年。

④ 李步青、林仙庭：《山东黄县归城遗址的调查与发掘》，《考古》1991年第10期。

⑤ 齐文涛：《概述近年来山东出土的商周青铜器》，《文物》1972年第5期。

⑥ 魏国：《山东新泰出土商周青铜器》，《文物》1992年第3期。

图6-11　史卣

图6-12　史卣

图6-13　启卣

（引自《全集》）

商末周初器。该器器形独特，出土器物中仅在海岱地区见此一件。传世器中兽面纹卣（《全集》3.132）（乙Cc型）传河南安阳出土，器形与之相类，但装饰风格不同。

乙Cb型，1件。山东滕州前掌大M119出土举父丁卣（M119：37）[①]（图6-14），与宝鸡竹园沟M13出土的两件夔凤纹卣（BZM13：1、BZM13：2）器形相似。但前者扁平状提梁两端无兽首，盖面、颈部、圈足饰夔纹上下界以联珠纹。后者扁平状提梁两端有兽首，盖面、颈部、圈足饰夔凤纹，腹部饰两组直棱纹。西周早期器。

乙Da型，1件。该器传1981年山东费县出土[②]（图6-15），现藏北京市文物研究所。颈侧有环耳。颈侧与腹部饰弦纹数道，商代晚期器。该器目前仅见此一件，应视为海岱地区的地方特征。

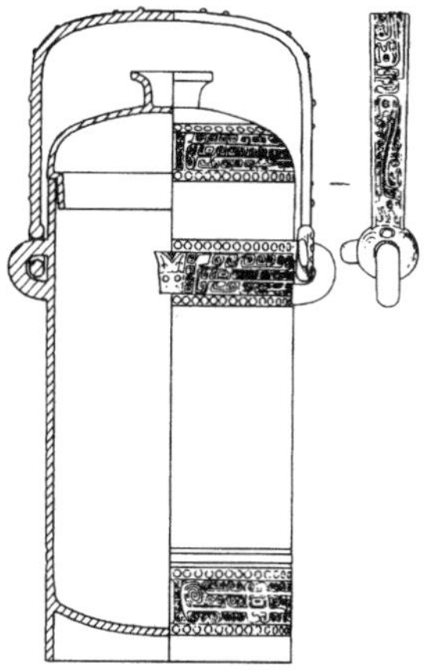

图6-14　举父丁卣

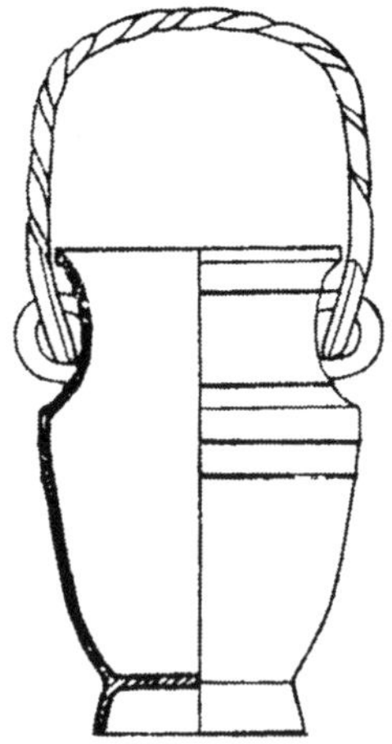

图6-15　举𫰝卣

① 中国社会科学院考古研究所：《滕州前掌大墓地》，文物出版社，2005年，283页。

② 程长新、曲得龙、姜东方：《北京拣选一组二十八件商代带铭铜器》，《文物》1982年第9期。

由此可见，海岱地区出土的器物，大部分器形与中原地区相近，但也有一些器物仅见于海岱地区，如祖辛禹卣（《图像》13076），这是地方特色的表现。此其一。其二，海岱地区的青铜卣，以甲Ca型Ⅰ式器物多见，有9件，占36%。整体而言，该地区出土的青铜卣均是提梁横置器，未见提梁纵置器；提梁横置器中器侧有扉棱器少见。由此可见海岱地区青铜卣并不能形成独立的演变序列，这可能与青铜卣是从殷墟传入有关，也可能与商周王室对该地区的经略有关。

二、装饰纹样

装饰风格与中原地区相近。按照装饰部位可分为两类：一是在盖沿、颈部、圈足装饰花纹，如潍坊、黄县归城（M1：6、M2：165）、小刘庄、新泰、章丘明水、1989年滕州庄里西M7、滕州M21、费县、滨县出土的青铜卣；一类是通体装饰，如滕县井亭，寿光，前掌大M11出土的史卣、宰甫卣，滕州M38出土的青铜卣。以前者多见。装饰纹样多见兽面纹、云雷纹等，是中原地区商代晚期青铜卣上常见的纹饰。但也有些纹饰较为独特，不见于中原地区，如滕州前掌大M11出土的史卣，颈部及圈足饰双身龙纹，龙纹波曲处饰圆涡纹；前掌大M120夔龙纹卣（M120：18）盖面、颈部及圈足饰夔龙纹，表现是正面夔龙形象等。

三、器物组合

海岱地区出土青铜卣的墓葬有明确组合关系的有4例。寿光商代晚期墓葬，随葬青铜器有鼎5、甗1、簋1、爵5、觚3、斝1、尊2、卣2、罍1、斗1，呈2尊2卣组合；新泰商末周初墓葬，随葬青铜器有鼎1、鬲2、卣1、爵1、尊1，呈1尊1卣组合；滕州庄里西西周早期墓M7，随葬青铜器有鼎1、簋2、卣2、尊1、觚2、爵2、觯2，呈1尊2卣组合；黄县归城西周中期墓M1，随葬青铜器有鼎2、甗1、壶1、尊1、卣1、爵2，呈1尊1卣组合。反映了三种组合形式，即2尊2卣、1尊2卣、1尊1卣。

这是同时期中原地区高级贵族墓中常见尊卣组合形式，但缺乏中小贵族墓中常见的组合形式，如卣和其他酒器共出，卣和其他酒器及食器共出。此外，值得注意的是，新泰出土的乙Ca型青铜卣，与甲类青铜卣一样，与尊形成1尊1卣组合。与此类似的还有甘肃灵台白草坡M1、M2出土的乙Cb型青铜卣。

四、铭　文

海岱地区出土的青铜卣均有铭文。寿光古城出土的两件青铜卣均有铭文2字，一字释为“己”，一字为族徽，可能为纪国[①]。滕县井亭出土的青铜卣有铭文3字“ 父丁”，“ 见于殷墟西区墓地，也见于甲骨卜辞。丁山认为 是地名。应该是商都，疑 即嚣的别字。而嚣即商王仲丁所迁之隞，‘仲丁迁于隞，概自汶水流域东南进，由洙、泗源头曾深入沂蒙山区，这或者与征蓝夷事有关’”[②]。长清出土的两件青铜卣和传费县出土的青铜卣有族徽，于省吾释为“举”[③]，“举是商时大族……该族铜器在商都之东的山东境内连续出土，应与该族曾参与伐人方有关，是参与伐人方的该族之一的首领遗留之物”[④]。黄县归城小刘庄启卣，铭文提到“王出狩南土”“启从征”等内容，反映了启随从昭王南征。

综上所述，海岱地区出土的青铜卣，以甲Ca型Ⅰ式居多（9件），以商代晚期器居多（13件），这可能和商代晚期商文化对海岱地区的强势扩张有关。商代晚期卣和尊呈2尊2卣组合，商末周初呈1尊1卣组合，西周早期呈1尊2卣组合，西周中期呈1尊1卣组合。这些均是中原地区典型的组合形式，常常出现在高级贵族墓中。该地区出土的青铜卣，不管是器形还是纹饰均与中原地区保持高度一致。结合铭文记载，我们认为这可能是商周王室派遣王室贵族经营海岱地区的结果。

第三节　北方地区

北方地区大体包括甘肃东北部、陕北、晋中、晋北，以及河北、北京、辽宁一带。共有22件器物，占出土青铜卣总数的10.2%。青铜卣的出土地点为甘肃灵台，山西灵石、保德，河北正定、灵寿、磁县、束鹿、元氏，北京琉璃河、顺义，以及辽宁喀左、热河凌源等。

---

① 寿光县博物馆：《山东寿光新发现一批纪国铜器》，《文物》1985年第3期。

② 转引自高广仁：《海岱区的商代文化遗存》，《商文化论集》，文物出版社，2003年，736页。

③ 于省吾：《释𦦨》，《考古》1979年第4期。

④ 李伯谦：《从殷墟青铜器族徽所代表的族氏的地理分布看商王朝的统辖范围与统辖措施》，《文明探源与三代考古论集》，文物出版社，2011年，138页。

一、器形特征

图6-16　龙卣

甲Aa型Ⅰ式，1件。山西保德出土的龙卣[①]（图6-16），发现在堡梁山上，出土时玉琮放在卣内。卣盖及圈足饰云雷纹上下界以联珠纹，盖沿饰仰叶纹，颈部饰夔纹以云雷纹衬底。商代晚期器。

甲Aa型Ⅲ式，1件。辽宁喀左窖藏出土的串嶲父丁卣[②]，盖面饰兽面纹，颈部中间饰兽首上下饰弦纹，圈足也饰弦纹。整体装饰风格简朴。器外底有方格纹。盖内铭文3字"舟父甲"，器内铭文4字"串嶲父丁"。商末周初器。

甲Ab型Ⅰ式，1件。河北正定出土的羊卣[③]，器壁较薄，应为明器。盖和颈部饰简化兽面纹。盖内和腹内有相同的铭文，应为族徽。商代晚期器。

甲Ba型Ⅰ式，1件。山西灵石旌介M2出土的明卣[④]盖面和颈部饰鸟纹以云雷纹衬底，盖沿饰仰叶纹，商代晚期器。

甲Ca型Ⅰ式，5件。山西灵石旌介M1出土的两件丙卣（M1：17、M1：33）[⑤]盖面和颈部饰菱形雷纹上下界以联珠纹，圈足饰弦纹，颈部前后有浮雕兽首。两件青铜卣形制纹饰相同，仅大小有别，与尊形成1尊2卣组合。灵石旌介M3出土的丙卣[⑥]，盖面和颈部饰菱形雷纹上下界以联珠纹，圈足饰弦纹，颈部前后有浮雕兽首；河北磁县下七垣出土的受卣[⑦]和前三件器物装饰部位和纹饰相同，亦为在盖面和颈部饰雷纹上下界以联珠纹，圈足饰弦纹，颈部前后饰浮雕兽首。以上这些器物均为商代晚期器。热河凌源出土的义卣[⑧]，仅在颈部前后有兽首，西周早期器。

---

① 吴振录：《保德县新发现的殷代青铜器》，《文物》1972年第4期。

② 喀左县文化馆、朝阳地区博物馆、辽宁省博物馆：《辽宁省喀左县山湾子出土商周青铜器》，《文物》1977年第12期。

③ 正定县文物保管所：《河北正定县新城铺出土商代青铜器》，《文物》1984年第12期。

④ 山西省考古研究所、灵石县文化局：《山西灵石旌介村商墓》，《文物》1986年第11期。

⑤ 山西省考古研究所、灵石县文化局：《山西灵石旌介村商墓》，《文物》1986年第11期。

⑥ 戴尊德：《山西灵石旌介村商代墓和青铜器》，《文物资料丛刊》（3），文物出版社，1980年，46～49页。

⑦ 罗平：《河北磁县下七垣出土殷代青铜器》，《文物》1974年第11期。

⑧ 热河省博物馆筹备组：《热河凌源县海岛营子村发现的古代青铜器》，《文物参考资料》1955年第8期。

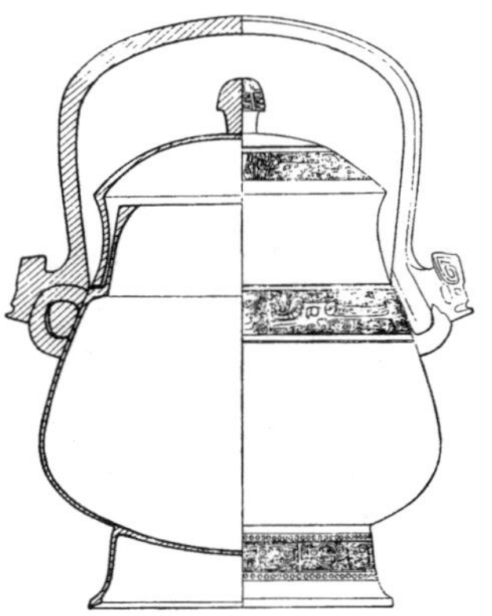

图6-17　父戊卣

甲Ca型Ⅲ式，1件。北京琉璃河墓地ⅡM251出土的父戊卣（ⅡM251：6）[①]，盖面和颈部饰象鼻兽纹，圈足饰夔纹上下界以联珠纹，均以云雷纹衬底（图6-17），为西周早期器。

甲Ca型Ⅵ式，1件。辽宁热河凌源出土史伐卣[②]，盖面左右有犄角，前后有三角形凸起，与扶风刘家丰姬墓出土的𢙇季遽父卣形制相似，西周早期后段器。

甲Da型Ⅲ式，2件。河北元氏西张村出土的两件叔䞣父卣[③]盖沿及颈部饰花冠夔龙纹，圈足饰弦纹。二者形制与花纹均同，只是大小有别。其与尊构成1尊2卣组合，为西周中期器。

甲Db型Ⅱ式，1件。北京顺义牛栏山出土的亚㠱父己卣[④]，盖、颈部及圈足饰夔纹，与琉璃河出土的燕国青铜器有密切关系，为西周初期器。

甲Db型Ⅳ式，1件。北京琉璃河M1190出土的肇卣（《图像》13136），盖沿和颈部饰分尾鸟纹，以云雷纹衬底上下界以弦纹，西周中期器。

甲Eb型Ⅰ式，1件。河北灵寿西木佛村出土的亚伐卣[⑤]（图6-18），盖沿、颈部及圈足饰夔纹，盖面和腹部饰兽面纹，属商代晚期器。

乙Ab型，1件。甘肃东部征集的父癸卣（《图像》12082）（图6-19），在盖沿和颈部饰兽面纹，颈部前后有浮雕兽首。属西周早期器。

乙Cb型，4件。灵台白草坡M1、M2各出土2件[⑥]。M1出土的两件㴱伯卣（M1：13、M1：14），盖沿、颈部、圈足饰回顾式夔龙纹，与尊形成2尊2卣组合；M2出土的两件㥁伯卣（M2：8、M2：9），盖沿、颈部及圈足饰长冠卷尾凤鸟纹，与尊形成1尊2卣组合。均属西周早期器。

北方地区的青铜卣与中原地区无甚差别，具体来说，以甲Ca型Ⅰ式多见（5件），以商代晚期器（8件）多见。这和殷墟二期以来青铜卣处于繁盛期相吻合，估计也和武丁时期对北方征伐有关。该地区出土的青铜卣，山西保德龙卣时代最早，大约可至殷墟二、三期。北京琉璃河M1190出土的肇卣时代最晚，属西周中期前段器。

---

① 北京市文物研究所：《琉璃河西周燕国墓地（1973～1977年）》，文物出版社，1995年。

② 热河省博物馆筹备组：《热河凌源县海岛营子村发现的古代青铜器》，《文物参考资料》1955年第8期。

③ 河北省文物管理处：《河北元氏县西张村的西周遗址和墓葬》，《考古》1979年第1期。

④ 程长新：《北京市顺义县牛栏山出土一组带铭周初青铜器》，《文物》1983年第11期。

⑤ 正定县文物保管所：《河北灵寿县西木佛村出土一批商代文物》，《文物资料丛刊》（5），文物出版社，1981年，117～119页。

⑥ 甘肃省博物馆：《灵台白草坡西周墓》，《文物》1972年第12期。

图6-18　亚伐卣
［引自《文物资料丛刊》（5）］

图6-19　父癸卣
（引自《全集》）

二、装饰纹样

装饰风格和中原地区接近，可分为两类：一是在盖沿、颈部圈足装饰纹饰，如灵石M1出土的青铜卣（M1：33、M1：17），均是在盖沿、颈部饰菱形雷纹，上下界以联珠纹，之外再界以弦纹。这与殷墟西区史卣（GM2575：23）装饰部位和纹样一致；灵石M2出土的青铜卣盖面和颈部饰鸟纹以云雷纹为底纹上下饰以联珠纹，盖沿饰仰叶纹。这与安阳苗圃北地M172出土的亚盥卣（PNM172：3）装饰纹样和部位一致。这种装饰风格较为常见。另一种是通体有纹饰，如灵寿西木佛村出土的亚伐卣与安阳出土的祖辛卣装饰风格相似，扁平状提梁两端有兽首，器侧有四道扉棱把腹部分为四部分，腹部饰兽面纹、盖面和颈部饰夔纹，较为少见。总体而言，与中原地区相比，北方地区青铜卣少见通体装饰花纹者，少见兽面纹、鸟纹等占满腹部面积的纹饰。

三、器物组合

关于卣的组合，在北方地区可见到两类：一类是卣+食器+其他酒器共出。以山西灵石旌介M2和保德为例。前者出土了6类器，2种食器、4类酒器，是商代晚期重酒组合的体现；后者出土4类器，2类食器、2类酒器，酒器中为卣和瓿。我们曾经提到过，甲类卣和瓿共出例子极少，可能二者存在替代关系。一是和尊形成组合，有三种形式：①2尊2卣，以灵台白草坡M1为例，西周早期墓。②1尊2卣，以灵石M1为例，商代晚期墓；灵台白草坡M2，西周早期墓；河北元氏西张村，西周中期墓。③1尊1卣，河北正定商墓，商代晚期墓；琉璃河燕国墓地M251，西周早期墓。值得注意的是灵台白草坡M1、M2是用乙Cb型青铜卣与尊形成2尊2卣和1尊2卣组合。由此可见，乙Cb型青铜卣与甲类青铜卣的功能相同。

四、铭　文

该地区出土的青铜卣，大多可明确国族。山西灵石M1、M3出土的青铜卣有铭文，1字，释为“丙”。灵石旌介一带应是是丙族居地[①]所在，丙国与商王朝关系密切，属友好方国；北京琉璃河属燕国，燕国是召公所封国，第一代燕侯是克；河北元氏西张村出土的青铜卣属于軝国[②]，估计应是邢国附庸；甘肃灵台是密国故地，M1和M2墓主潶伯和𨸏伯都是密国的贵族，白草坡出土的青铜器年代相当于姬姓密国存在的时期[③]。郭沫若认为保德在商代属于鬼方的势力范围[④]。这些方国均受商周王室控制，故而青铜卣和中原地区保持有较多的一致性。

第四节　长江中下游地区

主要包括湖北、安徽、江苏、江西、湖南等地区。青铜卣出土地点主要是湖北大冶、江陵、京山、随州，江苏丹徒、溧水，安徽颍上、屯溪，湖南衡阳、宁乡、岳阳，江西新干、遂川、广丰等地。目前该地区收集到的出土青铜卣约有31件，占到出土总数的14.4%。

一、器形特征

乙Ab型，1件。1999年在江西新干大洋洲出土的三足卣[⑤]（标本048）（图6-20）是该地区时代最早的一件青铜卣，与殷墟妇好墓出土的三足盉腹部形状相似，时代相当于殷墟一期。

---

① 李伯谦：《从灵石旌介商墓的发现看晋陕高原青铜文化的归属》，《北京大学（哲学社会科学版）》1988年第2期。

② 李学勤：《西周时期的诸侯国青铜器》，《新出青铜器研究》，文物出版社，1990年，30~37页。

③ 李学勤：《西周时期的诸侯国青铜器》，《新出青铜器研究》，文物出版社，1990年，30~37页。

④ 转自吴振录：《保德县新发现的殷代青铜器》，《文物》1972年第4期。

⑤ 江西省文物考古研究所、江西省新干县博物馆：《江西新干大洋洲商墓发掘简报》，《文物》1991年第10期。

乙B型，2件。江西广丰排汕出土的公卣[①]是方腹卣，与中原地区出土的方腹卣迥异，具有地方特色。湖北京山出土的方腹卣[②]（图6-21），腹饰垂鳞纹，两周之际器，底部带铃铛。此类器物在山西地区较多见，如保德林遮峪村出土有带铃豆。

图6-20　三足卣

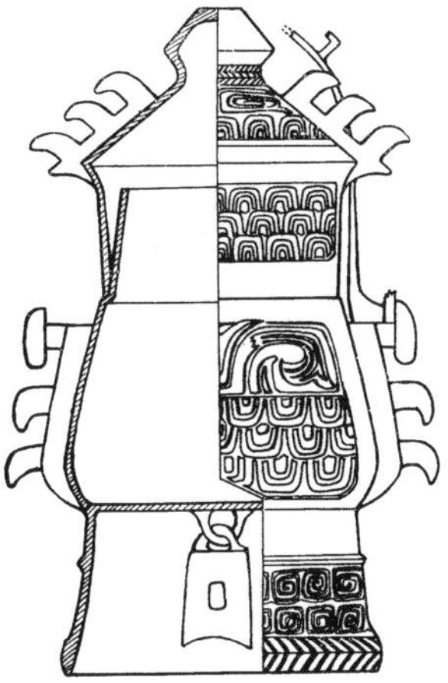

图6-21　垂鳞纹卣

甲Aa型Ⅲ式，2件。1959年安徽屯溪M1出土的两件卣（M1：93、M1：94）[③]，盖顶花蕾状捉手，扁平状提梁两端有兽首，鼓腹。其中凤鸟纹卣（M1：93）盖饰交连纹，并以圆圈纹为界，颈饰回首夔纹，腹饰四组交冠的凤鸟纹，圈足饰兽目交连纹（图6-22）。蟠螭纹卣（M1：94），盖、腹、圈足饰蟠螭纹，数处纹饰的上下界以绳纹、圆点纹（图6-23）。这两件卣与尊形成，呈2尊2卣组合。《全集》定这两件器物为春秋晚期[④]，可从。

甲Bb型Ⅱ式，2件。1963年湖南宁乡炭河里出土的冉癸卣[⑤]，器内储满玉管、玉珠，腹部饰兽面纹两面填以夔纹，颈部及圈足亦饰夔纹，均以云雷纹为底纹；2007年湖北叶家山M27出土的鱼彭伯卣[⑥]（图6-24），盖饰和腹部饰兽面纹，盖沿、颈部及圈足饰夔纹，与扶风庄白一号窖藏出土的商卣形制相近，为西周早期后段器。

甲Bb型Ⅳ式，1件。2007年湖北随州羊子山M4出土的作宝彝卣（《图像》12867），颈部饰蛇纹，圈足饰共首双身蛇纹，为西周早期器。该器装饰纹样与中原地区青铜卣不同，中原地区青铜卣颈部及圈足上多见夔龙纹。

① 罗小安：《广丰发现西周青铜提梁卣》，《江西文物》1989年第1期。

② 熊学兵：《京山县发现一批西周青铜器》，《江汉考古》1983年第1期。

③ 安徽省文化局文物工作队：《安徽屯溪西周墓发掘报告》，《考古学报》1959年第4期。

④ 《全集》卷11。

⑤ 高至喜：《湖南宁乡黄材发现商代铜器和遗址》，《考古》1963年第12期。

⑥ 湖北省文物考古研究所、随州市博物馆：《湖北随州叶家山西周墓地发掘简报》，《文物》2011年第11期。

图6-22　凤鸟纹卣
（引自《全集》）

图6-23　蟠螭纹卣
（引自《全集》）

图6-24　鱼彭伯卣（M27：12）

甲Ca型Ⅰ式，2件。1974年在湖北大冶罗桥出土的云雷纹卣[①]，与安阳刘家庄北M1046出土的夔龙纹卣（M1046：10）相似，具有商末器物风格，盖面、颈部饰夔龙纹以云雷纹衬底上下界以联珠纹，圈足饰斜角雷纹底饰蝉纹。1978年在湖南宁乡发现的兽面纹卣[②]，盖沿、颈部饰云雷纹衬底的夔龙纹，上下界以联珠纹，圈足饰变形兽面纹，西周初期器。

图6-25　小臣卣
（引自《全集》）

甲Ca型Ⅲ式，2件。1985年湖南衡阳出土的戈卣[③]，绳索状提梁，盖沿、颈部、圈足饰夔龙纹，商代晚期器；2011年湖北叶家山M65出土作尊彝卣（M65：29）[④]，扁平状提梁两端有兽首，盖、颈部饰以云雷纹衬底的兽面纹，圈足饰弦纹，为西周早期器，与尊形成1尊1卣组合。

甲Cb型Ⅲ式，1件。1962年湖北江陵青铜卣（图6-25），扁平状提梁两端有兽首，盖沿、颈部、圈足饰夔纹以雷纹为底纹，有铭文7字，亦称为“小臣卣”，西周早期器[⑤]。

甲Ca型Ⅵ式，4件。1980年湖北随县羊子山出土的两件龙纹卣[⑥]，形制、纹饰相同，大小有别。卣盖沿和颈部饰

① 余为民：《湖北大冶出土商周铜器》，《文物资料丛刊》（5），文物出版社，1981年，203、204页。

② 熊传新：《湖南宁乡新发现一批商周青铜器》，《文物》1983年第10期。

③ 郑均生、唐先华：《湖南衡阳发现商代铜卣》，《文物》2000年第10期。

④ 湖北省文物考古研究所、随州市博物馆：《湖北随州叶家山M65发掘简报》，《江汉考古》2011年第3期。

⑤ 《全集》卷5《图版》说明36页。

⑥ 随州市博物馆：《湖北随州安居出土青铜器》，《文物》1982年第12期。

双身龙纹和弦纹，龙身曲折处饰圆圈纹，为西周早期后段器。该器与尊形成1尊2卣组合。1980年安徽颍上县出土马天豕父丁卣[①]，扁平状提梁两端有兽首，颈部前后有浮雕貘首，西周早期后段器。

甲Da型Ⅱ式，3件。1974年在江苏溧水县废品回收站拣选云纹卣，腹部以云纹为底，中上部饰一凸出的“蛙”形（图6-26）。较为特殊的是提梁为直扁形。该器器形突出，纹饰反映了南方地区青铜器的特色[②]，为西周早期器。1988年湖南衡阳出土的蛇纹卣（《全集》122～125）（图6-27），扁平状提梁两端饰龙首，垂腹。盖顶有四阿形方钮，并有四条镂空棱脊把盖面分为四区，每区内饰卷体蛇纹、蛙纹或小蛇纹，颈部饰龙首提梁，腹部饰蛇纹以几何云纹衬底，蛇纹上翘高出器表，中有蛙纹，春秋时器。江苏溧水乌山出土弦纹卣[③]，缺盖，与扶风云塘M13出土的䧹卣（M13：22）相似，为西周中期器。

图6-26　云纹卣

（《文物资料丛刊》（5））

图6-27　蛇纹卣

甲Da型Ⅲ式，1件。1965年安徽屯溪M3出土公卣（M3：8）[④]，扁平状提梁两端饰兽首，器盖拱起，盖顶圈状捉手，盖面、颈部、腹部饰回冠鸟纹，圈足饰弦纹，1尊1卣组合，西周中期器[⑤]。

甲Db型Ⅲ式，2件。安徽屯溪弈棋乡出土作宝尊彝卣，扁平状提梁两端有兽首，

① 颍上县文化局文物工作组：《安徽颍上县出土一批商周青铜器》，《考古》1984年第12期。

② 镇江博物馆、刘兴：《镇江地区近年出土的青铜器》，《文物资料丛刊》（5），文物出版社，1981年。

③ 镇江市博物馆、溧水县文化馆：《江苏溧水乌山西周二号墓清理简报》，《文物资料丛刊》（2），文物出版社，1978年，66～69页。

④ 殷涤非：《安徽屯溪周墓第二次发掘》，《考古》1990年第3期。

⑤ 《全集》卷6《图版》说明第38页。

颈部前后有圆雕兽首，西周中期器[①]。2007年随州羊子山M4出土的鄂侯卣（《图像》13046），扁平状提梁两端有兽首，盖顶圈状捉手，垂腹外鼓，但无犄角，盖面和颈部饰夔龙纹，圈足饰弦纹，西周早期器。

甲Db型Ⅳ式，1件，上海冶炼厂拣选器的夆莫父卣[②]，盖和腹饰回首垂冠大鸟纹，颈部饰回首卷尾鸟纹前后有浮雕牛首，均以云雷纹衬底，西周中期前段器（《图像》13086）。

甲Eb型Ⅰ式，1件。1970年在湖南宁乡黄材出土的戈卣（《全集》4.160），盖面和上腹部饰直棱纹，盖沿、颈、腹、圈足饰鸟纹。出土时卣内盛放玉管、玉玦等320件。

甲Eb型Ⅱ式，1件。江西遂川出土亚宪皇祈卣[③]，盖面和腹部饰兽面纹，盖沿、颈部及圈足饰夔龙纹，商代晚期器。

甲Ec型Ⅱ式，1件。宁乡横市镇出土的兽面纹卣[④]，扁平状提梁两端有兽首，通体有四道扉棱，盖、器饰浮雕兽面纹，纹饰华丽，商代晚期器。

图6-28　三角云纹卣
（引自《全集》）

甲Ca型Ⅴ式，1件。江苏丹徒出土三角云纹卣（H1：11）[⑤]（图6-28），盖顶捉手呈立鸟状，颈部饰三角云纹上下饰以圆点纹，为春秋时器。

长江中下游地区出土的卣，商代晚期10件，西周早期11件器，西周中期3件，西周中期以后到春秋时期7件。时代最早的是江西新干大洋洲出土的三足卣（标本048），时代最晚的是安徽屯溪M1出土的两件青铜卣，春秋晚期器。

由此可见，该地区商代晚期和西周早期的器物和中原地区相差不大，但是西周中期以后，有地方特色的器物逐渐出现，如湖北京山出土的方腹卣器底带铃铛，江苏丹徒发现的青铜卣盖面斜直、盖钮为小立鸟等都较具有地方特色[⑥]。

二、装饰纹样

长江中下游地区出土商代晚期和西周早期的青铜卣，绝大部分装饰风格与中原地

① 《图像》12986器。

② 上海市文物保管委员会：《近年来上海市从废铜中抢救出的重要文物》，《文物》1959年第10期。

③ 梁德光：《江西遂川出土一件商代铜卣》，《文物》1986年第5期。

④ 李乔生：《湖南宁乡县横市镇出土一件商代提梁卣》，《考古》1999年第11期。

⑤ 肖梦龙：《江苏丹徒大港母子墩西周墓发掘简报》，《文物》1984年第5期。

⑥ 《全集》卷11《图版》说明第11页。

区保持一致，可以分为两类：一类是盖沿、颈部、圈足装饰，既有绳索状提梁横置，如1974年在湖北大冶罗桥出土的青铜卣；也有扁平状提梁两端有兽首，如2011年湖北叶家山M65出土青铜卣（M65：29）；一类是通体装饰，扁平状提梁器侧有扉棱，如1970年在湖南宁乡黄材出土的戈卣、1963年炭河里出土的冉癸卣、江西遂川出土的青铜卣。

西周早期以后的青铜卣，出现了具有地方特色的纹饰。江苏溧水乌山M2出土的青铜卣提梁上饰蛙纹，随州安居羊子山M4出土的作宝彝卣颈部和圈足饰蛇纹，以及湖南衡阳出土的青铜卣，其腹部饰蛇纹、蛙纹，更是南方常见的水族动物纹饰，极具地方特色。1959年在安徽屯溪M1出土的青铜卣（M1：94），盖、腹、圈足饰蟠螭纹，"这卣数处纹饰的上下还以圈点纹、绳纹为界，这都是江南地区青铜器特色的表现"①；江苏丹徒发现的青铜卣，器形形制、纹饰均与中原地区西周早期器接近，但是盖面斜直、盖钮为小立鸟及以圈点纹作主纹的纹饰风格具有地方特色②。岳阳县出土的动物纹卣，春秋中期器，装饰有联珠纹、弦纹、简化夔纹、蛇、鳄鱼、龟、蛙、蟹、鹤、水鸟、鹿等纹饰。长江中下游地区出土的31件器物中有9件具有地方特色，比例高达29%。

三、器物组合

该区青铜卣，保存有明确组合关系的有2例，1959年安徽屯溪M1，呈2尊2卣组合；2011年叶家山M65，呈1尊1卣组合。非常有意思的是安徽屯溪M1出土的青铜卣时代属于春秋晚期，但其仍与尊保持组合关系。这种现象的存在，可以解释为何青铜卣消失以后，其仍在文献中被记载。或许，青铜卣从中原地区向边远地区传播，速度是不一致的。

我们发现湖南出土的青铜卣内盛放玉器，目前共发现3例：一是1963年在宁乡黄材出土，出土时在河中；一是1970年在宁乡黄材山丘上出土；一是1985年在衡阳杏花村出土的青铜卣，埋葬地点在杏花村后山腰的黄黏土中③，卣内放置管、玦、环等玉器170多件。宁乡处于湘江的支流沩水的西部。前两件青铜卣扁平状提梁两端有兽首，器侧有扉棱，通体装饰华丽。后一件盖面、颈部、圈足饰夔龙纹。《周礼·春官·大宗伯》有"……以貍沈祭山林川泽"记载，估计这3件青铜卣和祭祀山川河流有关。

---

① 《全集》卷11《图版》说明第27页。

② 《全集》卷11《图版》说明第11页。

③ 郑均生、唐先华：《湖南衡阳发现商代铜卣》，《文物》2000年第10期。

四、铭　　文

1970年湖南宁乡黄材出土的青铜卣有铭文“戈”，1985年湖南衡阳杏花村出土的青铜卣也有铭文“戈”。在泾阳高家堡出土的青铜卣（M1∶8）铭文中也有“戈”。有学者认为夏商时期戈国在洛阳地区，商末周初从洛阳迁徙到陕西泾阳一带①。我们现在在湖南地区也发现了戈族的器物，说明了该族可能曾因某种原因在此活动过。安徽屯溪、江苏丹徒出土的卣属于吴越②，目前尚未发现铭文。

第五节　岭南地区

岭南地区是指长江以南的广大地区。我们收集到青铜卣3件，均见于广西。1976年兴安文化馆拣选到青铜卣1件③，为天父乙卣，甲Ec型Ⅱ式，盖沿、颈部及圈足饰夔纹，盖面和器腹饰兽面纹，均以云雷纹为底纹，与陕西岐山贺家村出土的丙卣器形接近，纹饰相同，商代晚期器。

1974年在武安勉岭山出土1件④，为共卣，甲Eb型Ⅰ式，盖沿和圈足饰鸟纹，颈部饰夔纹，盖面和上腹部饰直棱纹，下腹部饰鸟纹，与安阳郭家庄M160出土的亚址卣相似，商代晚期器。这类器物腹部纹饰为小鸟纹，以扉棱为界左右各有一组鸟纹，表现的是两鸟相对的形象。因而我们推测Eb型器物提梁可纵置也可横置，处在提梁横置往纵置发展的过渡阶段。

图6-29　变形龙纹卣

1985年在武安元龙坡出土1件（《全集》11.126）（图6-29），为变形龙纹卣，甲Ca型Ⅴ式，这件青铜卣直壁，盖沿较高，盖面隆起，圈形捉手。绳索状提梁，两端做兽形。盖面、器颈饰变形龙纹。此器为西周时期中原地区青铜卣的仿铸品⑤，春秋晚期器。

此外，目前我们在巴蜀地区尚未发现青铜卣。我们推测原因有二：①考古发掘在这一地区还没有发现青铜

① 杨肇清：《戈国考》，《河南文物考古论集》（二），中州古籍出版社，2000年。
② 李国樑：《吴、越、徐青铜器概述》，《全集》卷11，文物出版社，1997年。
③ 梁景津：《广西出土的青铜器》，《文物》1978年第10期。
④ 梁景津：《广西出土的青铜器》，《文物》1978年第10期。
⑤ 中国青铜器全集编辑委员会：《中国青铜器全集》11卷，文物出版社，1997年。

卣；②学者在研究牙璋、玉圭等以后，认为巴蜀文化有可能和夏文化比较接近[①]，而我们认为青铜卣是商文化的产物[②]。

第六节　小　　结

这五个区域中，中原地区是商周时期的政治中心，出土青铜卣数量众多，型式多样，质量精良，纹饰华美，是其他地区青铜卣的典范和榜样。海岱地区的青铜卣可以分为两类：一类是与中原地区器形相近，一类是具有地方特色的器物，以前者居多。北方地区除了乙D型青铜卣基本不见具有地方特色的器物，我们推测有可能大多数器物都是从中原地区传入的。长江中下游地区出土的青铜卣，与中原地区相近的器物中多见提梁横置（纵置）器侧有扉棱者，具有鲜明地域特色的器物也比较多。出土器物主要集中在江西、湖北、湖南、江苏、安徽5个省区，湖南地区出土的青铜卣器内放置玉器，与中原地区常见的尊卣组合不同，可能代表了一种新的祭祀方式。岭南地区，主要在广西发现了3件青铜卣，商代晚期的2件器物有可能是从中原传入的，春秋晚期的器物则是仿铸品。总体而言，青铜卣在各个地区的分布，同大于异，表现出来的更多是与中原地区的相近或是模仿，最有地域特色的部分大多表现在纹饰上。

青铜卣是商周时期十分重要的一类礼器。徐良高先生认为青铜礼器已经脱离了日常生活，是宗教仪式的道具，是权力和地位的象征，是商代政治制度——礼乐制度的物化形式，具有浓厚的上层建筑色彩。在青铜礼器的背后是特定的宗教信仰、思想观念和政治理论。青铜礼器的相同则是中原商文化同周边文化在思想观念上的认同、宗教信仰、政治制度等方面趋同的一个物化表现[③]。

袁艳玲博士认为“作为身份地位象征的青铜礼器，从铜矿的开采到青铜器的制作，都受到国家的严格控制。因此，在同一权力的控制下，青铜礼器群的风格会呈现高度的一致性，而在不同权力控制范围内，青铜礼器的风格会有一些差异”[④]，青铜卣的地域性特征或许表明了其器主不在商周王室的权力控制之下。

---

① 林向：《蜀与夏——从考古新发现看蜀与夏的关系》，《巴蜀考古论集》，四川人民出版社，2004年。

② 参阅邹衡：《论先周文化》，《夏商周考古学论文集》（第二版），科学出版社，2001年。

③ 徐良高：《文化因素定性分析与商代“青铜礼器文化圈”的研究》，《商文化论集》，文物出版社，2003年。

④ 袁艳玲：《周代青铜礼器的生产和流动》，《考古》2009年第10期。

第七章　青铜卣的起源与消亡

第一节　起　　源

为了探讨青铜卣的器形特征变化过程，我们首先将其分为甲乙两类。甲类包括六型，乙类包括四型。鉴于此，我们在探讨青铜卣的起源[①]时，需充分考虑到该类器的形制差异。

目前我们收集到596件青铜卣，其中乙类43件，甲类553件。由此可见甲类青铜卣是卣类器中的大宗，占到93%。乙类器中，张长寿先生认为方形器（乙B型）是仿造木器制作而成[②]，陈梦家先生认为直筒形器（乙Cb型）是以竹筒为原型发展而来的[③]，我们认为乙D型器反映了青铜罍对青铜卣的影响。乙C、D型器物多流行于商代晚期到西周早期，此时正处于青铜卣发展的繁荣时期。它拥有强大的生命力，模仿其他器物以创造出新的器型，这个不足为怪。

探讨青铜卣的起源，应该从时代最早的器物及数量最多的器物入手。甲类青铜卣是卣类器中的大宗。如前所述，我们认为甲类青铜卣可能受到了提梁罐的影响。郑州向阳食品厂出土的青铜卣（H1：11）是时代最早的青铜卣，因而这里主要谈论乙A型器物的起源。

一、卣的起源

关于青铜卣的起源，目前有两种观点。

（1）以陈梦家、容庚先生为代表。认为“不同形式的卣可能来自不同的起源”[④]。A型卣（本书所说甲类卣）源于白陶卣，B型卣（通常称为壶形卣）源于陶壶。

目前能够看到的白陶数量相当少，其中和青铜卣相似者少之又少。仅有侯家庄

---

① 关于青铜卣的起源，笔者曾以《略论青铜卣的起源——以罐形卣为例》发表于《考古与文物》2010年第2期，现更新部分观点，为保持行文连贯性，在此拟不做比较说明。

② 张长寿：《殷商时代的青铜容器》，《考古学报》1979年第3期。

③ 陈梦家：《中国青铜器的形制》，《西周铜器断代》，中华书局，2004年。

④ 陈梦家：《中国青铜器的形制》，《西周铜器断代》，中华书局，2004年。

HPKM1567出土的一件圈足器（260A型）[①]（图7-1）和郑州向阳回民食品厂出土的卣（图7-2）形制相似，敛口，深腹，圈足，但前者无盖、无提梁，通体打磨光润没有纹饰。HPKM1001时代定在盘庚迁殷之后的初期，HPKM1567“并未建筑墓道；疑其为最后之一建筑”[②]，那么它一定不早于殷墟一期。而郑州向阳回民食品厂出土的卣时代定在二里冈上层偏晚，亦即商代中期。所以，甲类卣源于白陶卣的观点，目前尚显证据不足。

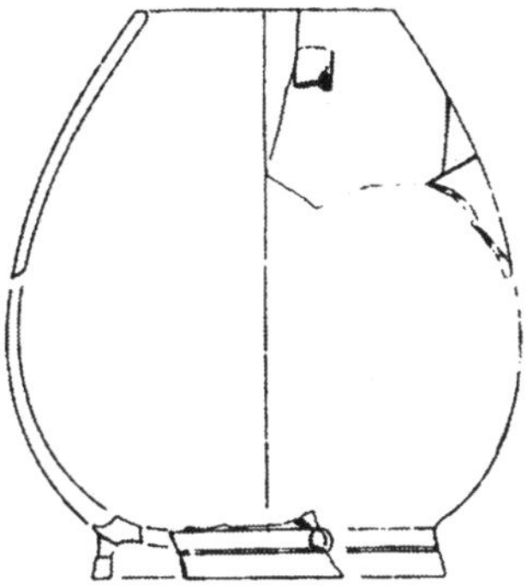

图7-1　圈足器

图7-2　青铜卣

另外，我们发现侯家庄HPKM1001出土的两件圈足器（287G、287W）（图7-3），虽与郑州向阳食品厂出土卣（H1：11）形制差别较大，但与安阳大司空村M51出土卣（M51：11）（图7-4）较为接近。这两件圈足器（287G、287W）肩部均有四横穿钮，圈足器（287W）肩之最上部有二半圆柱形小穿横耳；与此成90°角横径之

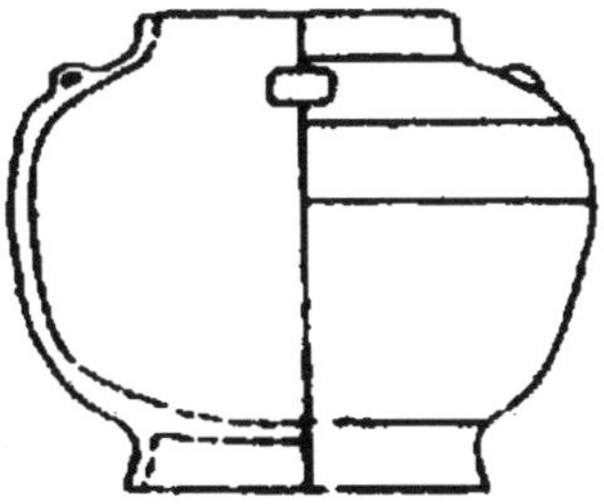

图7-3　圈足器

图7-4　青铜卣

① 李济：《殷墟白陶发展之程序》，《历史语言所集刊》第二十八册（下），1957年。

② 李济：《殷墟白陶发展之程序》，《历史语言所集刊》第二十八册（下），1957年。

两端，又有覆瓦形半环大穿横耳；大穿耳之上边恰当小穿耳之穿孔。两耳另制装上；小穿耳装后，再穿孔①。我们发现，从殷墟二期到西周早期，青铜卣颈部前后多见浮雕状兽首形装饰。安阳大司空村出土青铜卣（M51：11）颈部两个贯耳中间就可见浮雕状兽首形装饰。再者，从铸造角度分析，我们发现青铜卣均经二次铸造，恰好圈足器（287W）亦如此。从时代分析，HPKM1001时代属盘庚迁殷之后的初期，安阳大司空村M51时代属殷墟晚期。所以我们认为有可能存在这种演变关系，即陶圈足器（287G、287W）肩部的两个大穿横耳演变成青铜卣提梁两端的圆环，另外的两个小穿耳演变成青铜卣颈部前后常见的兽首状浮雕装饰。

总之，圈足器（260A）和郑州向阳回民食品厂卣的比较分析说明青铜卣不可能从白陶卣演变而来；而圈足器（287W）和安阳大司空村M51卣的比较则充分证明青铜卣在发展过程中确实受到了白陶器的影响。

（2）以郭宝钧先生为代表。认为“青铜卣和青铜壶都是仿自瓠瓜。……其后变为铜制，壶留贯耳，仍用绳系，卣改用铜提梁……”②。这种观点的前提是壶卣同源，且二里冈上层到殷墟二期出现的提梁圆壶，如安阳小屯北M18出土器物（M18：10）等，均应称为卣。这与我们的观点显然不同，我们认为它是壶。山东莒县博物馆收藏的莒大叔瓠形壶（《全集》9.76），为春秋晚期器，从颈腹比例分析其为壶类。因此如果说提梁圆壶仿自瓠瓜，倒是有几分可能。

郑州人民公园7区M8出土一件陶卣③（图7-5）和殷墟武官大墓出土的一件白陶卣④（图7-6）形制完全相同，器盖捉手呈伞状，器盖为子口，颈为母口，细长颈，腹部较短，圈足。我们称之为壶。前者属人民公园一期，年代和大司空村一期相当⑤，绝对年代相当于盘庚、小辛、小乙和武丁前后，亦即殷墟文化一期⑥。后者属殷墟文化二期。安阳小屯M388亦属殷墟二期，该墓出土青铜壶（图7-7）与武官大墓出土的白陶壶相似，与妇好墓出土的兽面纹壶（图7-8）相比，前者无提梁，后者有提梁。故而，我们认为提梁铜壶应该是从陶壶演变而来，具体来说是郑州出土的陶壶（C7M8：15）演变成安阳小屯M388形制的青铜壶，进而发展成妇好墓出土的提梁铜壶。

那么青铜卣是不是从青铜壶中分化出来的呢？毫无疑问，郑州向阳回民食品厂

---

① 李济：《殷墟白陶发展之程序》，《历史语言所集刊》第二十八册（下），1957年。文字是李济依据梁思成遗稿形成。

② 郭宝钧：《商周铜器群综合研究》，文物出版社，1981年。

③ 邹衡：《试论郑州新发现的殷商文化遗址》，《夏商周考古学论文集》（第二版），科学出版社，2001年。

④ 郭宝钧：《一九五零年春殷墟发掘报告》，《中国考古学报》1951年5册合编本。

⑤ 河南省文物考古研究所编：《郑州商城：一九五三年——一九八五年考古发掘报告》，文物出版社，2001年。

⑥ 参阅陈旭：《夏商考古》，文物出版社，2001年。

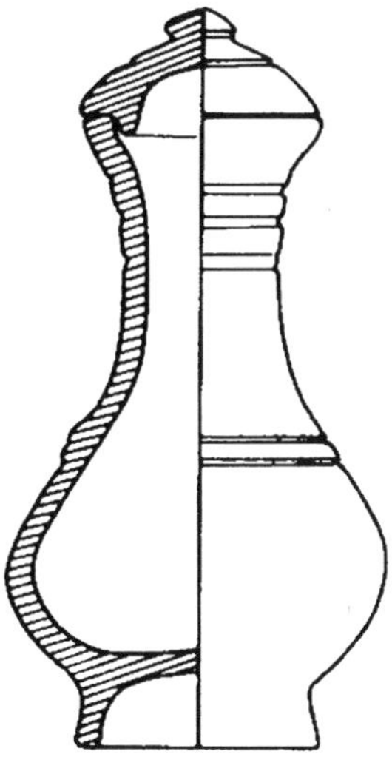

图7-5　陶壶

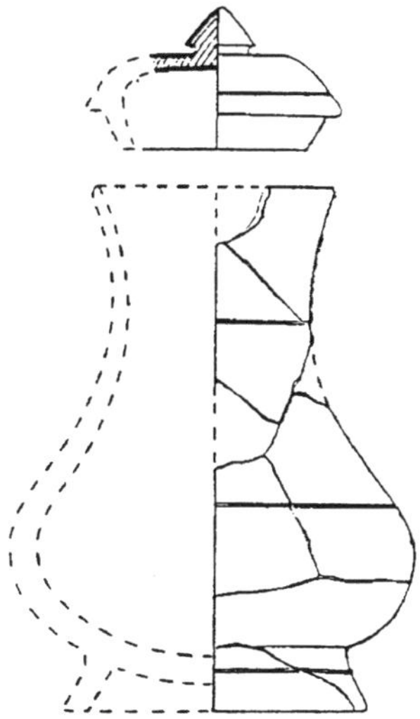

图7-6　陶壶

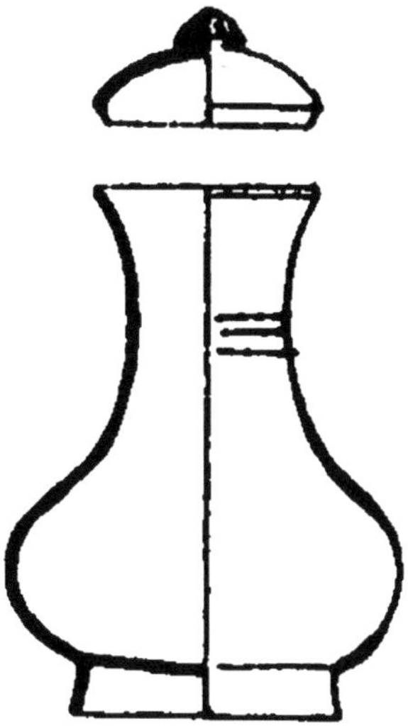

图7-7　青铜壶

出土的青铜卣时代最早，它的形制确实和殷商时期的壶相似，如绥德墕头村出土的青铜壶（图7-9）。后者时代在殷墟二期偏晚至三期偏早，而且这件器物具有鲜明的地方特征，系当地所铸。“虽属壶类，但形制不同于典型的商式铜壶。”[①]此外，郑州人民公园出土的一件牛首贯耳青铜壶（C7M9：4）（图7-10），属人民公园一期[②]，相当于殷墟文化一期。它极有可能是最早的青铜贯耳壶。且不论它是否与青铜卣相似，单论时代就比它晚，所以青铜卣不可能是从青铜壶中分化而来的。

那么，到底青铜卣的前型是什么呢？郑州二里冈遗址出土一件陶壶（C1H4：11）[③]（图7-11），小口微敛，长颈斜直，溜肩，肩部两侧有两个对称的贯耳，深腹略圆鼓，圜底近平，下附矮圈足。细泥质灰陶磨光，器表的颈部、肩部、腹部与圈足上分别饰十周划纹。口径7.5厘米，通高24.6厘米。属二里冈上层一期器。它和时代最早的青铜卣——郑州

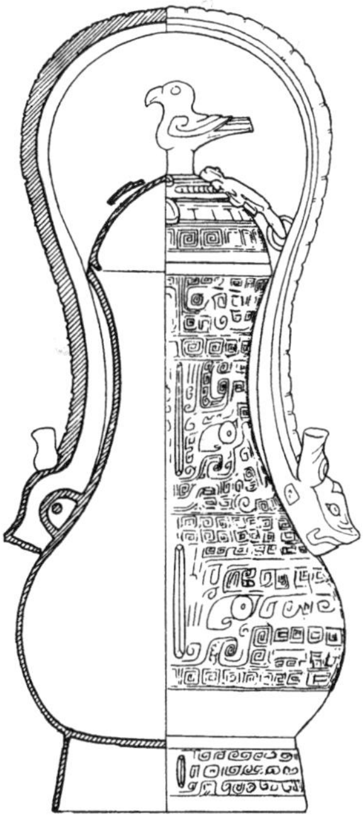

图7-8　兽面纹壶

① 李伯谦：《从灵石旌介商墓的发现看晋陕高原青铜文化的归属》，《中国青铜文化结构体系研究》，科学出版社，1998年。

② 河南省文物考古研究所：《郑州商城：一九五三年——一九八五年考古发掘报告》，文物出版社，2001年。

③ 河南省文物考古研究所：《郑州商城：一九五三年——一九八五年考古发掘报告》，文物出版社，2001年。

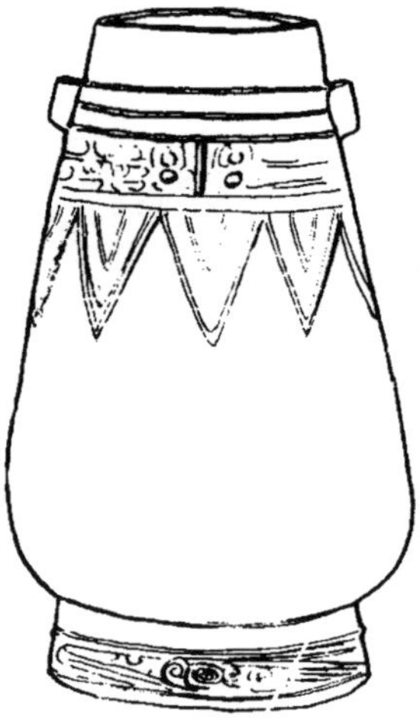

图7-9　贯耳壶

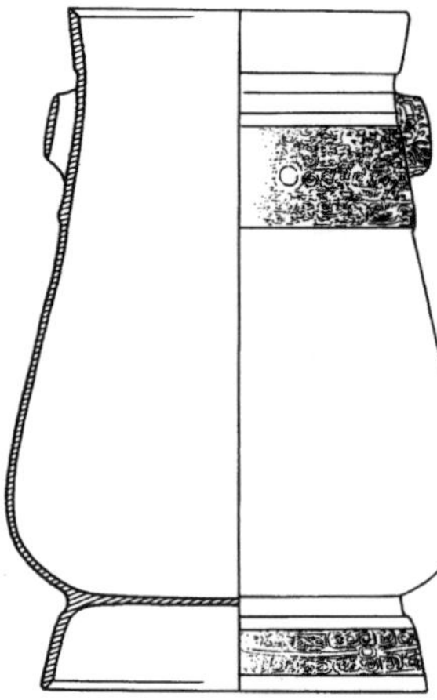

图7-10　贯耳壶

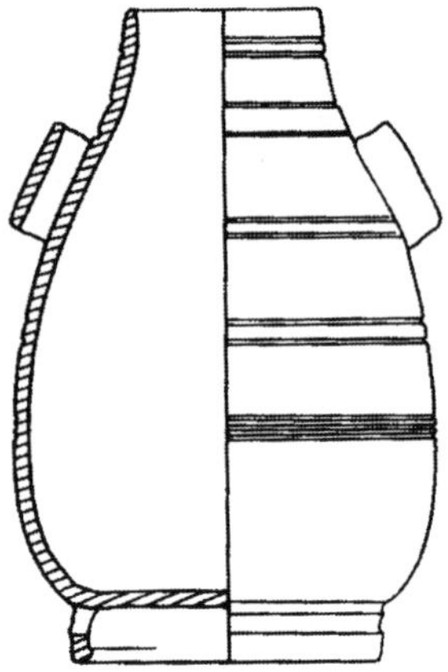

图7-11　陶壶

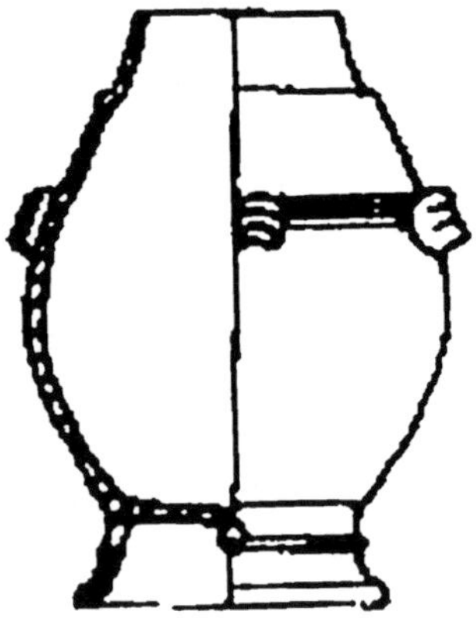

图7-12　陶瓶

向阳回民食品厂出土兽面纹卣（H1：11）十分相似。因此我们大胆推测，青铜卣（乙A型）就是从陶壶演变而来的。但是郑州向阳回民食品厂出土的卣制作精美，装饰华丽，推测青铜卣此时已经经历了较长时期的发展，它并不是形制最原始的青铜卣。沿二里冈下层向前追溯，我们发现了龙山时代的1件陶瓶，于山东泗水尹家城遗址出土①（图7-12），口沿为子口，失盖，深鼓腹，肩部饰四钮，圈足。形制特征亦与郑州出土的卣（H1：11）近似。

青铜卣颈侧多见环耳，但也有贯耳，如在大司空村M51出土的卣（M51：11）。因此，我们认为乙A型青铜卣可能是从深鼓腹、颈腹不分、颈侧有贯耳的这类陶器演变而来。

二、出现原因

青铜卣，作为一种祭祀使用的盛酒器，在二里冈上层已经出现。河南郑州向阳回民食品厂出土的青铜卣被认为是目前最早的青铜卣②，就出自祭祀坑③中。

① 山东大学历史系考古专业教研室：《泗水尹家城》，文物出版社，1990年。

② 陈旭：《郑州杜岭和回民食品厂出土青铜器的分析》，《中原文物》1986年第4期。

③ 河南省文物研究所等：《郑州新发现商代窖藏青铜器》，《文物》1983年第3期；安金槐：《再论郑州商代青铜器窖藏坑的形质与年代》，《华夏考古》1997年第1期。

它的出现有以下几个原因：①商人尊神重鬼观念的盛行；《礼记·表记》第三十二："殷人尊神，率民以事神，先鬼而后礼。"甲骨文中占卜文辞也有祭祀祖先鬼神的内容。但凡方国征伐、田猎游玩、风雨天象、疾病梦幻、妇事生育均要占卜。②商人重酒风气的盛行。《尚书·酒诰》中周公劝诫时王"辜在商邑，越殷国灭，无罹。弗惟德馨香祀，登闻于天。诞惟民怨，庶群自酒，腥闻在上。故天降丧于殷，罔爱于殷，惟逸"。与之相呼应，商代早期已经出现了大量青铜酒器。饮酒器有觚、爵、斝；盛酒器尊、罍、瓿、壶；此时再增加一种盛酒器——青铜卣，也在情理之中。③青铜器铸造工艺的提高。夏代晚期，青铜酒器已经使用块范铸造法制作，使用块范制作法可以制造出大型的容器。到了商代铸造技术更加成熟，为青铜卣的铸造提供了技术支持。据研究青铜卣都是经二次铸造制作[①]而成的。④分范技术的提高促进了青铜卣在殷墟二期以后的兴盛发展。郑州向阳食品厂出土的青铜卣（H1：11）属二里冈上层，铸造时"先用二块外范铸好套环链，然后把套环链的一端在铸盖钮时与之相连，另一端穿以先铸的半圆形铜环并和后铸的提梁相铸接。用四块卣体外范、一块卣体内范以及四块半圆形外范合铸成带半圆形环耳的卣体。铸提梁时，在卣内二环耳内各加一块小范，提梁浇注后，除去小范，形成间隙，使提梁通过环耳和卣身相连，而又能活动。卣体是倒铸的，浇口在圈足底部"[②]。铸造这件青铜卣至少需要13块范，这是铸造圆鼎范数的3倍多、铸造方鼎范数的2倍多[③]。到殷墟时期，铸造1件青铜卣需5块范或9块范[④]。这与铸造鼎、甗、簋等食器所需范数相当，比铸造瓿、罍等盛酒器所需范数明显要少，是铸造瓿所需范数的1/3，是铸造罍所需范数的1/5～1/4，与铸造尊所需范数相当[⑤]。我们认为这是青铜卣在二期以后快速发展，并迅速升级为与鼎、簋并列的礼器，且与尊形成固定组合的重要原因之一。⑤此外我们发现，卣除了和尊形成固定组合外，还和其他酒器及食器共出。但盛酒器中唯独和瓿共出极为少见。目前只发现三例：一是山西保德林遮峪村出土；一是江西新干大墓出土；一是岐山贺家村西壕出土，此其一。其二，从殷墟一期到殷墟二期，青铜瓿在墓葬中出土数量迅速减少，一期时占到50%，二期时降至5.4%，三期时只有2%，四期时无瓿出土；相反，

① 张光裕：《商周V形卯合设计的青铜器》，《文物》1991年第12期。

② 河南省文物考古研究所、郑州市文物考古研究所：《郑州商代铜器窖藏》，科学出版社，1999年，98、99页。

③ 河南省文物考古研究所、郑州市文物考古研究所：《郑州商代铜器窖藏》，科学出版社，1999年，97～99页。

④ 岳占伟、岳洪彬、刘煜：《殷墟青铜器的铸型分范技术研究》，《殷墟新出土青铜器》，云南人民出版社，2008年，42页。

⑤ 岳占伟、岳洪彬、刘煜：《殷墟青铜器的铸型分范技术研究》，《殷墟新出土青铜器》，云南人民出版社，2008年，36～43页。

青铜卣从三期时的14%上升到四期时的33.3%[①]。其三，甲类青铜卣在殷墟二期出现，其与妇好墓出土的带盖瓿相比，有些神似。另外，壶的比例从一期的25%降到二期的18.7%[②]。因此瓿的衰退和壶的缓慢发展可能加速了青铜卣的发展，成为卣在殷墟二期以后快速发展的诱因之一。

第二节　消　　亡

一、消亡时间

西周中期以后青铜卣在中原地区已经很难见到。天马—曲村北赵晋侯墓地M93出土的明器卣（M93：53），是中原地区能够看到的年代最晚的青铜卣。M93属春秋初年，墓主是晋文侯。可见虽然此时青铜卣濒临消亡，但仍然是中上层贵族的“专宠”。南方地区青铜卣的消失步伐比北方慢。1986年湘潭县荆州乡金棋村出土的一件青铜卣时代上限在西周晚期，下限在春秋中期[③]。器形虽和西周时期中原地区的青铜卣相似，但器饰写实的水族动物纹和春秋时期中原地区流行的蟠螭纹不同。

二、消亡原因

青铜卣在西周中期以后衰落，导致它走向衰落以至消失有以下几个原因：①和商人不同，“周人尊礼尚施，事鬼敬神而远之”[④]。青铜卣主要是祭祀用器，和“尊礼尚施”的思想观念不一致。②鉴于商亡国的历史教训，西周统治者禁止酗酒。《尚书 · 无逸》周公劝诫西周时王“无若殷王受之迷乱，酗于酒德哉！”与商人重视酒器相反，周人重视食器。鼎、簋地位日益提高，西周中期形成列鼎制度。同时新出现食器——盨。稍后又增加了簠。酒器却急剧减少，殷商时常见的觚、爵、斝等已经迭出历史舞台，青铜卣走向消失也是必然趋势。③西周早期壶多是单件出土，未见成对出土者；懿孝时期已开始成对使用，到了西周晚期普遍出现了对壶[⑤]。与此同时，青铜卣却逐渐消失。青铜壶数量的增加很大程度上排挤了青铜卣的生存空间。④更重

① 刘一曼：《安阳殷墓青铜礼器组合的几个问题》，《考古学报》1995年第4期。

② 刘一曼：《安阳殷墓青铜礼器组合的几个问题》，《考古学报》1995年第4期。

③ 高至喜：《湖南新出越族铜器的年代与特点》，《商周青铜器与楚文化研究》，岳麓书社，1999年。

④ 《礼记 · 表记》。

⑤ 高西省：《西周青铜壶研究》，《西周文明论集》，朝华出版社，2004年。

要的是青铜壶“在其他酒器消亡之时（西周早期晚段），正是其发展兴盛之时（西周晚期），直到春秋战国时期（以莲鹤方壶为代表），……而且西周晚期青铜壶是一个发达成熟时期，而这一时期恰恰是酒器趋于最后衰落阶段，并逐渐退出了礼器的行列”①。壶是盛酒器，《诗经·大雅·韩奕》“清酒百壶”，它和青铜卣的功能相同。所以壶在西周中期的兴盛在某种程度上加速了青铜卣消失的步伐②。

① 高西省：《西周青铜壶研究》，《西周文明论集》，朝华出版社，2004年。

② 张懋镕：《试论中国古代青铜器器类之间的关系》，《华学》（八），紫禁城出版社，2006年。

第八章　青铜卣组合关系演变及出土墓葬分析

第一节　组合关系演变

陈梦家先生把组合分为三种：①同墓共存的组合；②同墓的成套的组合；③同族名的组合。杨宝成先生则认为“组合就是指不同用途的不同器类的器物经常一起共生，形成一种较固定的配置形式”[①]。我们要探讨的组合是指同墓共存的、用途相同的器类的组合关系，具体而言是指在墓葬中和卣共存的器类变化情况。

我们搜集到未被盗扰的墓葬共75座，以此分析青铜卣组合关系的变化。以器类变化而言，可将其分为三类：卣+其他酒器同出、卣+食器+其他酒器、卣+尊同出，如附表七所示。

一、卣+其他酒器同出

共3例。2例为卣和觚、爵、觯组合，1例为卣和觚、爵组合。1985年刘家庄M1，出土4件铜器，觚1、爵1、觯1、卣1，墓室面积4.98平方米；1983年郭家庄南地M1和刘家庄M1出土器物种类数量均相同，墓室面积4.9平方米；1986～1987年安钢第五生活区M92，出土3件铜器，爵1、觚1、卣1，墓室面积4.26平方米。这三座墓葬均为殷墟四期，墓室面积在5平方米以下。

二、卣+食器+其他酒器同出

共16例。4种器类有3例，2例是1类食器3类酒器组合、1例是2类食器2类酒器组合。其中GM2575出土器物为鼎1、卣1、觚1、爵1，墓室面积3.96平方米，属殷墟二期；1970年宝鸡峪泉出土器物为鼎1、簋2、卣1、觯1，墓室面积9平方米；1978年扶风召李M1出土器物为鼎1、觯1、壶1、卣1，墓室面积3.92平方米。后两座墓葬均属西周早期。

5种器类有7例，6例是2类食器3类酒器组合、1例为1类食器4类酒器。1980年罗山

① 陈梦家：《殷代铜器》，《考古学报》1954年第1期；杨宝成：《殷墟的青铜器》，《殷墟文化研究》，武汉大学出版社，2002年。

蟒张M8，属1类食器4类酒器，鼎1、觚2、爵2、斝1、卣1，墓室面积4.1平方米，殷墟二期；2005年安阳范家庄M4，鼎1、簋1、卣1、爵2、觚2，墓室面积7.02平方米，殷墟二期；1963年安阳苗圃M172，为鼎1、簋1、卣1、爵1、觚1，墓室面积4.3平方米，属殷墟三期；2003～2004年安阳孝民屯M17，也为2类食器3类酒器，鼎2、簋1、觚1、爵2、卣1，属殷墟四期；1989～1990年孝民屯M1327，亦为2类食器3类酒器组合，鼎1、簋1、觚3、爵2、卣1，属殷墟四期；郭家庄M50，鼎2、簋1、觚1、爵1、卣1，墓室面积5.44平方米，属殷墟四期；1973年岐山贺家村西壕，鼎1、簋1、卣2、瓿1、斝1，墓室面积11.8平方米，武成时期。

6种器类有1例。山西灵石旌介M2，鼎1、簋1、觚4、爵1、罍1、卣1，比5种器类多罍，墓室面积7.5平方米，属殷墟四期。

7种器类2例。河南罗山蟒张M1，墓室面积（残）24.7平方米，鼎3、甗1、罍1、卣1、觚5、斝1、斗1，比6种器类墓多斗，无簋有甗，食器数量不变，酒器增加，属殷墟三期；殷墟西区M875，墓室面积5.44平方米，鼎1、簋1、卣1、斝1、觚1、爵1、斗1，比6种器类墓多斗，属殷墟三期。

9种器类1例。1980年山东黄县庄头，鼎3、壶1、盘1、甗1、簋2、卣1、爵2、觯1、盂1，食器3种酒器3种水器3种，属西周早期。

10种器类1例。江西新干大洋洲，鼎31、鬲6、甗3、豆1、簋1、瓿1、罍1、壶3、卣2、瓒1，属殷墟早期。

13种器类1例。宝鸡石鼓山M3，鼎6、簋6、禁2、卣6、彝1、壶1、甗1、罍1、盉1、盘1、爵1、觯1、斗2，墓室面积11.8平方米，属西周早期。

卣+其他酒器共出、卣+食器+其他酒器共有19例，占25.3%。卣和其他酒器组合，酒器多是觚、爵、觯；和食器和其他酒器组合，食器中多是鼎、簋或鼎、簋、甗，酒器中亦是觚、爵，或有斝，或觯，个别墓葬中出现罍、斗、壶、瓿等。觚、爵、觯、斝是殷墟晚期酒器组合的核心，鼎、簋是重要的食器。由此可见，青铜卣是伴随着酒器的兴盛而产生的，它和鼎簋、觚爵觯一样都是重要的礼器。此外，青铜卣和罍、斗、壶同出较常见，但与瓿则极为少见。

这19座墓葬，殷墟一期1座，殷墟二期3座，殷墟三期3座，殷墟四期7座，西周早期5座。充分说明殷墟四期是青铜卣发展的繁荣阶段。

三、卣和尊组合

按照尊、卣数量不同可分为两类。

1. 1尊1卣组合

这类组合数量较多，共有33例，占总数的44%。1尊1卣组合大概可区分为尊、卣纹饰相同、铭文相同、纹饰铭文均相同三种形式。

尊、卣纹饰相同或风格接近，有14例，占42.4%。殷墟四期有6例，戚家庄东M63，宁箙卣（戚东M63：7）颈饰简化兽面纹，兽面纹尊（戚东M63：14）腹、足饰兽面纹，墓室面积3.9平方米；戚家庄东M235，戉箙卣（戚东M235：5）盖面和颈部饰兽面纹、尊（戚东M235：6）腹部饰兽面纹，墓室面积4.49平方米；郭家庄M53出土的尊腹部和卣颈部均饰简化小兽头，墓室面积2.88平方米；殷墟西区M2579，卣素面，尊腹部前后饰简化兽面纹，墓室面积4.76平方米；殷墟西区M1713出土的尊、卣均素面，墓室面积4.68平方米；河北正定新城铺出土的尊和卣，尊腹部和卣颈部均饰兽面纹，上下凸弦纹，墓室面积不详。

西周早期4例。浚县辛村M60出土的尊（M60：5）腹部和卣（M60：7）颈部均为兽面纹，墓室面积4.5平方米；宝鸡石鼓山M1，出土的尊腹部和卣颈部纹饰相近，墓室面积不详。陕西扶风周原李庄M9出土的尊和卣，尊腹部饰兽面纹以云雷纹衬底，卣盖面、颈部、圈足饰夔纹以云雷纹衬底，墓室面积7.57～8.26平方米；滕州前掌大M119出土的尊和卣，尊颈部和下腹部饰蕉叶纹上下界以联珠纹，卣盖面、颈部和圈足饰夔纹上下界以联珠纹，墓室面积7.7平方米。

西周中期2例。临潼南罗出土的尊和卣，尊颈部和卣颈部饰鸟纹，墓室面积不详。山东黄县归城M1出土的尊和卣，尊腹部和卣颈部纹饰相同均为兽面纹，墓室面积4.2平方米。

春秋初年2例。天马—曲村M93出土的尊和卣，纹饰相近，圈足饰垂鳞纹，墓室面积32.1平方米。陕西韩城梁带村M27出土的尊和卣风格接近，可视为1尊1卣组合，墓室面积37.35平方米。

纹饰和铭文相同，5例，占15.2%。均为西周早期，1例处于武成时期，4例属于成康以后。河南襄县霍庄出土的尊和卣有铭文7字，均为“侯矢作父辛宝彝”，尊腹部和卣颈部均饰夔龙纹，墓室面积4.2平方米。宝鸡竹园沟M4出土的尊和卣均有铭文6字，为“強季作宝旅彝”，尊腹部和卣颈部纹饰均为夔龙纹，墓室面积13.4平方米；平顶山应国墓地M84出土的尊、卣，卣颈部和盖沿周边各饰以细云雷纹衬底的长尾凤鸟纹一周，尊颈部亦饰以细云雷纹衬底的长尾凤鸟纹一周，铭文12字，“𩂣肇諆作宝尊彝，用夙夕享考”，墓室面积10.5平方米；扶风齐家M19出土的尊和卣，尊颈部和卣颈部均饰以云雷纹衬底的夔纹，铭文4字，为“作宝尊彝”，墓室面积10.92平方米；湖北随州叶家山M65出土的尊和卣，尊腹部饰鸟纹，卣盖面和颈部亦饰鸟纹，均有铭文3字，为“作尊彝”，墓室面积14.88平方米。

仅铭文相同，3例，占9.1%，时代集中在昭王以前。洛阳北窑西周墓出土的尊和卣均有铭文4字，为“登作尊彝”，墓室面积3.9平方米；长安花园村M17出土的尊和卣，均有铭文3字，为“作尊彝”，墓室面积10平方米；北京琉璃河燕国墓地ⅡM251出土的尊和卣，铭文均5字，为“单子▲父戊”，墓室面积16.65平方米。

此外还有尊、卣纹饰不同的例子，有11个，占33.3%。殷墟四期有6座，即AGM1015，卣盖面、颈部饰雷纹上下界以联珠纹，尊素面，墓室面积3.1平方米；SM101，卣素面，尊腹部饰兽面纹、足饰云雷纹，墓室面积3.57平方米。86郭家庄M6，尊颈部简化兽面纹，圈足饰雷纹，卣颈部饰小兽首，墓室面积5～5.5平方米；安阳榕树湾M1，尊腹部和圈足饰兽面纹，圈足以云雷纹为底纹，卣颈部饰雷纹上下界以联珠纹，墓室面积5.44～6.25平方米；安阳刘家庄M9，尊素面，卣盖面饰云雷纹衬底的夔纹，颈部饰兽面纹，墓室面积6.05平方米；罗山天湖M6，尊腹部饰兽面纹，卣素面，墓室面积13.7平方米。

商末周初1座。山东新泰出土的尊和卣，尊素面，卣盖面、腹部、圈足饰兽面纹，墓室面积不详。

西周早期有3座，扶风云塘M20出土的尊、卣纹饰不同，墓室面积10.2平方米；长安张家坡M87出土的尊（M87：5）和卣（M87：4），尊腹部饰兽面纹以雷纹衬底上下界以联珠纹，卣颈饰夔纹上下界以联珠纹，墓室面积6.6平方米；山东滕州前掌大M21出土的尊，腹部饰鸟纹，盖面、颈部、圈足饰夔纹以雷纹衬底，墓室面积5.71～6.01平方米。

西周晚期1座。安徽屯溪M3，出土的尊和卣，尊素面，卣颈部饰兽面纹，为土墩墓，墓室面积不详。

尊、卣纹饰不同的墓葬殷墟四期占到54.5%，到了西周早期，比例降至27.3%，西周晚期占9.1%。由此可见，在殷墟四期1尊1卣组合形式正在形成。成康时期，又出现了仅铭文相同的尊、卣组合形式。目前见到铭文和纹饰均相同的尊、卣组合多出现在成康以后。

2. 1尊2卣组合

1尊2卣组合中两件青铜卣仅大小有别，形制、纹饰甚至铭文都相同。这种组合的墓葬有11例，占14.7%。

其中尊、卣纹饰相同者，有3例。前1例为殷墟二期，后2例为西周早期。罗山天湖M28，尊颈部、腹部饰雷纹上下界以联珠纹，卣盖面及颈部亦是如此，墓室面积16.64平方米；宝鸡竹园沟M13，尊腹部中间饰直棱纹上下饰鸟纹以雷纹衬底，卣（BZM13：1）的盖面、颈部和圈足亦饰此类纹饰，墓室面积15.3平方米；湖北随州羊子山，尊腹部饰龙纹和弦纹，卣亦如是，墓室面积6.6平方米。

纹饰、铭文均相同者，有6例，占54.5%。1999年郑州洼刘M1，尊（ZGW99M1：10）器身有扉棱将纹饰分为四份，颈部饰蕉叶纹，腹部和圈足饰兽面纹；卣亦如此，盖面、圈足饰夔龙纹，腹部饰兽面纹；尊和卣铭文相同，7字，为“陌作父丁宝尊彝”，墓室面积7.7平方米。灵台白草坡M2，尊饰对凤纹、弦纹，卣（M2∶8、M2∶9）腹部纹饰与其相同，尊、卣皆有铭文6字，均为“㥾伯作宝尊彝”。滕州前掌大M11，尊器身有扉棱将纹饰分为四份，颈饰蕉叶纹、腹和圈足饰兽面纹，卣器身亦有扉棱，盖面和腹部饰直棱纹，盖沿、颈部、圈足饰夔龙纹。尊和卣皆有铭文，1字，为“史”，墓室面积6.15～6.52平方米。宝鸡竹园沟M8，尊（BZM8∶7）腹部饰夔凤纹，卣的盖面和颈部亦此纹饰。二者均有铭文，4字，为“作宝尊彝”，墓室面积5.7平方米，成康时期。山东滕州庄里西M7，尊腹部饰夔纹，卣盖面和颈部亦饰此纹饰，卣（M7∶4）与尊（M7∶5）铭文相同，为“史𩁹作父癸宝尊彝”，墓室面积不详，西周早期。河北元氏西张村西周墓，卣盖面和颈部饰夔纹以云雷纹衬底，尊腹部纹饰与之相同。尊和卣皆有铭文，内容相同，但卣有62字，尊仅存18字，墓室面积不详。

纹饰不同，2例。灵石旌介M1，尊（M1∶34）腹部和圈足饰兽面纹，颈饰蕉叶纹，卣（M1∶33、M1∶17）盖面和颈部饰雷纹上下界以联珠纹，墓室面积10.1平方米，属殷墟四期。1971年泾阳高家堡出土的尊和卣，尊颈部饰蕉叶纹，腹部饰夔纹，圈足兽面纹。卣一（高36厘米），饰夔龙纹以雷纹为底纹；卣二（高25厘米），盖和颈部饰兽面纹，两侧饰夔纹。尊和2件卣有铭文，互不相同，墓室面积6.4平方米，属西周初年。

这11例墓葬中，尊、卣纹饰相同者3例，占27.3%，尊、卣纹饰、铭文均相同6例，占54.4%，尊、卣铭文不同2例，占18.3%。这说明1尊2卣组合中尊、卣纹饰、铭文相同是主要形式。从时代分析，殷墟二期1座，殷墟四期1座，西周早期9座，由此可见1尊2卣组合主要流行在西周早期。具体来说，1尊2卣纹饰不同组合，多发生在殷墟四期西周初年，这可视为1尊1卣的余绪，也可视为1尊2卣组合的萌芽；1尊2卣纹饰相同组合，大约始于殷墟二期，但有可能只限于高级贵族，估计到西周早期才开始流行；1尊2卣纹饰相同、铭文相同组合，大约最早见于成王时期，成康以后较为流行。因此，1尊2卣纹饰、铭文相同的组合，可视为周人首创。

2尊2卣组合有7例，占9.3%。商代晚期2例，西周早期4例，春秋晚期1例。

山东寿光，卣颈部饰夔纹，腹部饰兽面纹，其一（高18.5厘米）有铭文2字，为“己侯”；尊一（高28厘米）腹饰兽面纹以云雷纹为底纹，圈足饰云雷纹上下界以弦纹，有铭文2字，为“己侯”；尊二（高26厘米）肩、腹、圈足饰兽面纹。商代晚期器。安阳大司空M303，尊（M303∶83）腹部饰兽面纹以云雷纹为底纹，两侧饰夔纹，上下界以联珠纹，圈足饰夔纹，有铭文2字，为“马危”；尊（M303∶99）肩部、腹部饰兽面纹，颈部和圈足饰凸弦纹。卣（M303∶120）盖面、颈部饰云雷纹上下界以联珠纹，圈足饰弦纹，墓室面积9.56平方米，殷墟四期。

1972年陕西扶风刘家丰姬墓，2件卣（丰M∶1、丰M∶2）盖沿、颈部、圈足饰弦纹，颈部前后有兽首，有铭文10字；尊（丰M∶3）与卣装饰风格相同，颈部及圈足饰弦纹，铭文10字，与卣相同，为“𢡟季遽父作丰姬宝尊彝”；尊（丰M：4）与尊（丰M：3）形制花纹相同，但铭文不同，有9字，为“季𣪕作宝尊彝用末畐”，西周早期。灵台白草坡M1，两件卣（M1：13、M1：14）盖、腹共三道对夔纹、弦纹，有铭文6字，“潶伯作宝尊彝”；尊（M1：16）腹饰简化兽面纹、弦纹，铭文与卣相同，为“潶伯作宝尊彝”；尊（M1：15）腹饰雷纹地兽面纹，弦纹，有铭文8字，为“子夌作母辛尊彝𦣞”，墓室面积8平方米，西周早期。宝鸡竹园沟M7，尊（BZM7：8）颈部饰蕉叶纹，下饰夔龙纹，腹部饰兽面纹，圈足饰夔凤纹，有铭文6字，为“伯各作宝尊彝”；尊（BZM7：326），上腹部饰夔龙纹，中部饰兽面纹。卣（BZM7：7、BZM7：6）盖、腹饰兽面纹，颈部及圈足饰夔龙纹，有铭文6字，与尊（BZM7：8）相同，墓室面积12.6平方米。1980年长安花园村M15，尊（M15：19）腹部饰凤纹，铭文为“戎𢂷作厥父宗彝𩰫”；尊（M15：20）形制与尊（M15：19）相同，腹饰弦纹，两侧有羊首形装饰，铭文为“麃父作𡚬是从宗彝𩰫”，卣（M15：17）颈部饰凤鸟纹，铭文与尊（M15：19）相同。卣（M15：18）光素无纹，铭文与尊（M15：20）相同，墓室面积9.12平方米，西周早期。

安徽屯溪M1，尊（M1：90）腹饰兽面纹、夔纹、凤鸟纹和雷纹，有铭文3字，“□父乙”；尊（M1：89）腹饰夔纹。卣（M1：93）纹饰有凤纹、羊首纹、回首夔纹、圆圈纹和雷纹等；卣（M1：94）纹饰有夔纹和蟠螭纹，墓室面积34～37.84平方米，春秋晚期①。

2尊2卣组合中，3例是1尊与2卣纹饰相同、铭文相同，但另一尊与其纹饰相同、铭文不同，这可视为1尊2卣的升级和强化。山东寿光和长安花园村M15，其实是两套1尊1卣组合。大司空村M303出土的2件尊形制不同，可能反映了2尊2卣组合尚未形成。安徽屯溪M1出现的2尊2卣，纹饰不同、铭文也不同，可视为2尊2卣最晚的例子。

这7例组合，从时代上分析，殷墟四期有2例，春秋晚期1例，西周早期4例，占57.1%。由此可见，2尊2卣组合多流行于西周早期。2尊2卣组合中，有1尊与另1尊2卣铭文不同，我们推测可能是賵賻制度的反映②。

2尊1卣1例。1984年安阳戚家庄东M269，尊（M269：44）颈饰蕉叶纹，下饰夔纹，腹部上饰鸟纹下饰兽面纹，均以雷纹衬底；尊（M269：14）饰兽面纹上下界以联珠纹，卣（M269：10）盖面和颈部饰雷纹上下界以联珠纹，与尊（M269：14）纹饰风格接近，墓室面积6.4平方米，殷墟三期器。该墓出土2尊1卣，其实为1尊1卣组合。

3尊2卣1例，实为2尊2卣组合。安阳刘家庄北M1046，尊（M1046：23、45）口沿下饰蕉叶纹，颈、肩、腹上部饰夔纹，腹下部和圈足饰大兽面纹，有铭文2字，

① 《全集》卷11。

② 曹玮：《试论西周时期的賵賻制度》，《周原遗址与西周铜器研究》，科学出版社，2004年，165页。

“亚𠂤”；尊（M1046：7）腹部饰兽面纹上下界以凸弦纹。卣（M1046：6、M1046：10）盖面、颈部饰夔纹以雷纹衬底，卣（M1046：10）有铭文2字，与尊（M1046：23、M1046：45）同，墓室面积8.3平方米，帝辛时期。考虑到2件尊（M1046：23、M1046：45）形制相同、纹饰相近，且与卣（M1046：10）铭文相同，因两件卣（M1046：6、M1046：10）又纹饰相同，我们认为应是2尊2卣组合。

3尊1卣1例，实为2尊1卣组合。安阳郭家庄M160，方尊1对（M160：152、M160：128）口下饰蕉叶纹，腹部及圈足饰兽面纹，铭文2字，为“亚址”；圆尊（M160：118）腹部及圈足饰弦纹，铭文2字，为“亚址”。卣（M160：172），盖沿、颈部、下腹部、圈足饰鸟纹，捉手之外和腹部上部饰直棱纹，有铭文2字，为“亚址”，殷墟三期器。根据尊、卣装饰风格，疑为2尊（M160：152、M160：128）1卣（M160：172）组合。

5尊1卣1例，可能为2尊1卣组合。宝鸡茹家庄M1，5件尊有1件象尊，2件鸟尊，2件圆尊（BRM1乙：9、BRM1乙：34），尊（BRM1乙：34）颈部饰鸟纹，有铭文6字，“陵作父辛旅彝”；尊（BRM1乙：3）似簋，颈部亦饰鸟纹；卣（BRM1乙：3）盖沿及颈部饰凤鸟纹，有铭文7字，为“𢐗作祖乙宝尊彝”。墓室面积44.1平方米，西周中期。根据尊、卣纹饰及墓室面积推测，可能为2尊1卣组合。

5尊6卣1例，实为3套组合。河南鹿邑长子口M1，出土5尊6卣，尊分方尊（2件）、圆尊（3件）。“5件卣为长圆形或椭方形，这里有三套组合：一是1尊（M1：137）1卣（M1：224），同铭，皆‘长子口’，铜质、锈色相同，为同一匠人所制，形体为商末周初习见。二是同铭但器不完全同形的1尊（M1：221）2卣（M1：163、M1：13）组合，鸟纹筒形尊与龙纹提梁卣，均铭‘长子口’，提梁卣形制相同，大小有别，为同铭同形，尊卣质地、纹饰不同。三是1尊（M1：127）2卣（M1：219、M1：129）同铭同形的组合，皆为‘长子口作旅宗𩰫’，铜质、呈色、纹饰完全相同”[①]，墓室面积在45.36（底）~59.67（口）平方米，西周早期。

第二节　出土墓葬分析

我们上文分析了75座墓葬出土的卣和其他器类的组合关系，那么拥有不同组合器类的器主身份地位有无差别呢？试做分析如下。

① 河南省文物考古研究所：《鹿邑太清宫长子口墓》，中州古籍出版社，2000年，205页。

一、殷墟早期

1座，为卣和食器及其他酒器组合。江西新干大洋洲商墓，一棺一椁，椁室面积29.6平方米。墓主人可能是与商王朝政权并存的地区政权的最高统治者或其家族[①]。

二、殷墟二期

共4座。1尊2卣组合1座。罗山天湖M28，墓室面积16.64平方米，有棺椁，有腰坑，有二层台，有殉人3具。卣和食器+其他酒器组合3座，墓室面积在4～10平方米，有棺椁，有腰坑，有二层台，个别有殉人。例如，1980年罗山天湖M8，墓室面积4.1平方米，有殉人2具，有棺；GM2575，墓室面积3.96平方米；殷墟范家庄M4，墓室面积7.04平方米。由此可见，殷墟二期随葬1尊2卣组合较为罕见，多是卣和食器及其他酒器共出；前者的墓室面积较大，而后者较小。但都有腰坑，有二层台。

三、殷墟三期

共5座，其中2尊1卣组合1座。郭家庄M160，墓室面积13平方米，有棺有椁，有腰坑，有二层台，殉人4具，M160的主人是址族之首领、较高级别的武将、一位地位显赫的贵族[②]。

1尊1卣组合1座，殷墟西区M269，墓室面积6.4平方米，有棺有椁，有腰坑，有二层台，墓主生前的社会地位应属于中等贵族，不仅是殷王朝统治下的某氏族集团中的一个显贵，而且很可能还是一个军事贵族[③]。

卣和食器及其他酒器组合3座。苗圃M172，墓室面积4.3平方米，有棺椁；GM875，墓室面积5.44平方米，有棺，殉人2具。罗山蟒张M1，墓室面积24.7平方米，有棺椁，有腰坑，有二层台。

---

① 江西省博物馆、江西省文物考古研究所、新干县博物馆：《新干商代大墓》，文物出版社，1997年，203页。新干大墓墓葬年代相当于吴城文化二期，亦与殷墟文化早期相当。因其不能确指，故单列一项，简称殷墟早期。

② 中国社会科学院考古研究所：《安阳殷墟郭家庄商代墓葬》，中国大百科全书出版社，1998年，125～126页。

③ 安阳市文物工作队：《殷墟戚家庄东269号墓》，《考古学报》1991年第3期。

四、殷墟四期

2尊2卣3例，其中2例墓室面积接近10平方米，有棺椁，有腰坑，有二层台，有殉人。刘家庄北M1046，墓室面积8.3平方米，有殉人6具，墓主属于担任武职的高级贵族[①]。大司空M303墓室面积9.56平方米，有殉人4具，墓主是“马危”族的首领或高级贵族[②]；山东寿光墓室面积不详。

1尊2卣1例，灵石旌介M1，墓室面积10.1平方米，有一椁三棺，有腰坑，殉人1具。

1尊1卣12例。有4例墓室面积在4平方米以下，多有棺。郭家庄M53，墓室面积2.88平方米，有二层台；戚东M63，墓室面积3.9平方米；AGM1015墓室面积3.1平方米，有腰坑；SM101墓室面积3.57平方米。6例墓室面积在4～7平方米，多有棺椁，少数一椁二棺，有腰坑，有二层台，个别有殉人，如戚东M235，墓室面积4.49平方米；GM2579墓室面积4.76平方米；86郭家庄M6，墓室面积5～5.5平方米；安阳刘家庄M9，墓室面积6.05平方米，一椁二棺；07榕树湾M1，墓室面积5.44～6.25平方米，有殉人1具；M1713，墓室面积4.68平方米。1例墓室面积在7平方米以上，河南罗山天湖M6，墓室面积（残）13.7平方米。河北正定新城铺墓室面积不详。

卣和食器及其他酒器共出4例。2003-2004孝民屯M17墓室面积3.75平方米，有一棺一椁，有腰坑，有二层台；1980～1990安阳孝民屯M1327墓室面积4.96平方米，有棺、有腰坑，有二层台；郭家庄M50墓室面积5.44平方米，有棺，有腰坑；灵石旌介M2墓室面积7.5平方米，有一椁两棺，有腰坑，有殉人1具。

卣和其他酒器共出3例，墓室面积5平方米，有棺、有腰坑，有二层台。刘家庄M92墓室面积4.26平方米；85刘家庄M1，墓室面积4.98平方米；83郭家庄M1，墓室面积4.9平方米。

五、西周早期

5尊6卣1例，鹿邑太清宫长子口M1，“中”字形大墓，墓室面积45.36～59.67平方米，一椁重棺，有殉人14具。墓主“长子口是殷遗民，生活在商末周初时期，在商为高级贵族，与商王朝关系密切，在周仍有很高的社会地位，为一地的封君。从长子口墓所在的地理位置和商末周初的史实分析，长子口可能原为东夷人的后裔，受商王册封在鹿邑一带，商亡后又被周封于此。或者原为殷人，臣服周后，被派往鹿邑做镇守

① 中国社会科学院考古研究安阳工作队：《安阳殷墟刘家庄北1046号墓》，《考古学集刊》（15），文物出版社，2004年，385页。

② 中国社会科学院考古研究安阳工作队：《殷墟大司空M303发掘报告》，《考古学报》2008年第3期。

一方的高级将领。”①

2尊2卣组合4例。这4座墓葬墓室面积在10平方米左右，都有二层台，多有棺椁，多有腰坑。灵台M1，墓室面积8平方米，墓主为潶伯；长花M15墓室面积9.1平方米；BZM7，墓室面积12.6平方米，一椁二棺，无腰坑；扶风刘家丰姬墓，墓室面积不详。

1尊2卣9例。墓室面积多在4～7平方米，多有一棺一椁，有二层台，多有腰坑。泾阳高家堡早周墓，墓室面积6.4平方米；郑州洼刘M1，墓室面积7.7平方米；宝鸡竹园沟M8墓室面积5.7平方米，无腰坑；滕州前掌大M11墓室面积6.15～6.52平方米，有殉人1具；甘肃灵台M2墓室面积6.7平方米，墓主为㣿伯；宝鸡竹园沟M13墓室面积15.3平方米，一椁二棺，无腰坑；1980年湖北随县羊子山，墓室面积6.6平方米；滕州庄里西M7、元氏西张村墓室面积不详。

1尊1卣组合14例，墓室面积多在4～10平方米，多有棺椁，有二层台，多有腰坑。洛阳北窑西周墓，墓室面积3.9平方米，有椁；长安张家坡M87，墓室面积6.6平方米，殉人1具；滕州前掌大M21，墓室面积5.71～6.01平方米；扶风云塘M20，墓室面积10.2平方米；周原李庄M9，墓室面积7.57～8.26平方米，无腰坑；滕州前掌大M119，墓室面积7.7平方米，有一棺；长安花园村M17，墓室面积10平方米；湖北叶家山M65，墓室面积14.88平方米，有一椁两棺，无腰坑，墓主是曾侯谏，地位相当于诸侯国君②；北京琉璃河M251，墓室面积16.65平方米，无腰坑；BZM4，墓室面积13.4平方米，一椁二棺，无腰坑；河南襄县霍庄西周墓，墓室面积4.2平方米；浚县辛村M60，墓室面积4.5平方米；宝鸡石鼓山M1和山东新泰墓室面积不详。

卣和食器及其他酒器，共5例，墓室面积在10平方米左右，有棺椁，有腰坑，有二层台。宝鸡峪泉，墓室面积9平方米；扶风召李M1，墓室面积3.92平方米；73岐山贺家村墓室面积11.8平方米；宝鸡石鼓山M3，墓室面积11.8平方米，两椁一棺，无腰坑；山东黄县庄头，墓室面积不详。

六、西周中期

5尊1卣1例。宝鸡茹家庄M1，“甲”字形竖穴土坑墓，墓室面积44.1平方米，有棺有椁，有腰坑，有殉人7具，有二层台。

1尊1卣3例。平顶山滍阳岭M84，墓室面积10.5平方米，一棺一椁，有二层台；78年扶风齐家M19，墓室面积10.92平方米，一棺一椁，有腰坑，有二层台；山东黄县归城M1，墓室面积4.2平方米。

卣和食器及其他酒器1例。临潼南罗，墓室面积不详。

---

① 河南省文物考古研究所：《鹿邑太清宫长子口墓》，中州古籍出版社，2000年，210页。

② 湖北省文物考古研究所、随州市博物馆：《湖北随州叶家山M65发掘简报》，《江汉考古》2011年第3期。

七、西周晚期

1尊1卣1例。安徽屯溪M3，墓室面积不详。

八、春秋时期

共3例。2尊2卣1例，安徽屯溪M1，墓室面积34～37.84平方米。1尊1卣2例，一是梁带村M27带南北两条墓道的大墓，墓室面积37.35平方米，一椁两棺。一是天马—曲村M93，“中”字形竖穴土坑墓，墓室面积32.1平方米，一椁两棺。

结　　语

那么这些墓葬，墓主地位等级差异如何？这75座墓葬，墓葬结构保存完好的有64座。根据墓葬形状可分为两种：一是带墓葬的竖穴土坑墓，有4座，占6.3%。鹿邑长子口M1，墓主在商为高级贵族，为一地的封君。臣服周后，被派往鹿邑做镇守一方的高级将领①。宝鸡茹家庄M1，墓主为强伯；天马—曲村M93可能是晋文侯之墓②。梁带村M27“墓葬形制巨大，随葬青铜礼器七鼎六簋，还有48件金器以及兵器，成套乐器，毋庸置疑，墓主必为一代国君”③。由此可见这三者均为诸侯国（方国）首领，西周早期具有三套尊卣组合，西周中期以后降为1尊1卣组合。

二是竖穴土坑墓。根据墓室面积可分为两类：一类墓室面积10平方米以上，有18座，占28.1%。可分为两个层次：①墓室面积在20平方米以上，有2座，墓主应为方国首领，如江西新干大洋洲商墓，墓主人可能是与商王朝政权并存的地区政权的最高统治者或其家族④。②墓室面积在10～20平方米，有16座。墓主多为高级贵族或方国首领，如郭家庄M160的主人是址族之首领、较高级别的武将、一位地位显赫的贵族⑤；

① 河南省文物考古研究所、周口市文化局：《鹿邑太清宫长子口墓》，中州古籍出版社，2000年。

② 北京大学考古系、山西省考古研究所：《天马—曲村遗址北赵晋侯墓地第五次发掘》，《文物》1995年第7期。

③ 陕西省考古研究院、渭南市文物保护考古研究所、韩城市文物旅游局：《陕西韩城梁带村遗址M27发掘简报》，《考古与文物》2007年第6期。

④ 江西省博物馆、江西省文物考古研究所、新干县博物馆：《新干商代大墓》，文物出版社，1997年，203页。

⑤ 中国社会科学院考古研究所：《安阳殷墟郭家庄商代墓葬》，中国大百科全书出版社，1998年，125、126页。

湖北叶家山M65，墓主是曾侯谏，地位相当于诸侯国君[①]；二类墓室面积在3～10平方米，42座，占65.6%。这里可分为三个层次，墓室面积接近10平方米，有棺椁，或有殉人，如刘家庄北M1046、大司空村M303；墓室面积在4～10平方米，多有棺椁，如M269；墓室面积3～4平方米，多有棺；第一个层次墓主当为高级贵族，如殷墟西区刘家庄北M1046，墓主属于担任武职的高级贵族[②]。大司空M303，墓主是“马危”族的首领或高级贵族[③]，灵台白草坡M1的墓主为㶏伯；第二个层次墓主多为中等贵族，如殷墟西区M269，墓主生前的社会地位应属于中等贵族，不仅是殷王朝统治下的某氏族集团中的一个显贵，而且很可能还是一个军事贵族[④]；第三个层次墓主多为中小贵族。

第三节　小　　结

综合以上分析，我们得出以下结论：①青铜卣的组合形式和墓葬等级有密切关联。同一时期，青铜卣的5种组合形式——卣和其他酒器共出、卣和食器及其他酒器共出、1尊1卣组合、1尊2卣组合、2尊2卣组合——所代表的墓葬等级依次递增。目前还见到1尊1卣和1尊2卣组合形式叠压形成3套尊卣组合，无疑它的墓葬等级最高。②随着时间推移，低等级的组合形式会被淘汰。我们目前所见到的最早的组合形式是卣和其他食器及其他酒器共出，但是最早被淘汰的是卣和其他酒器共出，大约在西周早期。西周中期以后，卣和其他食器及酒器共出也被淘汰，1尊1卣组合形式被保留下来。③青铜卣的新的组合形式往往出现在高级贵族墓中，之后在低一级贵族墓中流行，如卣和其他食器及酒器共出出现在殷墟一期，流行在殷墟二期、三期、四期、西周早期。④殷墟二期到西周早期成康以前，青铜卣的五种组合形式与墓室面积、棺椁层数、有无殉人呈正相关。但成康以后，则不尽然。随着禁止酗酒政策推行，卣和食器及其他酒器共出逐渐退出历史舞台，2尊2卣、1尊2卣组合形式锐减，只有1尊1卣组合形式被保留下来，且多出现在墓室面积10平方米以上的墓葬中。西周中期以后，带墓道的大墓中出现的也是1尊1卣组合。

---

① 湖北省文物考古研究所、随州市博物馆：《湖北随州叶家山M65发掘简报》，《江汉考古》2011年第3期。

② 中国社会科学院考古研究安阳工作队：《安阳殷墟刘家庄北1046号墓》，《考古学集刊》（15），文物出版社，2004年，385页。

③ 中国社会科学院考古研究安阳工作队：《殷墟大司空M303发掘报告》，《考古学报》2008年第3期。

④ 安阳市文物工作队：《殷墟戚家庄东269号墓》，《考古学报》1991年第3期。

第九章　青铜卣相关问题的探讨

前几章里，我们已经对青铜卣的起源、功用、型式划分、阶段演变、区域特征、组合关系等做了比较深入的研究。在最后一章，我们再就青铜卣和其他相关酒器的关联、青铜卣铭文所见方国地理以及青铜卣的装饰特征做一简单的论述。

第一节　青铜卣和其他相关酒器的联系

这个问题在《考古图》中显示出来，卷四中收录8件青铜卣，其中只有2件是卣，持戈父癸卣、父乙卣、木父己卣、父己足迹卣乃觶，龙文三耳卣是罍，其余1件是鈚。

一、卣　和　觶

觶是饮酒器。《仪礼·乡饮酒礼》言："主人实觶酬宾。"郑玄注："酬，劝酒也。酬之言周，忠信为周。"《说文》："觶，乡饮酒角也。"《礼记·礼器》："尊者举觶，卑者举角。"《考古图》中把部分觶误称为卣。容庚先生曾指出"持戈父癸卣、父乙卣、木父己卣、父己足迹卣乃觶"[①]。这4件觶敞口、束颈、鼓腹、圈足。其中后两件有盖，盖上有环状捉手。就形制特征而言，与卣不同。但它纹饰的装饰部位确实和青铜卣接近。颈部和圈足饰一周纹饰，有盖的觶在盖面中间也有一周装饰。纹饰也是青铜卣上常见的联珠纹、雷纹、斜角云纹等。从审美角度而言，觶清秀而卣浑圆。所以觶和卣还是比较易于区分，且关联不大。

上海博物馆藏鄂侯弟厝季卣（全集6.108）（图9-1），陈佩芬先生称之为卣，《全集》中亦称为卣，张昌平先生改其为觶[②]。该器盖顶圈状捉手，颈侧有环耳，器侧有鋬，盖为子口，颈为母口。通高21.8厘米，器盖对铭2行8字，为"鄂侯弟厝季作旅彝"。该器与宝鸡強国墓地M4出土的強季卣（图9-2）相似，均为盖顶圈状捉手，盖

① 容庚：《考古图述评》，《考古图·续考古图·考古图释文》，中华书局，1987年。

② 张昌平：《论随州羊子山新出噩国青铜器》，《文物》2011年第11期。

图9-1　鄂侯弟曆季卣
（引自《全集》）

图9-2　強季卣
（引自《全集》）

为子口，插入颈内，颈部内收，垂腹外鼓。所不同者，鄂侯弟曆季卣提梁丢失[①]而強季卣有扁平状提梁与颈侧环耳套接，鄂侯弟曆季卣为圈足而強季卣腹部下接四个变形虎足。诚然，这两件器物盖与口的承接方式与大多数青铜卣不同，但这并不是否定它为卣的重要依据。我们在前文提到，如果依据器形特征无法准确判定一件器物的归属，可从组合来判断。青铜卣与尊形成固定组合，有三种形式，纹饰相同、铭文相同、铭文和纹饰均相同，以第三种最为典型。与強季卣同墓所出的強季尊，其纹饰、铭文均与強季卣相同，因此我们认为強季卣称卣是合适的。同理，湖北随州安居出土了鄂侯弟曆季尊，其铭文、纹饰与上海博物馆藏鄂侯弟曆季卣相同，应为同组酒器[②]。因而，鄂侯弟曆季卣称卣是没有问题的。当然，不可否认，強季卣和鄂侯弟曆季卣具有地方特色。前者属強国，后者属噩国。也正是因为如此，我们才不能简单地把依据商周王畿地区所出青铜卣得出的特征推广为所有青铜卣应该具备的特征。

二、卣　和　罍

《考古图》中曾把罍误称为卣，如龙文三耳卣即为罍[③]。这件罍侈口、束颈、折肩、肩侧饰龙首形鋬、鼓腹下部斜收、小平底。器肩部饰圆涡纹、腹部饰兽面纹，腹下部饰蕉叶纹，均有地纹。这件器物确实和卣不同，应该称为罍。罍是盛酒器。文献中有记载，《诗经·周南·卷耳》：“我姑酌彼金罍。”现在仍有部分卣罍误称，如宝鸡竹园沟7号墓出土卣。器体似方罍但是有提梁。屋形捉手，束颈，腹斜收，高圈

① 陈佩芬：《夏商周青铜器研究》，上海古籍出版社，2004年。
② 《全集》6.108，说明34页。
③ 容庚：《考古图述评》，《考古图·续考古图·考古图释文》，中华书局，1987年。

足。提梁两端有圆环。此类器物本文划分为乙类D型，称之为罍形卣，主要流行于商代晚期到西周早期。

三、卣　和　铫

现在很少有人把青铜卣和铫混淆，但是《考古图》卷四收录的“乐司徒从卣”这件铫确实给青铜卣的定名工作带来不少麻烦。比如有学者根据这件器物的铭文认为铫就是卣，而通常所说的青铜卣则应称为觥[①]。参考我们对青铜卣形制特征的总结，结合甲骨文、金文中卣字写法，这件器物不应称卣。鉴于对从自名器得出的青铜铫形制特征的认识：敛口或直口，颈较长，直口沿或微侈，颈下有双环耳，腹部横截面做椭圆形或长方形，最大径在腹中部，平底无圈足，我们认为这件器物应该称为“乐司徒从铫”。

四、卣和提梁铜壶

图9-3　挚壶

卣和提梁铜壶的混淆，由来已久。《考古图》卷四收录一件挚壶（《考古图》4.68）（图9-3），容庚先生认为“挚壶乃卣也”[②]，我们认为其为提梁铜壶。同书卷十二收录一件周饕餮纹方壶实为方腹卣。《西清古鉴》卷十八收录周亚戟瓶，我们认为是亚戟卣。

李济先生认为殷墟M238、M331出土的两件器物为卣形器（277式），有提梁为卣，无提梁为觯[③]。这大概是以提梁区分壶和卣的肇始吧。但这两件器物，我们认为不是卣，而是提梁铜壶。《中国青铜器全集》把小子省壶（4.151）、沫伯逘壶（6.31）、父乙壶（6.189）归为壶类是正确的，但同时又把父癸卣（6.161）归入壶中，则是不恰当的。

卣和提梁铜壶的不同之处，我们在前文已有详细阐述。现归结如下：①从审美角度看，卣浑圆饱满，而壶清秀修长。②同一时间段内青铜卣和提梁铜壶比较，卣矮而

① 孙华：《商周铜卣新论——兼论提梁铜壶及铜匜的有关问题》，《洛阳博物馆建馆四十周年纪念文集（1858—1998）》，科学出版社，1999年。

② 容庚：《考古图述评》，《考古图·续考古图·考古图释文》，中华书局，1987年。

③ 李济：《记小屯出土之青铜器·容器的形制》，《中国考古学报》1948年第3期。

壶高。③大多数青铜卣盖为母口罩于器外，大多数提梁铜壶盖为子口插入颈内。④青铜卣提梁放置方式有横置也有纵置，但提梁铜壶不见纵置提梁。⑤不管横置还是纵置，青铜卣多见器侧有扉棱，且通体装饰花纹，华丽诡异。而提梁铜壶不见器侧有扉棱通体装饰花纹者。⑥就花纹主题而言，青铜卣常见云雷纹、联珠纹、夔纹、兽面纹、鸟纹、直棱纹等，不见十字形宽带纹；提梁铜壶多见夔纹、云雷纹，少见兽面纹，不见鸟纹，西周早期以后多见十字形宽带纹。⑦装饰部位，青铜卣或在盖面、颈部、圈足装饰，或通体装饰，提梁铜壶多见盖面、颈部及圈足装饰，后者几乎不见通体装饰。⑧青铜卣与尊组合，或纹饰相同，或铭文相同，或纹饰、铭文均相同。但提梁铜壶与尊无此组合。⑨卣无自名而壶有自名。⑩卣为酒器，提梁铜壶兼具酒器和水器两种功能。到了西周早期（成康）以后，提梁圆壶作为水器和盘组合，如宝鸡竹园沟M13出土的壶出土时置于盘内。

数百年来，青铜卣和提梁铜壶常被混淆是有客观原因的。我们认为，提梁铜壶和青铜卣几乎是相伴相随，但二者的发展过程似乎呈交替状态。二里冈期到殷墟一期，提梁铜壶有Da型器，青铜卣有乙Aa型；但是殷墟二期以来，甲类卣（Aa、Ba、Ca型）出现，提梁铜壶的发展空间迅速受到挤压，仅出现了Aa、C型。殷墟三期，青铜卣出现扁圆腹（Cb型）、提梁纵置（Ea型）且器身有扉棱（Eb型）的器物，四期出现椭方腹（Db型）。此时提梁铜壶仅有绳索状提梁细长颈型（Ab型）和矮颈型（B型）。进入西周，青铜卣在成康以后逐渐淡出历史舞台，仅剩下Ca型Ⅵ式、Da型Ⅲ式、Db型Ⅳ式型器，而此时提梁铜壶则出现了自名。成康以后，提梁铜壶腹部出现了十字形宽带纹，昭示其功能正在发生改变，大该在此时逐渐由酒器演变为兼有水器功能。昭穆以来，青铜卣几乎不见于中原地区，而提梁铜壶则由环耳逐渐变为贯耳，提梁消失，变为贯耳壶。之后橄榄形壶兴起，有可能替代了提梁铜壶。

第二节　青铜卣铭文探讨

一、青铜卣铭文发展规律

青铜卣铭文多铸在器内底部或盖内，因此处可提供平整的面积易于铸铭。大多青铜卣器盖和器内底均铸铭文，而且相同。

从最早的青铜卣（河南郑州向阳回民食品厂出土）算起，二里冈上层到殷墟一期的青铜卣没有铭文。殷墟二期以后，有族徽性质的铭文，如罗山天湖青铜卣（M1：24）器底有族徽“天”。到了殷墟四期以后，铭文字数逐渐增多，如二祀邲其卣铭文39字，它是迄今所知商代青铜卣中铭文字数最多的一篇，年代为殷王帝辛继位的第二年。

进入西周以来，青铜卣铭文字数逐渐增多。成王时期的保卣，铭文有45字。通过对铭文称谓、纪年、用语的分析，得出它是殷周文化合璧的物证[①]。昭王时的启卣，铭文37字，记载了昭王南征的事实[②]。与《左传 · 僖公四年》“昭王南征而不复”记载相吻合。昭王以后，青铜卣上铭文字数渐少，河南平顶山应国墓地M84出土的卣仅有铭文12字。

从二里冈上层到西周中期，青铜卣的铭文字数由少到多，最后又变少。铭文内容由最初的族徽变为对重大事情的记载，最后又趋于常规的祭祀记载。它的发展规律一方面是与金文的发展规律一致，同时也和青铜卣的发展过程吻合。

二、青铜卣铭文所见族属及国别

商王朝周边存在很多方国，如人方、鬼方等；西周时期实行分封制，有许多封国。《左传 · 僖公二十四年》：“昔周公弔二叔之不咸，故封建亲戚以蕃屏周。管、蔡、郕、霍、鲁、卫、毛、聃、郜、雍、曹、滕、毕、原、酆、郇，文之昭也。邘、晋、应、韩，武之穆也。凡、蒋、邢、茅、胙、祭，周公之胤也。”因而商周的青铜卣除了王室器物以外，大多可以划归为各个方国或封国。具体而言，商代的青铜卣可以根据铭文判断出它的族属，而西周的青铜卣则可以判断它的国别。

商代的青铜卣如若有族徽，则可据此判断它的族属。例如，有“丙”字族徽的青铜卣被认为是“丙”国铜器[③]。目前看到的属于丙国铜器的青铜卣除了山西灵石旌介商墓出土的2件外，还有山东黄县小刘庄出土的丙父辛卣盖[④]。《考古图》卷四收录的商兄癸卣也是丙国铜器。“戈”字族徽的青铜卣被认为“戈”国铜器[⑤]。属于戈国的青铜卣除了泾阳高家堡出土的2件外，还有湖南宁乡出土的2件青铜卣。《考古图》卷四收录的持戈父己卣也是戈国铜器。山东寿光发现的青铜卣被认为是“己”国铜器[⑥]。另外在青铜器铭文中还可以看到“天”[⑦]字族徽、“受”字族徽[⑧]等。

西周中期以后族徽逐步消失[⑨]。但由于西周实行了分封制，根据文献的记载辅之

① 张懋镕：《保卣——殷周文化合璧的物证》，《古文字与青铜器论集》（一），科学出版社，2002年。

② 齐文涛：《概述近年来山东出土的商周青铜器》，《文物》1972年第5期。

③ 殷玮璋、曹淑琴：《灵石商墓与丙国铜器》，《考古》1990年第7期。

④ 齐文涛：《概述近年来山东出土的商周青铜器》，《文物》1972年第5期。

⑤ 张懋镕：《高家堡出土青铜器研究》，《古文字与青铜器论集》（一），科学出版社，2002年。

⑥ 寿光县博物馆：《山东寿光县新发现一批纪国铜器》，《文物》1985年第3期。

⑦ 信阳地区文管会、罗山县文化馆：《河南罗山县蟒张商代墓葬第一次发掘简报》，《考古》1981年第2期。

⑧ 罗平：《河北磁县下七桓出土殷代青铜器》，《文物》1974年第11期。

⑨ 参阅张懋镕：《周人不用族徽说》，《古文字与青铜器论集》（一），科学出版社，2002年。

青铜卣铭文可以判断出它的国别[①]。例如，河南浚县辛村出土的青铜卣被认为是卫国铜器，北京琉璃河、1982年顺义牛栏山、辽宁喀左山湾子和热河凌源出土的青铜卣被认为是燕国铜器，山东兖州发现的索氏青铜卣被认为是鲁国铜器，河南平顶山北滍村出土的青铜卣被认为是应国铜器[②]，天马—曲村出土的青铜卣是晋国铜器，安徽屯溪、江苏丹徒出土的青铜卣被认为是宜国铜器[③]。

① 参阅张剑：《西周诸侯国的青铜礼器》，《西周文明论集》，朝华出版社，2004年。
② 周永珍：《两周时期的应国、邓国铜器》，《考古》1982年第1期。
③ 李学勤：《西周时期的诸侯国青铜器》，《新出青铜器研究》，文物出版社，1990年，32页。

参考文献

一、典　　籍

1、（清）王聘珍：《大戴礼记解诂》，中华书局，1983年。
2、（清）孙星衍：《尚书今古文注疏》，中华书局，1986年。
3、（清）洪亮吉：《春秋左传诂》，中华书局，1987年。
4、（清）孙诒让：《周礼正义》，中华书局，1987年。
5、（清）王先谦：《诗三家义集疏》，中华书局，1987年。
6、（清）皮锡瑞：《今文尚书考证》，中华书局，1989年。
7、（清）孙希旦：《礼记集解》，中华书局，1989年。
8、（清）马瑞辰：《毛诗传笺通释》，中华书局，1989年。
9、杨伯峻：《春秋左传注》，中华书局，1995年。
10、（清）朱彬：《礼记训纂》，中华书局，1996年。
11、（唐）贾公彦：《周礼注疏》，北京大学出版社，1999年。
12、（唐）孔颖达：《毛诗正义》，北京大学出版社，1999年。
13、（唐）孔颖达：《春秋左传正义》，北京大学出版社，1999年。
14、王文锦：《礼记译解》，中华书局，2001年。
15、杨天宇：《周礼译注》，上海古籍出版社，2004年。
16、（唐）孔颖达：《尚书正义》，上海古籍出版社，2007年。
17、黄以周：《礼书通故》，中华书局，2007年。

二、图录款识

1、（宋）吕大临：《考古图》，中华书局，1987年。
2、（宋）王黼等：《博古图》，亦政堂刻本，清乾隆十八年。
3、（宋）薛尚功：《历代钟鼎彝器款识法帖》，中华书局，1986年。
4、（宋）王俅：《啸堂集古录》，中华书局，1985年。
5、（宋）王厚之：《钟鼎款识》，阮元积古斋藏宋拓本摹刻本，清嘉庆七年。
6、（明）胡文焕辑：《古器具名》，万历自刻本。

7、（清）乾隆敕编：《西清古鉴》，内府刻本，乾隆二十年。
8、（清）王杰等：《西清续鉴甲编》，涵芬楼石印本，宣统三年。
9、（清）王杰等：《西清续鉴乙编》，宝蕴楼抄本石印本，1931年。
10、（清）乾隆敕编：《宁寿鉴古》，涵芬楼石印本，1913年。
11、（清）阮元：《积古斋钟鼎彝器款识》，自刻本，嘉庆九年。
12、（清）潘祖荫：《攀古楼彝器款识》，滂喜斋木刻本，同治十一年。
13、（清）吴云：《两罍轩彝器图释》，自刻本，同治十一年。
14、（清）孙诒让：《古籀拾遗》，自刻本，光绪十六年。
15、（清）吴式芬：《捃古录金文》，吴氏家刻本，光绪二十一年。
16、（清）刘喜海：《长安获古编》，刘鹗补刻标题本，光绪三十一年。
17、（清）端方：《陶斋吉金录》，石印本，光绪三十四年。
18、刘体智：《善斋吉金录》，原印本，1934年。
19、容庚：《海外吉金图录》，考古学社专集第三种影印本，1935年。
20、容庚：《善斋彝器图录》，燕京大学哈佛燕京学社，1936年。
21、〔日〕梅原末治：《白鹤吉金选集》，白鹤美术馆，1951年。
22、中国科学院考古研究所：《美帝国主义劫掠的我国殷周铜器集录》，科学出版社，1962年。
23、陕西省考古研究所等：《陕西出土商周青铜器》，文物出版社，1979～1984年。
24、河南出土商周青铜器编辑组：《河南出土商周青铜器》，文物出版社，1981年。
25、中国社会科学院考古研究所：《殷周金文集成》（共十八册），中华书局，1984～1994年。
26、北京图书馆金石组：《北京图书馆藏青铜器铭文拓本选编》，文物出版社，1985年。
27、中国社会科学院考古研究所：《殷墟青铜器》，文物出版社，1985年。
28、于省吾：《商周金文录遗》，中华书局，1993年。
29、唐复年：《西周青铜器铭文分代史征器影集》，中华书局，1993年。
30、安阳市文物工作队、安阳市博物馆：《安阳殷墟青铜器》，中州古籍出版社，1993年。
31、中国青铜器全集编辑委员会：《中国青铜器全集》共16卷，文物出版社，1996～2005年。
32、中国社会科学院考古研究所：《殷周金文集成释文》，香港中文大学中国文化研究所，2001年。
33、刘雨、卢岩：《近出殷周金文集录》，中华书局，2002年。
34、陈佩芬：《夏商周青铜器研究》，上海古籍出版社，2004年。
35、曹玮：《周原出土青铜器》，巴蜀书社，2005年。
36、曹玮：《汉中出土商代青铜器》，巴蜀书社，2006年。

37、钟柏生、陈昭容、黄铭崇、袁国华：《新收殷周青铜器铭文暨器影汇编》，艺文印书馆，2006年。
38、湖北省文物考古研究所：《曾国青铜器》，文物出版社，2007年。
39、刘雨、汪涛：《流散欧美殷周有铭青铜器集录》，上海辞书出版社，2007年。
40、中国社会科学院考古研究所：《殷周金文集成（修订增补）》，中华书局，2007年。
41、中国社会科学院考古研究所、安阳市文物考古研究所：《殷墟新出土青铜器》，云南人民出版，2008年。
42、曹玮：《陕北出土青铜器》，巴蜀书社，2009年。
43、吴镇烽：《商周青铜器铭文暨图像集成》上海古籍出版社，2012年。

三、工　具　书

1、中国科学院考古研究所：《甲骨文编》，中华书局，1965年。
2、中国社会科学院考古研究所：《新出金文分域简目》，中华书局，1983年。
3、容庚：《金文编》，中华书局，1985年。
4、孙稚雏：《青铜器论文索引》，中华书局，1986年。
5、陈初生：《金文常用字典》，陕西人民出版社，1987年。
6、徐中舒：《甲骨文字典》，四川辞书出版社，1989年。
7、张亚初：《殷周金文集成引得》，中华书局，2001年。
8、《金文今译类检》编写组：《金文今译类检 · 殷商西周卷》，广西教育出版社，2003年。
9、张懋镕、张仲立：《青铜器论文索引》（1982~2001）（全三册），香港明石馆，2005年。
10、吴镇烽：《金文人名汇编》，中华书局，2006年。
11、刘雨、沈丁、卢岩、王文亮：《商周金文总著录表》，中华书局，2008年。
12、张懋镕：《青铜器论文索引》（2002 ~ 2006）（上下两册），线装书局，2008年。

四、考古简报

1、热河省博物馆筹备组：《热河凌源县海岛营子村发现的古代青铜器》，《文物参考资料》1955年第8期。
2、河南省文化局文物工作队：《1958年春河南安阳市大司空村殷代墓葬发掘简报》，《考古通讯》1958年第10期。
3、安徽省文化局文物工作队：《安徽屯溪西周墓发掘报告》，《考古学报》1959年第4期。

4、上海市文物保管委员会：《近年来上海市从废铜中抢救出的重要文物》，《文物》1959年第10期。
5、孔繁银：《山东滕县井亭煤矿等地发现商代铜器及古遗址、墓葬》，《文物》1959年第12期。
6、高至喜：《湖南宁乡黄材发现商代铜器和遗址》，《考古》1963年第12期。
7、李健：《湖北江陵万城出土西周铜器》，《考古》1963年第4期。
8、洛阳博物馆：《洛阳北窑西周墓清理记》，《考古》1972年第2期。
9、吴振录：《保德县新发现的殷代青铜器》，《文物》1972年第4期。
10、齐文涛：《概述近年来山东出土的商周青铜器》，《文物》1972年第5期。
11、葛今：《泾阳高家堡早周墓葬发掘记》，《文物》1972年第7期。
12、甘肃省博物馆：《灵台白草坡西周墓》，《文物》1972年第12期。
13、罗平：《河北磁县下七垣出土殷代青铜器》，《文物》1974年第11期。
14、陕西省博物馆、陕西省文物管理委员会：《陕西岐山贺家村西周墓葬》，《考古》1976年第1期。
15、湖北省博物馆、北京大学考古专业：《盘龙城一九七四年田野考古纪要》，《文物》1976年第2期。
16、北京市文物管理处：《北京市平谷县发现商代墓葬》，《文物》1977年第11期。
17、喀左县文化馆、朝阳地区博物馆、辽宁省博物馆：《辽宁省喀左县山湾子出土殷周青铜器》，《文物》1977年第12期。
18、新乡市博物馆：《介绍七件商代晚期青铜器》，《文物》1978年第5期。
19、扶风县文化馆：《扶风美阳发现商周铜器》，《文物》1978年第10期。
20、镇江市博物馆、溧水县文化馆：《江苏溧水乌山西周二号墓清理简报》，《文物资料丛刊》（2），文物出版社，1978年。
21、河北省文物管理处：《河北元氏县西张村的西周遗址和墓葬》，《考古》1979年第1期。
22、新乡市博物馆：《河南辉县出土的商代祖辛卣》，《文物》1979年第7期。
23、陕西周原考古队：《陕西扶风齐家十九号西周墓》，《文物》1979年第11期。
24、宝鸡市博物馆：《宝鸡市茹家庄发现西周早期铜器》，《考古与文物》1980年第1期。
25、陕西周原考古队：《扶风云塘西周墓》，《文物》1980年第4期。
26、戴尊德：《山西灵石旌介村商代墓和青铜器》，《文物资料丛刊》（3），文物出版社，1980年。
27、信阳地区文管会、罗山县文化馆：《河南罗山县蟒张商代墓地第一次发掘简报》，《考古》1981年第2期。

28、正定县文物保管所：《河北灵寿县西木佛村出土一批商代文物》，《文物资料丛刊》（5），文物出版社，1981年。
29、余为民：《湖北大冶出土商周铜器》，《文物资料丛刊》（5），文物出版社，1981年。
30、镇江博物馆、刘兴：《镇江地区近年出土的青铜器》，《文物资料丛刊》（5），文物出版社，1981年。
31、陈寿：《记布伦戴奇收藏的中国青铜器》，《考古与文物》1982年第2期。
32、程长新、曲得龙、姜东方：《北京拣选一组二十八件商代带铭铜器》，《文物》1982年第9期。
33、随州市博物馆：《湖北随州安居出土青铜器》，《文物》1982年第12期。
34、熊学兵：《京山县发现一批西周青铜器》，《江汉考古》1983年第1期。
35、河南省文物考古研究所、郑州市博物馆：《郑州新发现商代窖藏青铜器》，《文物》1983年第3期。
36、熊传新：《湖南宁乡新发现一批商周青铜器》，《文物》1983年第10期。
37、程长新：《北京市顺义县牛栏山出土一组周初带铭青铜器》，《文物》1983年第11期。
38、肖梦龙：《江苏丹徒大港母子墩西周墓发掘简报》，《文物》1984年第5期。
39、颍上县文化局文物工作组：《安徽颍上县出土一批商周青铜器》，《考古》1984年第12期。
40、正定县文物保管所：《河北正定县新城铺出土商代青铜器》，《文物》1984年第12期。
41、寿光县博物馆：《山东寿光新发现一批纪国铜器》，《文物》1985年第3期。
42、河南省信阳地区文管会、河南省罗山县文化馆：《罗山天湖商周墓地》，《考古学报》1986年第2期。
43、菏泽市文化馆、菏泽地区文展馆、山东省博物馆：《殷代长铭铜器宰甫卣的再发现》，《文物》1986年第4期。
44、梁德光：《江西遂川出土一件商代铜卣》，《文物》1986年第5期。
45、王锡平、唐禄庭：《山东黄县庄头西周墓清理简报》，《文物》1986年第8期。
46、曹淑琴：《记我们看到的一批传世商周铜器》，《考古》1986年第9期。
47、山西省考古研究所、灵石县文化局：《山西灵石旌介村商墓》，《文物》1986年第11期
48、平顶山市文管会：《平顶山市新出土西周青铜器》，《中原文物》1988年第1期
49、王寿芝：《陕西城固出土的商代青铜器》，《文博》1988年第6期。
50、罗小安：《广丰发现西周青铜提梁卣》，《江西文物》1989年第1期。

51、常兴熙、宁荫堂：《山东章丘出土青铜器述要兼谈相关问题》，《文物》1989年第6期。
52、殷涤非：《安徽屯溪周墓第二次发掘》，《考古》1990年第3期。
53、安阳市文物工作队：《殷墟戚家庄东269号墓》，《考古学报》1991年第3期。
54、中国社会科学院考古研究所安阳工作队：《安阳郭家庄160号墓》，《考古》1991年第5期。
55、安阳市文物工作队：《河南安阳郭庄村北发现的一座殷墓》，《考古》1991年第10期。
56、江西省文物考古研究所、江西省新干县博物馆：《江西新干大洋洲商墓发掘简报》，《文物》1991年第10期。
57、李步青、林仙庭：《山东黄县归城遗址的调查与发掘》，《考古》1991年第10期。
58、魏国：《山东新泰出土商周青铜器》，《文物》1992年第3期。
59、潍坊市博物馆：《山东潍坊地区商周遗址调查》，《考古》1993年第9期。
60、洛阳市文物工作队：《洛阳林校西周车马坑》，《文物》1999年第3期。
61、李乔生：《湖南宁乡县横市镇出土一件商代提梁卣》，《考古》1999年第11期。
62、郑均生、唐先华：《湖南衡阳发现商代铜卣》，《文物》2000年第10期。
63、郑州市文物考古研究所：《郑州市洼刘村西周墓葬（ZGW99M1）发掘简报》，《文物》2001年第6期。
64、王长启：《西安丰镐遗址发现的车马坑及青铜器》，《文物》2002年第12期。
65、中国社会科学院考古研究安阳工作队：《安阳殷墟刘家庄北1046号墓》，《考古学集刊》（15），文物出版社，2004年。
66、山西省考古研究所、运城市文物工作站、绛县文化站：《山西绛县横水西周墓地》，《考古》2006年第7期。
67、山西省考古研究所等：《山西绛县横水西周墓发掘简报》，《文物》2006年第8期。
68、陕西省考古研究所、韩城市文物旅游局：《陕西韩城梁带村遗址M27发掘简报》，《考古与文物》2007年第6期。
69、中国社会科学院考古研究所安阳工作队：《殷墟大司空M303发掘报告》，《考古学报》2008年第3期。
70、安阳市文物考古研究所：《河南安阳市榕树湾一号商墓》，《考古》2009年第5期。
71、中国社会科学院考古研究所安阳工作队：《河南安阳市殷墟范家庄东北地的两座商墓》，《考古》2009年第9期。
72、湖北省文物考古研究所、随州市博物馆：《湖北随州叶家山M65发掘简报》，

《江汉考古》2011年第3期。
73、湖北省文物考古研究所、随州市博物馆：《湖北随州叶家山西周墓地发掘简报》，《文物》2011年第11期。
74、杜传敏、张东峰、魏慎玉、潘晓庆：《1989年山东滕州庄里西西周墓发掘简报》，《国家博物馆馆刊》2012年第1期。
75、石鼓山考古队：《陕西宝鸡石鼓山西周墓葬发掘简报》，《文物》2013年第2期。

五、考古报告

1、郭宝钧：《一九五零年春殷墟发掘报告》，《中国考古学报》1951年5册合编本。
2、郭宝钧：《浚县辛村》，科学出版社，1964年。
3、中国社会科学院考古研究所：《殷墟妇好墓》，文物出版社，1980年。
4、卢连成、胡智生：《宝鸡强国墓地》，文物出版社，1988年。
5、山东大学历史系考古专业教研室：《泗水尹家城》，文物出版社，1990年。
6、北京市文物研究所：《琉璃河西周燕国墓地（1973～1977年）》，文物出版社，1995年。
7、江西省博物馆、江西省文物考古研究所、新干县博物馆：《新干商代大墓》，文物出版社，1997年。
8、洛阳市文物工作队：《洛阳北窑西周墓》，文物出版社，1999年。
9、中国社会科学院考古研究所：《安阳殷墟郭家庄商代墓葬》，中国大百科全书出版社，1998年。
10、北京大学考古学系商周组：《天马—曲村（1980～1989）》，科学出版社，2000年。
11、河南省文物考古研究所、周口市文化局：《鹿邑太清宫长子口墓》，中州古籍出版社，2000年。
12、河南省文物考古研究所编：《郑州商城：一九五三年——一九八五年考古发掘报告》，文物出版社，2001年。
13、中国社会科学院考古研究所编：《滕州前掌大墓地》，文物出版社，2005年。
14、山西省考古研究所：《灵石旌介商墓》，科学出版社，2006年。
15、河南省文物考古研究所：《平顶山应国墓地》，大象出版社，2012年。

六、学术专著

1、〔日〕林巳奈夫：《殷周时代青铜器之研究》，吉川弘文馆发行。
2、陈梦家：《殷墟卜辞综述》，科学出版社，1956年。

3、郭沫若：《两周金文辞大系图录考释》，科学出版社，1957年。
4、郭宝钧：《商周铜器群综合研究》，文物出版社，1981年。
5、温少峰、袁庭栋：《殷墟卜辞研究——科学技术篇》，四川省社会科学院出版社，1983年。
6、容庚、张维持：《殷周青铜器通论》，文物出版社，1984年。
7、唐兰：《西周青铜器铭文分代史征》，中华书局，1986年。
8、马承源：《中国青铜器》，上海古籍出版社，1988年。
9、刘雨：《乾隆四鉴综理表》，中华书局，1989年。
10、李济：《安阳》，中国社会科学出版社，1990年。
11、朱凤瀚：《商周家族形态研究》，天津古籍出版社，1990年。
12、〔日〕白川静：《西周史略》，三秦出版社，1992年。
13、中国社会科学院考古研究所：《殷墟的发现与研究》，科学出版社，1994年。
14、朱凤瀚：《古代中国青铜器》，南开大学出版社，1995年。
15、王世民、陈公柔、张长寿：《西周青铜器分期断代研究》，文物出版社，1999年。
16、刘昭瑞：《宋代著录商周青铜器铭文笺证》，中山大学出版社，2000年。
17、苏秉琦：《中国文明起源》，三联书店，2001年。
18、陈旭：《夏商考古》，文物出版社，2001年。
19、杨宝成：《殷墟文化研究》，武汉大学出版社，2002年。
20、马承源：《中国青铜器研究》，上海古籍出版社，2002年。
21、栾丰实、方辉、靳桂云：《考古学理论、方法、技术》，文物出版社，2002年。
22、彭裕商：《西周青铜器年代综合研究》，巴蜀书社，2003年。
23、中国社会科学院考古研究所：《中国考古学·夏商卷》，中国社会科学出版社，2003年。
24、陈梦家：《西周铜器断代》，中华书局，2004年。
25、张亚初、刘雨：《西周金文官制研究》，中华书局，2004年。
26、任伟：《西周封国考疑》，社会科学文献出版社，2004年。
27、张天恩：《关中商代文化研究》，文物出版社，2004年。
28、中国社会科学院考古研究所：《中国考古学·两周卷》，中国社会科学出版社，2004年。
29、赵丛苍、郭妍利：《两周考古》，文物出版社，2004年。
30、〔英〕科林·伦福儒、保罗·巴恩著：《考古学理论、方法与实践》，文物出版社，2004年。
31、陈梦家：《尚书通论》，中华书局，2005年。
32、岳洪彬：《殷墟青铜礼器研究》，中国社会科学出版社，2006年。
33、李济：《殷墟青铜器研究》，上海人民出版社，2008年。

34、张渭莲：《商文明的形成》，文物出版社，2008年。
35、冯恩学：《田野考古学》，吉林大学出版社，2008年。
36、朱凤瀚：《中国青铜器综论》，上海古籍出版社，2009年。
37、张昌平：《曾国青铜器研究》，文物出版社，2009年。
38、胡进驻：《殷墟晚商墓葬研究》，北京师范大学出版社，2010年。
39、宋镇豪：《商代社会生活与礼俗》，中国社会科学出版社，2010年。
40、郜向平：《商系墓葬研究》，科学出版社，2011年。
41、林欢：《宋代古器物学笔记材料辑录》，上海人民出版社，2013年。

七、单篇论文

1、容庚：《西清金文真伪存佚表》，《燕京学报》第5期，民国十八年。
2、李济：《记小屯出土之青铜器·容器的形制》，《中国考古学报》1948年第3期。
3、陈梦家：《殷代铜器》，《考古学报》1954年第1期。
4、李济：《殷墟白陶发展之程序》，《历史语言所集刊》第二十八册（下），1957年。
5、于省吾：《商代的榖类作物》，《东北人民大学人文科学学报》1957年第1期。
6、凌纯声：《中国酒之起源》，《历史语言研究所集刊》第二十九册（下），1958年。
7、容庚：《宋代吉金书籍述评》，《学术研究》1963年第6期。
8、邹衡：《试论殷墟文化分期》，《北京大学学报》（人文科学）1964年第4、5期。
9、张长寿：《殷商时代的青铜容器》，《考古学报》1979年第3期。
10、李学勤：《青铜器与周原遗址》，《西北大学学报》（哲学社会科学版）1981年第2期。
11、吴匡：《说卣》，《大陆杂志》68卷，1984年第6期。
12、杜迺松：《谈毓祖丁卣等三件商代长铭铜器》，《文物》1984年第10期。
13、李学勤：《邲其三卣与有关问题》，《全国商史学术讨论会论文集》，殷都学刊编辑部，1985年。
14、郑振香、陈志达：《殷墟青铜器的分期与年代》，《殷墟青铜器》，文物出版社，1985年。
15、杨锡璋、杨宝成：《殷代青铜礼器的分期与组合》，《殷墟青铜器》，文物出版社，1985年
16、杜迺松：《邲其三卣铭文考及相关问题的研究》，《故宫博物院院刊》1985年第4期。
17、陈旭：《郑州杜岭和回民食品厂出土青铜器的分析》，《中原文物》1986年第4期。

18、李伯谦：《从灵石旌介商墓的发现看晋陕高原青铜文化的归属》，《北京大学（哲学社会科学版）》1988年第2期。
19、卢连成、胡智生：《陕西地区西周墓葬和窖藏出土的青铜礼器》，《宝鸡㢭国墓地》，文物出版社，1988年。
20、李丰：《黄河流域西周墓葬出土青铜礼器的分期与年代》，《考古学报》1988年第4期。
21、李学勤：《西周时期的诸侯国青铜器》，《新出青铜器研究》，文物出版社，1990年。
22、殷玮璋、曹淑琴：《灵石商墓与丙国铜器》，《考古》1990年第7期。
23、刘雨：《伯唐父鼎的铭文与时代》，《考古》1990年第8期。
24、刘昭瑞：《爵、尊、卣、鍪的定名和用途杂议》，《文物》1991年第3期。
25、张光裕：《商周V形卯合设计的青铜器》，《文物》1991年第12期。
26、张懋镕：《周人不用日名说》，《历史研究》1993年第5期。
27、杜金鹏：《商周铜爵研究》，《考古学报》1994年第3期。
28、刘一曼：《安阳殷墓青铜礼器组合的几个问题》，《考古学报》1995年第4期。
29、张懋镕：《周人不用族徽说》，《考古》1995年第9期。
30、李学勤：《百越的尊、卣》，《比较考古学随笔》，广西师范大学出版社，1997年。
31、李朝远：《青铜器上所见西周文化在南方影响的递衰》，《中原文物》1997年第2期。
32、张政烺：《邲其卣的真伪问题》，《故宫博物院院刊》1998年第4期。
33、孙稚雏：《邲其三卣应先辨真伪》，《故宫博物院院刊》1998年第4期。
34、连劭名：《邲其三卣铭文新证》，《故宫博物院院刊》1998年第4期。
35、王辉：《卣之定名及其他》，《容庚先生诞辰百年纪念文集》，广东人民出版社，1998年。
36、张亚初：《商周卣壶考述》，《容庚先生诞辰百年纪念文集》，广东人民出版社，1998年。
37、张光裕：《故宫博物院藏邲其三卣笔谈》，《故宫博物院院刊》1998年第4期。
38、朱凤瀚：《有关邲其卣的几个问题》,《故宫博物院院刊》1998年第4期。
39、丁孟、建民：《邲其卣的X射线检测分析》，《故宫博物院院刊》1999年第1期。
40、孙华：《商周铜卣新论——兼论提梁铜壶及铜匜的有关问题》，《洛阳博物馆建馆四十周年纪念文集（1958～1998）》，科学出版社，1999年。
41、李学勤：《郭家庄与斗鸡台——从卣的关联看殷周文化异同》，《学习与探索》1999年第3期。
42、李宏、孙英民：《从周初青铜器看殷商遗民的流迁》，《史学月刊》1999年第6期。

43、高至喜：《湖南新出越族铜器的年代与特点》，《商周青铜器与楚文化研究》，岳麓书社，1999年。
44、张懋镕：《试论商周青铜器族徽文字独特的表现形式》，《文物》2000年第2期。
45、杨肇清：《戈国考》，《河南文物考古论集》（二），中州古籍出版社，2000年。
46、叶正渤：《郯其卣三器铭文及晚殷历法研究》，《故宫博物院院刊》2001年第6期。
47、张懋镕：《〈保卣〉——殷周文化合璧的物证》，《古文字与青铜器论集》（一），科学出版社，2002年。
48、岳洪彬：《殷墟青铜器纹饰的方向性研究》，《考古》2002年第4期。
49、夏麦陵：《殷周青铜器定名中的两个问题》，《中国历史文物》2002年第5期。
50、曾宪通：《清代金文研究概述》，《曾宪通学术文集》，汕头大学出版社，2002年。
51、张懋镕：《两周青铜盨研究》，《考古学报》2003年第1期。
52、高广仁：《海岱区的商代文化遗存》，《商文化论集》，文物出版社，2003年。
53、徐良高：《文化因素定性分析与商代“青铜礼器文化圈”的研究》，《商文化论集》，文物出版社，2003年。
54、陈梦家：《中国青铜器的形制》，《西周铜器断代》，中华书局，2004年。
55、岳洪彬：《殷墟青铜容器分期研究》，《考古学集刊》（15），文物出版社，2004年。
56、曹玮：《试论西周时期的賵賻制度》，《周原遗址与西周铜器研究》，科学出版社，2004年。
57、曹玮：《从周原铜器看西周青铜器中的北方青铜文化因素》，《周原遗址与西周铜器研究》，科学出版社，2004年。
58、高西省：《西周青铜壶研究》，《西周文明论集》，朝华出版社，2004年。
59、林向：《蜀与夏——从考古新发现看蜀与夏的关系》，《巴蜀考古论集》，四川人民出版社，2004年。
60、张天恩：《关中西部商文化研究》，《考古学报》2004年第1期。
61、张懋镕：《西周青铜器断代两系说刍议》，《考古学报》2005年第1期。
62、张懋镕：《试论宝鸡強国青铜器的特点》，《古文字与青铜器论集》（二），科学出版社，2006年。
63、张懋镕：《试论中国古代青铜器器类之间的关系》，《华学》（八），紫禁城出版社，2006年。
64、巫鸿：《“明器”的理论和实践》，《文物》2006年第6期。
65、梁彦民：《周初筒形卣研究》，《考古与文物》2007年第2期。
66、梁彦民：《长颈圆体卣与提梁壶——谈青铜器形制演进、名称与功能的变化》，《中原文物》2007年第5期。
67、杨文山：《青铜器叔𧽊父卣与邢、軧关系——两周邢国历史综合研究之六》，

《文物春秋》2007年第5期。
68、谭德睿：《商晚期分铸技术铸成的提梁卣》，《特种铸造及有色合金》2007年第12期；
69、张懋镕：《芮国铜器初探——附论陕西韩城梁带村墓地的国别》，《中原文物》2008年第2期。
70、张懋镕：《试论西周青铜器演变的非均衡性问题》，《考古学报》2008年第3期。
71、雒有仓：《宋代学者对族氏铭文的整理与研究》，《文献季刊》2008年第4期。
72、张懋镕：《关于青铜器定名的几点思考》，《文博》2008年第5期。
73、岳占伟、岳洪彬、刘煜：《殷墟青铜器的铸型分范技术研究》，《殷墟新出土青铜器》，云南人民出版社，2008年。
74、谭德睿：《徙卣——商代整体铸型的又一实例》，《特种铸造及有色合金》2008年第7期；
75、张懋镕：《再论〈周人不用日名说〉》，《文博》2009年第3期。
76、谭德睿：《古父己卣——活块范、分铸技术娴熟运用的青铜器》，《特种铸造及有色合金》2009年第4期。
77、袁艳玲：《周代青铜礼器的生产与流动》，《考古》2009年第10期。
78、张懋镕：《试论湖南出土商周青铜卣的特点及其意义》，《古文字与青铜器论集》（三），科学出版社，2010年。
79、陕西师范大学中国青铜文化研究中心：《关于扶风红卫村出土"列卣"的思考》，《古文字与青铜器论集》（三），科学出版社，2010年。
80、井中伟：《殷墟王陵区早期盗掘坑的发生年代及背景》，《考古》2010年第2期。
81、陈小三：《韩城梁带村M27出土尊、卣年代辨析》，《文博》2011年第1期。
82、张昌平：《论济南大辛庄遗址M139新出青铜器》，《江汉考古》2011年第1期。
83、李新秦、杨倩：《宝鸡強国墓地出土伯各卣铸造工艺的研究》，《文物世界》2011年第1期。
84、李伯谦：《从殷墟青铜器族徽所代表的族氏的地理分布看商王朝的统辖范围与统辖措施》，《文明探源与三代考古论集》，文物出版社，2011年。
85、路国权：《殷墟孝民屯东南地出土陶范年代的再认识及相关问题》，《考古》2011年第8期。
87、张昌平：《论随州羊子山新出噩国青铜器》，《文物》2011年11期。
88、何努：《郁鬯瑱考》，《考古学研究》（十），科学出版社，2012年。
89、朱凤瀚：《由殷墟出土北方式青铜器看商人与北方族群的关系》，《考古学报》2013年第1期。

八、硕博学位论文

1、张静：《商周青铜甗初论》，西北大学硕士学位论文，2002年。
2、张婷：《商周青铜盘的初步研究》，西北大学硕士学位论文，2004年。
3、张小丽：《出土商周青铜尊研究》，西北大学硕士学位论文，2004年。
4、王文娟：《商周青铜觚研究》，西北大学硕士学位论文，2005年。
5、张翀：《商周时期青铜豆综合研究》，西北大学硕士学位论文，2006年。
6、胡嘉麟：《两周时期青铜簠研究》，陕西师范大学硕士学位论文，2007年。
7、乔美美：《商周青铜鬲研究》，陕西师范大学硕士学位论文，2008年。
8、吴伟：《铜斝研究》，陕西师范大学硕士学位论文，2009年。
9、王宏：《商周青铜罍研究》，陕西师范大学硕士学位论文，2010年。
10、李云朋：《商周青铜盉整理与研究》，陕西师范大学硕士学位论文，2011年。
11、孙妙华：《青铜瓿的整理与研究》，陕西师范大学硕士学位论文，2012年。
12、梁彦民：《商周青铜鼎研究》，陕西师范大学博士学位论文，2012年。
13、任雪莉：《商周青铜簋整理与研究》，陕西师范大学博士学位论文，2014年。

九、论　文　集

1、王国维：《观堂集林（附别集）》，中华书局，1959年。
2、李学勤：《新出青铜器研究》，文物出版社，1990年。
3、李学勤：《比较考古学随笔》，广西师范大学出版社，1997年。
4、李伯谦：《中国青铜文化结构体系研究》，科学出版社，1998年。
5、广东炎黄文化研究会等：《容庚先生百年诞辰纪念文集》，广东人民出版社，1998年。
6、邹衡：《夏商周考古学论文集》（第二版），科学出版社，2001年。
7、曾宪通：《曾宪通学术文集》，汕头大学出版社，2002年。
8、张懋镕：《古文字与青铜器论集》（一），科学出版社，2002年。
9、曾宪通编：《容庚文集》，中山大学出版社，2004年。
10、曹玮：《周原遗址与西周铜器研究》，科学出版社，2004年。
11、张懋镕：《古文字与青铜器论集》（二），科学出版社，2006年。
12、李朝远：《青铜器学步集》，文物出版社，2007年。
13、张长寿：《商周考古论集》，文物出版社，2007年。
14、张懋镕：《古文字与青铜器论集》（三），科学出版社，2010年。
15、李伯谦：《文明探源与三代考古论集》，文物出版社，2011年。
16、张懋镕：《古文字与青铜器论集》（四），科学出版社，2014年。

附　　表

附表一　出土青铜卣统计表

序号	名称	通高–口径–腹深（厘米）	重量（千克）	铭文字数及内容	主体纹饰	型式	分期	共存礼器	墓室面积（平方米）	腰坑	棺椁	二层台	出土时间及地点	资料来源	收藏	备注
1	史卣（GM2575：23）	19	2	1，史	联珠纹、雷纹	甲Aa型Ⅰ式	二	鼎1、卣1、觚1、爵1	3.96				1979年殷墟西区第一墓区	《殷青》177；《图像》12573	中国社会科学院考古研究所	
2	雷纹卣（AGM1015：4）	23–11.7			圆圈纹、方格云雷纹	甲Cb型Ⅰ式	二	鼎1、簋1、觚1、爵1、卣1、尊1	3.1	有	棺		1970年殷墟西区商墓	《考报》1979–1；《河青》（一）249；《殷青》221		
3	雷纹卣（M1713：49）	22.5–11.8			云雷纹	甲Cb型Ⅰ式	二	鼎4、甗1、簋2、斝1、爵3、觚2、卣1、尊1、盉1、盘1	4.68	有	一棺一椁	熟土	1984年安阳殷墟西区	《考古》1986–8		明器
4	爱[illegible]卣（GM875：6）	31.6–10.6×13.2	3.85	2，爱[illegible]	仰叶纹、云雷纹、夔纹	甲Ba型Ⅰ式	二	鼎1、簋1、卣1、斝1、觚1、爵1、斗1	5.44		有棺		1982年殷墟西区第三墓区	《殷青》190；《全集》3.122；《图像》12716	中国社会科学院考古研究所安阳工作站	

续表

序号	名称	通高-口径-腹深（厘米）	重量（千克）	铭文字数及内容	主体纹饰	型式	分期	共存礼器	墓室面积（平方米）	腰坑	棺椁	二层台	出土时间及地点	资料来源	收藏	备注
5	弦纹卣（M2579：07）	19-14	0.6		弦纹	甲Ca型Ⅰ式	二	鼎1、甗1、簋1、尊1、卣1、斝1、觯1、觚2、爵2	4.76	有	有棺椁		1979年殷墟西区第一墓区	《殷青》227		明器
6	云雷纹卣（M51：11）	23			云雷纹、蕉叶纹	甲Ab型Ⅰ式	二	鼎2、簋1、觚2、爵2、尊1、卣2、罍1	4.25	有	有棺有椁	熟土	1958年河南安阳市大司空村	《考通》1958-10		
7	素面卣（SM101：1）	21.1（盖）	2		素面	甲Ca型Ⅰ式	二	鼎1、簋1、觚1、爵2、尊1、卣1	3.57		有棺		1959年大司空村第一区	《殷墟发掘报告》		
8	马危卣（M303：120）	26-10.7×13.8	3.8	2，马危	雷纹、弦纹	甲Ca型Ⅰ式	二	鼎7、簋2、甗1、觚6、爵10、斝2、尊2、卣3、盉1、罍1、觯1、盘1、盘1、斗2	9.56	有	棺椁	有	2004年河南安阳大司空村	《图像》12702；《考报》2008-3		
9	马危卣（M303：119）	17.3-7×9	1.55	2，马危	雷纹、弦纹	甲Ca型Ⅰ式	二	鼎7、簋2、甗1、觚6、爵10、斝2、尊2、卣3、盉1、罍1、觯1、盘1、盘1、斗2	9.56	有	棺椁	有	2004年河南安阳大司空村	《图像》12703；《考报》2008-3		

续表

序号	名称	通高–口径–腹深（厘米）	重量（千克）	铭文字数及内容	主体纹饰	型式	分期	共存礼器	墓室面积（平方米）	腰坑	棺椁	二层台	出土时间及地点	资料来源	收藏	备注
10	马危卣（M303：58）	38.4–10.1	5.8	2，马危	夔龙纹、联珠纹、兽面纹	乙Ab型		鼎7、簋2、甗1、觚6、爵10、斝2、尊2、卣3、盉1、罍1、觯1、盘1、盘1、斗2	9.56	有	棺椁	有	2004年河南安阳大司空村	《图像》11998；《考报》2008–3		
11	夔纹卣（HGH10：6）	32.8–11×14.5	4.5		夔纹、雷纹、弦纹	甲Ca型Ⅰ式	二	鼎1、卣1、爵1					1959年安阳后岗圆葬坑	《殷墟发掘报告》；《殷青》239；《河青》（一）		
12	丹卣（0978）	27–10×13.5		1，丹	菱形云雷纹、联珠纹	甲Ab型Ⅰ式	二							《文物》1986–8；《图像》12558		安阳博物馆旧藏
13	羊卣（AQM6：29）	21.8–10.6		1，羊	兽面纹	甲Ab型Ⅱ式	二	鼎6、簋1、甗1、尊1、卣1、罍1、斝1、觚3、爵3、觯1	5～5.5	有	有棺有椁	有	1986年安阳郭家庄北	《考古》1991–10；《图像》12559；《安青》71		

续表

序号	名称	通高–口径–腹深（厘米）	重量（千克）	铭文字数及内容	主体纹饰	型式	分期	共存礼器	墓室面积（平方米）	腰坑	棺椁	二层台	出土时间及地点	资料来源	收藏	备注
14	亚址卣（M160：172）	35.8–13.5×15	10	2，亚址	夔龙纹、鸟纹、云雷纹	甲Eb型Ⅰ式	二	鼎6、甗1、簋1、尊3、罍1、盉1、卣1、斝3、觯1、觚10、角10、斗1、盘1、方形器1	13	有	有棺有椁	有	1990年安阳郭家庄	《考古》1991–5；《全集》3.120–121；《图像》12647	中国社会科学院考古研究所	
15	云雷纹卣（83郭家庄M1）				云雷纹、夔纹	甲Ab型Ⅰ式	二	爵1、觯1、觚1、卣1	4.9	有	有棺	熟土	1983年安阳郭家庄南地	《考古》1986–8；		
16	弦纹卣（M50：15）	20.9–14×10.4			联珠纹、弦纹	甲Ca型Ⅰ式	二	鼎2、簋1、觚1、爵1、卣1	5.44	有	有棺		安阳郭家庄	《安阳殷墟郭家庄商代墓葬》		1982～1992年，具体时间不详
17	素面卣（M53：45）	18–9.6×6			简化兽首	甲Ca型Ⅰ式	二	觚1、爵1、簋1、鼎1、甗1、卣1、觥1、斝1、尊1	2.88	有	有棺	有	安阳郭家庄	《安阳殷墟郭家庄商代墓葬》		1982～1992年，具体时间不详

续表

序号	名称	通高-口径-腹深（厘米）	重量（千克）	铭文字数及内容	主体纹饰	型式	分期	共存礼器	墓室面积（平方米）	腰坑	棺椁	二层台	出土时间及地点	资料来源	收藏	备注
18	夔龙纹卣（M1046：5）	19.7-7.5×10.1	1.6		夔龙纹、云雷纹、弦纹	甲Ca型Ⅰ式	二	鼎6、甗1、簋2、尊3、卣2、方罍1、方彝1、壶1、盉1、斝1、觯2、觚3、爵5、角2、盘1、斗1	8.3	有	有棺有椁	有	1999年安阳刘家庄北	《考集》15		
19	亚朋卣（M1046：10）	26.6-10.3×13.4	2.9	2，亚朋	夔龙纹、云雷纹、弦纹	甲Ca型Ⅰ式	二	鼎6、甗1、簋2、尊3、卣2、方罍1、方彝1、壶1、盉1、斝1、觯2、觚3、爵5、角2、盘1、斗1	8.3	有	有棺有椁	有	1999年安阳刘家庄北	《考集》15；《图像》12648	中国社会科学院考古研究所安阳工作站	内存液体
20	兽面纹卣（H326：1）	26.8-13.6×10.5			夔纹、兽面纹	甲Ec型Ⅱ式	二	鼎1、斝1、卣1					2008年安阳刘家庄北	《考古》2009-7		
21	夔纹卣（M1：11）	27.8	3		夔纹、云雷纹、弦纹	甲Cb型Ⅰ式	二	觚1、爵1、觯1、卣1	4.98	有	有棺	有	1985年安阳刘家庄北地	《华夏》1997-2；《全集》3.126；《安青》55	河南省安阳市文物工作队	内存液体，鉴定为酒

续表

序号	名称	通高–口径–腹深（厘米）	重量（千克）	铭文字数及内容	主体纹饰	型式	分期	共存礼器	墓室面积（平方米）	腰坑	棺椁	二层台	出土时间及地点	资料来源	收藏	备注
22	举卣（M9：22）	27–12		2，举□	饕餮纹、夔纹、云雷纹	甲Ca型Ⅱ式	二	鼎3、簋1、甗1、爵3、斝1、觚3、觯1、尊1、卣1	6.05	有	一棺二椁	有	1983～1986年安阳刘家庄北地	《华夏》1997–2；		明器
23	雷纹卣（M269：10）	21.9	1.65		圆圈纹、雷纹	甲Cb型Ⅰ式	二	鼎4、甗1、簋1、尊2、卣1、方彝2、觚3、爵2、斝1、觯1、罍1、斗1	6.4	有	有棺有椁	有	1984年安阳钢铁第四生活区	《考报》1991–3；《中原》1986–3；《河青》（一）；《全集》3.125；《安青》35	安阳市文物工作队	明器
24	光祖乙卣（M92：3）	19.5–10.5		3，光祖乙	圆圈纹、云雷纹、弦纹	甲Ca型Ⅰ式	二	觚1、爵1、卣1	4.26	有	有棺	有	1986～1987年安钢第五生活区M92	《考古》1991–2；《图像》12748	中国社科院考古研究所安阳工作队	
25	弦纹卣（高楼庄M8：9）	24			弦纹	甲Ea型	二		6.9				1957年安阳高楼庄	《河青》（一）	现藏河南省博物馆	
26	亚盥卣（PNM172：3）	29.5	4	2，亚盥	仰叶纹、三角形云纹、雷纹	甲Ba型Ⅰ式	二	鼎1、簋1、卣1、爵1、觚1	4.3		有棺椁		1963年安阳苗圃北地	《殷青》67；《全集》3.123；《图像》12653	中国社会科学院考古研究所	

续表

序号	名称	通高–口径–腹深（厘米）	重量（千克）	铭文字数及内容	主体纹饰	型式	分期	共存礼器	墓室面积（平方米）	腰坑	棺椁	二层台	出土时间及地点	资料来源	收藏	备注
27	弦纹卣（小屯82M1：43）	22	1.4		弦纹	甲Cb型Ⅰ式	二		4～4.6				1982年安阳小屯	《殷青》234		
28	鸟纹卣	20.2–10.1×7.7			鸟纹、圆圈纹、弦纹	甲Ca型Ⅰ式	二						1935年安阳武官北地M2046	《全集》3.124	台北中央研究院历史语言研究所	
29	云雷纹卣（M1：15）	24–？–18	2.5		云雷纹、联珠纹	甲Cb型Ⅰ式	二	鼎2、觚2、爵2、甗1、觶1、卣1、尊1、斝1、罍1	5.44～6.25	有	一棺一椁	有	2007年安阳榕树湾	《考古》2009–5		
30	宁狗卣（M4：4）	25.7–12.7×11	3.199	2，宁狗	蕉叶纹、夔纹	甲Ba型Ⅰ式	二	鼎1、卣1、簋1、爵2、觚2	7.02	有	一棺一椁	有	2005年安阳殷墟范家庄	《考古》2009–9；《图像》12704	中国社会科学院考古研究所	
31	夔纹卣（M17：1）	15.6–12.2×9.3			夔纹、雷纹、联珠纹	甲Ea型Ⅰ式	二	觚1、爵2、鼎2、簋1、卣1	3.75	有	1棺1椁	有	2003～2004年安阳孝民屯	《考古》2007–1		
32	弦纹卣（M1327：5）	18.3–10.2			弦纹	甲Ca型Ⅱ式	二	觚3、爵2、鼎1、簋1、卣1	4.96	有		有	1989～1990安阳殷墟孝民屯	《考古》2009–9		

续表

序号	名称	通高–口径–腹深（厘米）	重量（千克）	铭文字数及内容	主体纹饰	型式	分期	共存礼器	墓室面积（平方米）	腰坑	棺椁	二层台	出土时间及地点	资料来源	收藏	备注
33	宁箙卣（戚东M63：7）	21.4–10	1.39	2，宁箙	兽面纹	甲Ca型Ⅰ式	二	鼎2、簋1、爵2、觚2、斝1、尊1、卣1	3.9				1982年安阳殷墟戚家庄东	《安青》60		
34	戉箙卣（戚东M235：5）	21.6–14.8	1.13	2，戉（钺）葡（箙）	兽面纹、夔龙纹	甲Ca型Ⅰ式	二	鼎1、簋1、卣1、尊1、觚2、爵2	4.49	有		有	1983年安阳戚家庄东	《安青》66；《图像》12709	安阳市文物工作队	
35	丹卣（0621）	29–13.1×9.4	2.58	1，丹	雷纹、圆圈纹	甲Ca型Ⅰ式	二							《安青》104		
36	兽面纹卣（H1：11）	50–12	10.4		夔纹、涡纹、菱形纹、兽面纹、雷纹	乙Aa型	一						1982年郑州向阳回族食品厂	《文物》1983-3；《全集》1.136	河南省文物考古研究所	
37	陌卣（ZGW99M1：7）	38.5		7，陌作父丁宝尊彝	夔龙纹	甲Bb型Ⅲ式	二	鼎3、簋1、甗1、尊1、卣2、觚1、罍1、壶1、盉1	7.7		一棺一椁		1999年郑州洼刘	《文物》2001-6；《图像》13187	郑州市文物考古研究所	
38	陌卣（ZGW99M1：8）	29		盖7，陌作父丁宝尊彝；器4，作宝尊彝		甲Bb型Ⅲ式	二	鼎3、簋1、甗1、尊1、卣2、觚1、罍1、壶1、盉1	7.7		一棺一椁		1999年郑州洼刘	《文物》2001-6；《图像》13188	郑州市文物考古研究所	

续表

序号	名称	通高–口径–腹深（厘米）	重量（千克）	铭文字数及内容	主体纹饰	型式	分期	共存礼器	墓室面积（平方米）	腰坑	棺椁	二层台	出土时间及地点	资料来源	收藏	备注
39	长子口椭圆卣（M1：129）	26.8–19.4×12.4	3.42	7，长子口作旅宗䵼	联珠纹、雷纹		二	圆鼎13、方鼎9、簋3、甗2、鬲2、觚8、爵8、角2、斝3、觥3、尊5、卣6、壶2、觯5、罍2、斗4、盘1、盉1	59.67～45.36		一椁重棺	有	1997年鹿邑长子口	《鹿邑太清宫长子口墓》		
40	长子口椭圆卣（M1：219）	20.7–14.5×8.5	1.3	7，长子口作旅宗䵼	联珠纹、雷纹		二	圆鼎13、方鼎9、簋3、甗2、鬲2、觚8、爵8、角2、斝3、觥3、尊5、卣6、壶2、觯5、罍2、斗4、盘1、盉1	59.67～45.36		一椁重棺	有	1997年鹿邑长子口	《鹿邑太清宫长子口墓》		
41	长子口椭圆卣（M1：224）	30.1–13.5×10.8	3.6	3，长子口	夔纹	甲Ca型Ⅱ式	二	圆鼎13、方鼎9、簋3、甗2、鬲2、觚8、爵8、角2、斝3、觥3、尊5、卣6、壶2、觯5、罍2、斗4、盘1、盉1	59.67～45.36		一椁重棺	有	1997年鹿邑长子口	《鹿邑太清宫长子口墓》		

续表

序号	名称	通高–口径–腹深（厘米）	重量（千克）	铭文字数及内容	主体纹饰	型式	分期	共存礼器	墓室面积（平方米）	腰坑	棺椁	二层台	出土时间及地点	资料来源	收藏	备注
42	长子口方圆卣（M1：13）	18.6（残）–13.4×13		3，长子口	“山”字形勾连雷纹、联珠纹	甲Da型Ⅰ式	二	圆鼎13、方鼎9、簋3、甗2、鬲2、觚8、爵8、角2、斝3、觥3、尊5、卣6、壶2、觯5、罍2、斗4、盘1、盉1	59.6～45.3		一椁重棺	有	1997年鹿邑长子口	《鹿邑太清宫长子口墓》；《图像》12838	河南省文物考古研究所	
43	长子口方圆卣（M1：163）	38.8		3，长子口	山字形勾连雷纹、联珠纹	甲Da型Ⅰ式	二	圆鼎13、方鼎9、簋3、甗2、鬲2、觚8、爵8、角2、斝3、觥3、尊5、卣6、壶2、觯5、罍2、斗4、盘1、盉1	59.6～45.3		一椁重棺	有	1997年鹿邑长子口	《鹿邑太清宫长子口墓》；《图像》12839	河南省文物考古研究所	
44	小方卣（M1：120）	17–7×6.8	0.77			乙Da型	二	圆鼎13、方鼎9、簋3、甗2、鬲2、觚8、爵8、角2、斝3、觥3、尊5、卣6、壶2、觯5、罍2、斗4、盘1、盉1	59.6～45.3		一椁重棺	有	1997年鹿邑长子口	《鹿邑太清宫长子口墓》		

续表

序号	名称	通高-口径-腹深（厘米）	重量（千克）	铭文字数及内容	主体纹饰	型式	分期	共存礼器	墓室面积（平方米）	腰坑	棺椁	二层台	出土时间及地点	资料来源	收藏	备注
45	天卣（M1：24）	21.5-8.2-11.5		1，天	圆涡纹、云雷纹、勾连云纹、圆圈纹	甲Ea型Ⅰ式	二	鼎3、甗1、罍1、卣1、觚5、斝1、斗1	24.7（残）	有	有棺椁	有	1979年罗山蟒张	《考古》1981-2；《图像》12521		
46	弦纹卣	26			弦纹	甲Ca型Ⅰ式	二	鼎3、卣1、尊1、爵2、觯1、觚2	13.7（残）	有	有棺椁	有	1979年罗山蟒张M6	《考古》1981-2		
47	云雷纹卣（M28：1）	29.9			云雷纹、圆圈纹	甲Ca型Ⅰ式	二	鼎3、爵3、觚2、尊1、卣2	16.64	有	有棺椁	有	1980年罗山蟒张	《考报》1986-2		
48	云雷纹卣（M28：2）	20.2（盖）			云雷纹、圆圈纹	甲Ca型Ⅰ式	二	鼎3、爵3、觚2、尊1、卣2	16.64	有	有棺椁	有	1980年罗山蟒张	《考报》1986-2		
49	夔纹卣（M8：6）	29.5-16.5×11			夔纹、三角纹、弦纹	甲Ba型Ⅰ式	二	鼎1、觚2、爵2、斝1、卣1	4.1	有	有棺椁	有	1980年罗山蟒张	《考报》1986-2；《全集》4.171	河南省博物馆	
50	聑须婦[illegible]卣	25.3-10.5×12.5-15.6	2.925	4，聑须婦[illegible]	兽面纹、雷纹、弦纹	甲Aa型Ⅱ式	二						1952年辉县褚邱	《文物》1978-5；《河青》（一）354；《图像》12938		

续表

序号	名称	通高-口径-腹深（厘米）	重量（千克）	铭文字数及内容	主体纹饰	型式	分期	共存礼器	墓室面积（平方米）	腰坑	棺椁	二层台	出土时间及地点	资料来源	收藏	备注
51	兽面纹卣（C3M230：5）	37	9.33		夔纹、兽面纹、云雷纹	甲Cb型Ⅱ式	二	尊1、卣1、罍3					1993年洛阳林业学校	《文物》1999-3		
52	登卣	21.7-8.7×10.3		4，登作尊彝	弦纹、圆涡纹	甲Ab型Ⅲ式	二	鼎1、簋1、斝1、觚1、爵2、觯1、尊1、卣1	3.9	有	木椁		1971年洛阳北窑东	《考古》1972-2；《图像》13008		
53	异卣盖（M368：6）	6.4-14.4×10.5		12，异作厥考伯效父宝宗彝，用旅	三道弦纹、环带纹	甲Db型Ⅲ式	三	鼎耳1、羊首尊1、异卣盖1、白丰爵1	9.95～10.41		被扰		1964年洛阳市北窑村庞家沟	《图像》13274；《洛阳北窑》188	洛阳博物馆	
54	雷纹卣	31.7-11.3×14.2			四贝纹、斜雷纹、圆圈纹、蝉纹、弦纹	甲Ca型Ⅰ式	二	鼎3、簋1、觚2、爵2、斝1、卣1、觯1、壶1					1952年辉县褚邱	《考古》1965-5；《河青》（一）366	洛阳市文物工作队	
55	祖辛卣	25.7-10.6×9.2	3.132	2，祖辛	鸟纹、夔纹	甲Eb型Ⅰ式	二						1965年河南辉县褚邱	《文物》1979-7；《文博》1988-5；《图像》12664	河南省新乡市博物馆	

续表

序号	名称	通高–口径–腹深（厘米）	重量（千克）	铭文字数及内容	主体纹饰	型式	分期	共存礼器	墓室面积（平方米）	腰坑	棺椁	二层台	出土时间及地点	资料来源	收藏	备注
56	𢍰卣（M60：7）	28.2–10.8×13.8	4	6，𢍰作旅彝，亚吴（疑）	夔龙纹、涡纹	甲Ca型Ⅴ式	三	鼎1、甗1、簋1、爵1、尊1、卣1	4.5				1931年浚县辛村	《浚县辛村》；《图像》13128		
57	佷矢卣	32		7，𱀙（佷）矢作父辛宝彝	圆圈纹、夔龙纹	甲Ca型Ⅲ式	二	鼎1、簋1、爵2、觯1、尊1、卣1	4.2	有	已腐朽，不清		1975年河南襄县霍庄村	《文物》1977–8；《图像》13180		
58	兽面纹卣	21.5			云雷纹、兽面纹	甲Ab型Ⅰ式	二						1962年河南淮阳	《考古》1964–3		
59	亚母卣（上田M3）	25–11.8×9		2，亚母	伞状花纹、列旗纹	甲Ab型Ⅱ式	二	方鼎1、簋1、甗1、尊1、卣1、爵2、觯1、觚1					1956年河南上蔡田庄	《文参》1957–11；《图像》12737	现藏河南省文物考古研究所	
60	雩卣（M84：103）	20.6–12.3×8.7		12，雩肈諆作宝尊彝，用夙夕亯（享）考（孝）	长尾凤鸟纹、云雷纹	甲Db型Ⅲ式	三	鼎2、盨1、甗1、尊1、卣1、盉1、盘1、爵1、觯1	10.5		一棺一椁	有	河南平顶山滍阳岭	《文物》1998–9；《图像》13273		

续表

序号	名称	通高–口径–腹深（厘米）	重量（千克）	铭文字数及内容	主体纹饰	型式	分期	共存礼器	墓室面积（平方米）	腰坑	棺椁	二层台	出土时间及地点	资料来源	收藏	备注
61	侁㽙父癸卣	34–15×11.7–19	5.8	4，侁㽙父癸	饕餮纹、弦纹	甲Ca型Ⅰ式	二						1986陇县梁甫村	《文博》1987–3；《陕青》（三）157；《图像》12962		
62	祖丁父己卣	34–15×11.7–19	5.8	4，祖丁父己	雷纹、弦纹	甲Ca型Ⅰ式	二						1977年陇县韦家庄	《图像》12956	宝鸡青铜器博物馆	
63	父丁卣	33.5		3，𠭯父丁	夔龙组成的兽面纹	甲Cb型Ⅰ式	二						长安县沣西	《考文》1990–5		
64	父戊卣	33		2，父戊	菱形几何纹、弦纹	甲Cb型Ⅰ式	二						长安县沣西	《考文》1990–5；《图像》12735	西安市文物保护研究所	
65	冉父乙卣	37		3，冉父乙	云雷纹、联珠纹、夔龙纹	甲Ca型Ⅰ式	二						1976年长安沣西	《考文》1990–5；《图像》12844		

续表

序号	名称	通高-口径-腹深（厘米）	重量（千克）	铭文字数及内容	主体纹饰	型式	分期	共存礼器	墓室面积（平方米）	腰坑	棺椁	二层台	出土时间及地点	资料来源	收藏	备注
66	申父庚卣	23.3–7.5×9.5	2.445	3，申父庚	联珠纹、夔龙纹	甲Ca型Ⅱ式	二						1975年长安沣西乡	《考文》1990–5；《图像》12854	西安市文物保护考古所	
67	素面卣	26			貘首	甲Cb型Ⅱ式	二						1971年秋沣西	《文物》2002–12		征集
68	丙父辛卣	34		3，丙父辛	饕餮纹，夔龙纹	甲Ac型Ⅰ式	二						1971年秋沣西	《文物》2002–12		征集
69	雊卣	28		13，天僉雊作父考宝尊彝，其万年用	浮雕兽面	甲Ca型Ⅵ式	三						1976年长安县铜网厂	《考文》1990–5；《图像》13277		
70	辟卣	19.2–9.54×12.1	2.42	8，辟作父癸宝尊彝，𠂆	鸟纹	甲Db型Ⅳ式	三						长安县铜网厂	《考文》1990–5；《图像》13192		
71	蛙卣（M87：4）	34–12×15		4，冉蛙父丁	夔纹、联珠纹、弦纹	甲Ca型Ⅰ式	二	鼎2、簋1、尊1、卣1、爵2、觚1、斗1	6.6	有	有棺椁	有	1967年长安张家坡	《考报》1980–4；《图像》12955	中国社科院考古研究所西安研究室	
72	史卣	32		盖1，史；器3，𠑇父丁	云雷纹、联珠纹、弦纹	甲Cb型Ⅰ式	二						1965年长安县大原村	《考文》1990–5；《图像》12953		

续表

序号	名称	通高–口径–腹深（厘米）	重量（千克）	铭文字数及内容	主体纹饰	型式	分期	共存礼器	墓室面积（平方米）	腰坑	棺椁	二层台	出土时间及地点	资料来源	收藏	备注
73	戎帆卣（长花M15：17）	21–11–13.5	2.75	8，戎帆作厥父宗彝[illegible]	弦纹、凤鸟纹	甲Db型Ⅳ式	三	鼎4、簋2、尊2、卣2、爵2、觯1	9.1	有	有棺椁	有	1980年西安市长安县花园村	《文物》1986–1；《图像》13209		
74	鹿父卣（长花M15：18）			9，鹿父作[illegible]是从宗彝[illegible]		甲Db型Ⅳ式	三	鼎4、簋2、尊2、卣2、爵2、觯1	9.1	有	有棺椁	有	1980年西安市长安县花园村	《文物》1986–1；《图像》13229		
75	作尊彝卣（长花M17：39）			3，作尊彝		甲Db型Ⅲ式	三	圆鼎2、方鼎1、簋2、甗1、爵2、觚1、觯1、尊1、卣1、方壶1、圆壶1、盉1、盘1	10	有	有棺椁已朽	有	1980年西安市长安县花园村	《文物》1986–1；《图像》12876	陕西历史博物馆	
76	丙父丁卣	34–12×15	7.45	盖3，丙父丁；器3，□父辛	兽面纹、夔龙纹	甲Ac型Ⅰ式	二						1976年西安市长安区马王镇	《图像》12858；《文物》2002–12	西安市文物保护考古所	
77	夔纹卣（M1：3）	33–13.3×11.3	3.637		夔纹、蕉叶三角纹	甲Ba型Ⅰ式	二	鼎1、簋1、卣2、瓿1、斝1	11.8			有	1973年陕西岐山贺家村西壕	《考古》1976–1；《周原》6		

续表

序号	名称	通高–口径–腹深（厘米）	重量（千克）	铭文字数及内容	主体纹饰	型式	分期	共存礼器	墓室面积（平方米）	腰坑	棺椁	二层台	出土时间及地点	资料来源	收藏	备注
78	丙卣	21.6–8.1×6.7	1.8	1，丙	兽面纹、鸟纹、云雷纹、夔纹	甲Ec型Ⅱ式	二	鼎1、簋1、卣2、瓿1、斝1	11.8			有	1976年陕西岐山贺家村西壕	《考古》1976–1；《全集》4.168；《周原》6；《图像》12612	岐山县博物馆藏；现藏陕西历史博物馆	
79	執父辛卣	30–13.5×10–17.8	4.2	3，執父辛	兽面纹、雷纹、圆圈纹	甲Ab型Ⅰ式	二	鼎1、簋2、卣1、觯1	9				1970年宝鸡峪泉	《文物》1975–3；《图像》12805		
80	雷纹卣（编号I1）	26.4–14.4×10.89			联珠纹、雷纹	甲Ca型Ⅰ式	二						陕西宝鸡戴家湾	《考文》1991–1		
81	尺父辛卣	30.4–8.9×12.6–19.8	4.2	3，尺父辛	夔龙纹、圈带纹、雷纹	甲Ca型Ⅰ式	二						1988年麟游县北四岭山	《考古》1990–10；《图像》12812	现藏麟游博物馆	
82	夔龙纹卣	20.1–6.3×9.3–12.7	1.9	1，○	夔龙纹、圈带纹、雷纹	甲Ca型Ⅰ式	二						1988年麟游县北四岭山	《考古》1990–10；《图像》12600		

续表

序号	名称	通高–口径–腹深（厘米）	重量（千克）	铭文字数及内容	主体纹饰	型式	分期	共存礼器	墓室面积（平方米）	腰坑	棺椁	二层台	出土时间及地点	资料来源	收藏	备注
83	僕麻卣	35		盖3，□父丙；器27，戈北单册，壬寅，州子曰：僕麻，余赐帛、□贝，蔑汝，王休二朋，用作父辛尊	夔龙纹	甲Ca型Ⅲ式	二							《考文》1990–5；《图像》13309	西安市文物商店收购	
84	戈卣	25–10.2×7.9–13.9	2.95	2，戈五	兽面纹，夔纹，几何纹	甲Ca型Ⅲ式	二	鼎2、甗1、簋2、尊1、卣2、盉1、爵2、觯1、盘1	6.4	有			1971年泾阳高家堡	《文物》1972–7；《陕青》（四）138；《全集》6.134–135；《图像》12706	陕西历史博物馆	
85	鈇卣	36–14.8×11.6–20	6.5	盖7，鈇作父戊尊彝，戈；器1，□	雷纹、夔龙纹	甲Ba型Ⅲ式	二	鼎2、甗1、簋2、尊1、卣2、盉1、爵2、觯1、盘1	6.4	有			1971年泾阳高家堡	《文物》1972–7；《陕青》（四）137；《全集》6.136	陕西历史博物馆	

续表

序号	名称	通高-口径-腹深（厘米）	重量（千克）	铭文字数及内容	主体纹饰	型式	分期	共存礼器	墓室面积（平方米）	腰坑	棺椁	二层台	出土时间及地点	资料来源	收藏	备注
86	尺卣（M4：28）	31-17.2×13.6	4.5	1，尺	联珠纹、雷纹、兽面纹	甲Aa型Ⅱ式	二						1991年陕西泾阳高家堡M4	《图像》12640		
87	尺卣（M4：17）	22.1-12.1×9.05	1.7	1，尺	联珠纹、雷纹、兽面纹	甲Aa型Ⅱ式	二						1991年陕西泾阳高家堡	《图像》12639		
88	素面卣（编号I6）	21.5-10.89×6.84				甲Ca型Ⅵ式	二						陕西宝鸡戴家湾	《考文》1991-1		
89	作宝尊彝卣（BZM8：6）	31.5-9×12.8-17.5	3	4，作宝尊彝	弦纹、夔凤纹	甲F型Ⅱ式	二	鼎1、簋1、尊1、卣2、爵1、觯1	5.7	无	一椁一棺	有	宝鸡竹园沟M8	《宝鸡弜国墓地》；《文物》1976-4；《图像》12968	宝鸡青铜博物馆	
90	作宝尊彝卣（BZM8：5）	21-8×10.3-14.7	2.08	4，作宝尊彝	弦纹、夔凤纹	甲F型Ⅱ式	二	鼎1、簋1、尊1、卣2、爵1、觯1	5.7	无	一椁一棺	有	宝鸡竹园沟M8	《宝鸡弜国墓地》；《文物》1976-4；《图像》12967	宝鸡青铜器博物馆	

续表

序号	名称	通高–口径–腹深（厘米）	重量（千克）	铭文字数及内容	主体纹饰	型式	分期	共存礼器	墓室面积（平方米）	腰坑	棺椁	二层台	出土时间及地点	资料来源	收藏	备注
91	伯各卣（BZM7：7）	33.6–10.4×12.6 17	4.98	6，伯各作宝尊彝	夔龙纹、兽面纹	甲Bb型Ⅳ式	二	鼎3、簋2、尊2、卣2、觚2、觶1、斗1	12.6	无	一椁二棺	有	1980年宝鸡竹园沟	《宝鸡彊国墓地》；《全集》6.173；《图像》13103	宝鸡青铜器博物馆	
92	伯各卣（BZM7：6）	27.5–8.5×10.7–13	3.17	6，伯各作宝尊彝	夔龙纹、兽面纹	甲Bb型Ⅳ式	二	鼎3、簋2、尊2、卣2、觚2、觶1、斗1	12.6	无	一椁二棺	有	宝鸡竹园沟M7甲组	《宝鸡彊国墓地》；《全集》6.173；《图像》13104	宝鸡青铜器博物馆	
93	彊季卣（BZM4：1）	27.3–12.8×15.6–12.9	3.02	6，彊季作宝旅彝	弦纹、夔龙纹	甲Da型Ⅱ式	三	鼎4、甗1、鬲1、簋2、盘1、壶1、尊1、卣1、爵1、觶2、斗1	13.4	无	一椁二棺	有	1980年竹园沟M4	《宝鸡彊国墓地》；《文物》1983–2；《全集》6.175；《图像》13101	宝鸡市博物馆藏；现藏陕西历史博物馆	
94	弦纹卣（BZM7：332）	17.5–6.7×7–10.3	0.8	2，帚（妇）厷	弦纹	乙Da型	二	鼎3、簋2、尊2、卣2、觚2、觶1、斗1	12.6	无	一椁二棺	有	宝鸡竹园沟M7乙组	《宝鸡彊国墓地》		

续表

序号	名称	通高–口径–腹深（厘米）	重量（千克）	铭文字数及内容	主体纹饰	型式	分期	共存礼器	墓室面积（平方米）	腰坑	棺椁	二层台	出土时间及地点	资料来源	收藏	备注
95	夔凤纹卣（BZM13：1）	33.3–12.4–19.3	3.33		夔凤纹、直棱纹	乙Cb型	二	鼎7、甗1、簋3、豆1、尊1、卣2、觯1、觚1、爵1、盉1、斗1、盘1、壶1	15.3	无	一椁二棺	有	宝鸡竹园沟M13	《宝鸡強国墓地》；《全集》6.176	宝鸡市博物馆	
96	夔凤纹卣（BZM13：2）	27–10.1–16.2	1.95		夔凤纹、直棱纹	乙Cb型	二	鼎7、甗1、簋3、豆1、尊1、卣2、觯1、觚1、爵1、盉1、斗1、盘1、壶1	15.3	无	一椁二棺	有	宝鸡竹园沟M13	《宝鸡強国墓地》；《全集》6.176	宝鸡市博物馆	
97	𢐗卣（BRM1乙：3）	21–11×9–11.8	2.1	7，𢐗乍（作）且（祖）乙宝尊彝	凤鸟纹、蝉纹	甲Db型Ⅲ式	三	鼎8、甗1、鬲2、簋5、豆4、鍪1、盘2、尊5、壶2、罍1、卣1、爵2、觯1、斗1	44.1	有	有棺椁	有	宝鸡茹家庄一号墓乙椁室	《宝鸡強国墓地》；《陕青》（四）44		
98	公卣（宝21）	22.2–13×8.8–12.5	1.6	3，公作彝	夔龙纹、弦纹、雷纹	甲Da型Ⅲ式	三						1971年宝鸡茹家庄	《陕青》（四）；《图像》12889；《考文》1980–1	宝鸡青铜器博物馆	

续表

序号	名称	通高–口径–腹深（厘米）	重量（千克）	铭文字数及内容	主体纹饰	型式	分期	共存礼器	墓室面积（平方米）	腰坑	棺椁	二层台	出土时间及地点	资料来源	收藏	备注
99	守卣（M1：3）	21–7.8～10.6	1.94	1，守	云雷纹、蝉纹、夔龙纹、联珠纹	甲Aa型Ⅰ式	二	鼎1、簋1、亚共庚父丁尊1、罍1、卣1	被破坏				2012年宝鸡石鼓山	《文物》2013–1		
100	户卣（M3：23）	50–14.5–18.2	17.85	1，户	四瓣涡纹、直棱纹、凤鸟纹、雷纹、夔龙纹	甲Eb型Ⅱ式	二	鼎6、簋6、甗1、禁2、卣6、彝1、壶1、罍1、盉1、盘1、爵1、觯1、斗2	11.8	无	两椁一棺	有	2012年宝鸡石鼓山	《文物》2013–1		
101	户卣（M3：20）	36–10.8–13.8	8.92	1，户	四瓣涡纹、直棱纹、凤鸟纹、云雷纹、夔龙纹	甲Eb型Ⅱ式	二	鼎6、簋6、甗1、禁2、卣6、彝1、壶1、罍1、盉1、盘1、爵1、觯1、斗2	11.8	无	两椁一棺	有	2012年宝鸡石鼓山	《文物》2013–1		
102	单父丁卣（M3：17）	39–12.4×15.5	8.78	3，单父丁	蝉纹、直棱纹、凤鸟纹、雷纹、夔龙纹	甲Eb型Ⅱ式	二	鼎6、簋6、甗1、禁2、卣6、彝1、壶1、罍1、盉1、盘1、爵1、觯1、斗2	11.8	无	两椁一棺	有	2012年宝鸡石鼓山	《文物》2013–1		

续表

序号	名称	通高-口径-腹深（厘米）	重量（千克）	铭文字数及内容	主体纹饰	型式	分期	共存礼器	墓室面积（平方米）	腰坑	棺椁	二层台	出土时间及地点	资料来源	收藏	备注
103	凤鸟纹卣（M3：15）				蝉纹、直棱纹、凤鸟纹、雷纹、夔龙纹	甲Eb型Ⅱ式	二	鼎6、簋6、甗1、禁2、卣6、彝1、壶1、罍1、盉1、盘1、爵1、觯1、斗2	11.8	无	两椁一棺	有	2012年宝鸡石鼓山	《文物》2013-1		
104	冉父乙卣（M3：13）	32-11.7-14.6	4.92	3，冉父乙	联珠纹、雷纹、弦纹	甲Ca型Ⅰ式	二	鼎6、簋6、甗1、禁2、卣6、彝1、壶1、罍1、盉1、盘1、爵1、觯1、斗2	11.8	无	两椁一棺	有	2012年宝鸡石鼓山	《文物》2013-1		
105	重父乙卣（M3：30）	21.6-7.2-9.2	1.85	3，重父乙	联珠纹、雷纹、弦纹	甲Ca型Ⅰ式	二	鼎6、簋6、甗1、禁2、卣6、彝1、壶1、罍1、盉1、盘1、爵1、觯1、斗2	11.8	无	两椁一棺	有	2012年宝鸡石鼓山	《文物》2013-1		
106	蛤高卣	8.5-4×3（寸）		8，王锡蛤高铝，用作彝	夔纹	甲Ca型Ⅲ式	二						1927年陕西宝鸡戴家湾	《考文》1991-1；《图像》13208		
107	兽面纹卣	24-9.8×12			兽面纹、夔纹、云雷纹	甲Ec型Ⅰ式	二	鼎1、鬲1、簋1、卣1、高足杯1					1973年扶风美阳	《文物》1978-10		

续表

序号	名称	通高–口径–腹深（厘米）	重量（千克）	铭文字数及内容	主体纹饰	型式	分期	共存礼器	墓室面积（平方米）	腰坑	棺椁	二层台	出土时间及地点	资料来源	收藏	备注
108	商卣（76FZH1：42）	38.6–16.7–20.6	8.05	30，唯五月，辰在丁亥，帝后赏庚姬贝卅朋，𢓊丝廿锊，商用作文辟日丁宝尊彝。𦉢	兽面纹、夔龙纹	甲Bb型Ⅲ式	二						1976年扶风庄白	《文物》1978–3；《全集》5.170；《周原》3；《图像》13313	现藏周原博物馆	
109	丰卣（76FZH1：44）	21–8.7×11.2–11.8	2.531	33（重文2），唯六月既生霸乙卯，王才（在）成周，令（命）豐殷大矩，大矩易（赐）豐金贝，用乍（作）父辛宝尊彝，木羊册	鸟纹、蝉纹、雷纹	甲Da型Ⅲ式	三						1976年扶风庄白	《文物》1978–3；《全集》5.174；《周原》4；《图像》13316	现藏周原博物馆	

续表

序号	名称	通高-口径-腹深（厘米）	重量（千克）	铭文字数及内容	主体纹饰	型式	分期	共存礼器	墓室面积（平方米）	腰坑	棺椁	二层台	出土时间及地点	资料来源	收藏	备注
110	㯱季遽父卣（丰：2）	21.8-11×8.5-12.5	2.028	10，㯱季遽父作豐姬宝尊彝	弦纹	甲Ca型Ⅵ式	三	鼎3、鬲1、甗1、簋3、尊2、卣2、爵1、觯3、壶1					1972年陕西扶风刘家村丰姬墓	《陕青》（三）36；《周原》6；《图像》13249	现藏陕西省历史博物馆	
111	㯱季遽父卣（丰：1）	28-14.5×11.2-16	3.902	10，㯱季遽父作豐姬宝尊彝	弦纹	甲Ca型Ⅵ式	三	鼎3、鬲1、甗1、簋3、尊2、卣2、爵1、觯3、壶1					1972年陕西扶风刘家村丰姬墓	《陕青》（三）35；《周原》6；《图像》13248	现藏陕西省历史博物馆	
112	作宝尊彝卣	22-13.7×9.8-13.5	3.1	4，作宝尊彝	小鸟纹、细雷纹、弦纹	甲Da型Ⅲ式	三						1949年扶风齐镇	《陕青》（三）53	现藏扶风县图书博物馆	
113	作宝尊彝卣（78FQM19：51）	22.8-13.5×10.3-12.9	2.996	4，作宝尊彝	夔纹	甲Db型Ⅲ式	三	鼎2、甗1、簋2、尊1、卣1、爵2、觯1、盉1、盘1	10.92	有	一棺一椁	有	1978年扶风齐家	《文物》1979-11；《周原》8；《图像》12965	周原博物馆	

续表

序号	名称	通高–口径–腹深（厘米）	重量（千克）	铭文字数及内容	主体纹饰	型式	分期	共存礼器	墓室面积（平方米）	腰坑	棺椁	二层台	出土时间及地点	资料来源	收藏	备注
114	作旅彝卣（76FYM20：7）	28.6–10.5×14.5–16.1	3.113	3，作旅彝	兽面纹、弦纹	甲Ca型Ⅵ式	三	鼎1、鬲1、簋2、卣1、尊1、爵2	10.2	有	有棺椁	有	1976年陕西扶风云塘	《文物》1980–4；《周原》7；《图像》12877		
115	䦒卣（M13：22）	24.2–9.2×12.9–13.6	1.973	8，䦒作皇昜日辛尊彝	云雷纹、弦纹、蝉纹	甲Ca型Ⅵ式	三	鼎1、鬲1、尊1、卣1、爵1、觯1	4.8（口）？				1976年陕西扶风云塘	《文物》1980–4；《周原》7；《图像》13213		
116	未祖丁卣（06FSM1：1）	34.5–16.51×11.71		3，未且（祖）丁	云雷纹、联珠纹	甲Ca型Ⅰ式	二	簋2、鼎1、甗1、尊1、卣2、罍1、斗1	被破坏			有	2006年10月陕西扶风	《考文》2007–3；《图像》12750	扶风县博物馆藏	
117	作太子丁卣（06FSM1：2）	23–11×8.3	2.25	6，作太子丁尊彝	云雷纹、联珠纹	甲Ca型Ⅰ式	二	簋2、鼎1、甗1、尊1、卣2、罍1、斗1	被破坏			有	2006年陕西扶风	《考文》2007–3；《图像》13082		
118	伯卣（M4：20）	23–10×13.3		3，伯作彝	高浮雕貘首	甲Ca型Ⅵ式	三						2002年陕西扶风黄堆齐家村	《图像》12888	陕西省考古研究院	
119	作宝尊彝卣	22–13.7×9.8–13.5	3.1	4，作宝尊彝	云雷纹、鸟纹、弦纹	甲Db型Ⅲ式	三						1948年扶风黄堆公社齐镇村	《图像》12966	扶风县博物馆	

续表

序号	名称	通高-口径-腹深（厘米）	重量（千克）	铭文字数及内容	主体纹饰	型式	分期	共存礼器	墓室面积（平方米）	腰坑	棺椁	二层台	出土时间及地点	资料来源	收藏	备注
120	人卣（M9：6）	31.1-13.2×10.6		4，人作宝彝	夔纹、云雷纹	甲Db型Ⅰ式	二	鼎3、簋2、鬲1、甗1、罍1、爵2、尊1、卣1、盉1、斝1	7.57～8.26				2003～2004年陕西扶风周原庄	《考古》2008-12；《图像》13014		
121	伯卣	20.6-11×8.6-11	1.933	4，伯作尊彝	雷纹、涡纹、兽面纹、夔纹、蝉纹	甲Ac型Ⅱ式	三	鼎1、卣1、壶1、觯1	3.92	有	一棺一椁	有	1975年扶风召李	《文物》1976-6；《全集》5.173；《周原》7；《图像》12997	扶风县博物馆藏	
122	凤鸟纹卣（M27：1021）	25.4-12.8×10.5-15.6			凤鸟纹、云雷纹、夔龙纹、龙纹	甲Ec型Ⅱ式	四	鼎7、簋7、方壶2、甗1、盉1、盘1、盖盆1、卣1、、盖尊1、觚1、角1	37.35		一椁两棺	有	2005～2007年陕西韩城梁带村	《考文》2007-6		
123	鸟纹卣	13			云雷纹、鸟纹	甲Db型Ⅲ式	三	鼎4、鬲1、甗1、簋2、盂1、盘1、卣1、盉1、尊1	被破坏				1975年陕西临潼南罗	《文物》1982-1		

续表

序号	名称	通高–口径–腹深（厘米）	重量（千克）	铭文字数及内容	主体纹饰	型式	分期	共存礼器	墓室面积（平方米）	腰坑	棺椁	二层台	出土时间及地点	资料来源	收藏	备注
124	雷纹卣	19.8		3	圆珠纹作边框的雷纹带		二							《文季》1989-2		山西省博物馆拣选
125	丙卣（M1：33）	30.3–14.8×11.8–15.3	1.834	1，丙	菱形雷纹、联珠纹、弦纹	甲Ca型Ⅰ式	二	鼎2、簋1、斝1、觚4、爵10、觯1、尊1、卣2、罍1	10.1	有	一椁三棺		1985年山西灵石旌介村M1	《文物》1986-11；《图像》12613		
126	丙卣（M1：17）	23.4–10.2×8	1.834	1，丙	菱形雷纹、联珠纹、弦纹	甲Ca型Ⅰ式	二	鼎2、簋1、斝1、觚4、爵10、觯1、尊1、卣2、罍1	10.1	有	一椁三棺		1985年山西灵石旌介村M1	《文物》1986-11；《图像》12614	山西省考古研究所	
127	明卣（M2：40）	30.4–11×8.4		1，明	鸟纹、联珠纹、雷纹、弦纹	甲Ba型Ⅰ式	二	鼎1、簋1、觚4、爵1、罍1、卣1	7.5	有	一椁两棺		1985年山西灵石旌介村M2	《文物》1986-11；《全集》4.172；《图像》12557		
128	丙卣（M3：8）	33.4–15.8×12.1	5.78	1，丙	方格雷纹、联珠纹、弦纹	甲Ca型Ⅰ式	二						1976年山西灵石旌介商墓M3	《图像》12615；《文丛》3		

续表

序号	名称	通高-口径-腹深（厘米）	重量（千克）	铭文字数及内容	主体纹饰	型式	分期	共存礼器	墓室面积（平方米）	腰坑	棺椁	二层台	出土时间及地点	资料来源	收藏	备注
129	龙卣	23.3		1，龙	雷纹、弦纹、夔纹	甲Aa型Ⅰ式	二	鼎2、铃豆2、瓿2、卣1					1971年保德林遮峪村	《文物》1972-4；《图像》12543		
130	肃卣（M2：75）	22		66	弦纹、羊首	甲Db型Ⅳ式	三	鼎2、簋1、甗1、盉1、盘1、铲1、爵1、觚1、尊1、卣1、甬钟5	23.41		一椁两棺	有	山西绛县横水M2	《文物》2006-8；《文物》2014-1		
131	𢼸卣（M6069：3）	22.4-13.6	2.2	盖7，𢼸作厥父宝尊彝；器3，子父壬	蝉纹、龙纹、弦纹	甲Ca型Ⅴ式	三	鼎3、鬲1、甗1、簋1、觯1、尊2、卣1	6.44		一棺一椁		1980山西曲沃6069号墓	《图像》13189；《全集》6.56；《天马—曲村》349	北京大学考古文博学院	
132	叡卣（M6384：13）	23.2-13.2	2.711	盖、器同铭各15字；叡作父丁宝尊彝，叡其子子孙其永用		甲Ca型Ⅵ式	三	鼎1、甗1、簋1、爵2、盉1、觚1、尊1、卣1、盘1	6.57～7.06	无	一椁一棺	有	1984～1989年天马曲村西周墓地	《图像》13282；《天马—曲村》495	北京大学考古文博学院	

续表

序号	名称	通高–口径–腹深（厘米）	重量（千克）	铭文字数及内容	主体纹饰	型式	分期	共存礼器	墓室面积（平方米）	腰坑	棺椁	二层台	出土时间及地点	资料来源	收藏	备注
133	伯卣（M6081：84）	21.4–11	2.008	5，伯作宝尊彝	兽面纹、蚕纹、蝉纹	甲Ac型Ⅱ式	三	鼎4、甗1、簋2、爵1、觯1、尊1、卣1、盘1	14.45～13.81	无	一椁一棺	有	1980年山西曲沃6081号墓	《全集》6.55；《图像》13059；《天马—曲村》335	山西省考古研究所	
134	重环纹卣（M93：53）	18.2–7.8			重环纹、垂鳞纹	甲Db型Ⅲ式	四	鼎1、簋1、尊1、卣1、爵1、觯1、盘1、方彝1（明器）	32.1		一椁两棺		天马曲村北赵墓地	《文物》1995–7		明器
135	作旅彝卣（M6214：45）	20.1–17.6–	1.41	3，作旅彝	夔龙纹、云雷纹	甲Db型Ⅲ式	二	鼎2、鬲1、甗1、簋2、觯1、尊1、卣1	7.13～7.78		一椁一棺	有	1984～1989年天马曲村	《图像》12880；《天马—曲村》411	北京大学考古文博学院	
136	㪤卣（M6210：11）	30.7–15.3	3.61	盖7，㪤作厥父宝尊彝；器5，㪤作宝尊彝	云雷纹、夔纹	甲Ca型Ⅴ式	三	鼎3、甗1、簋2、鬲1、爵1、觯1、尊1、卣1	9.76		一椁一棺	有	1984～1989年天马曲村	《图像》13190；《天马—曲村》365	北京大学考古文博学院	
137	寢卣	22.7–6.1×8.7		11，辛卯，子赐寢贝，用乍凡彝，𢉩	圆圈纹、夔龙纹、弦纹	甲Ca型Ⅰ式	二							《图像》13247；《文季》1989–2	中国国家博物馆	

续表

序号	名称	通高–口径–腹深（厘米）	重量（千克）	铭文字数及内容	主体纹饰	型式	分期	共存礼器	墓室面积（平方米）	腰坑	棺椁	二层台	出土时间及地点	资料来源	收藏	备注
138	伯卣（M6231：23）	21.4–10–	1.53	4，伯作旅彝	云雷纹、夔龙纹、弦纹	甲Db型Ⅳ式	三	鼎2、鬲2、甗1、簋2、爵1、觯1、尊1、卣1、壶1	13.78～13.1	无	一棺一椁	有	1984～1989年天马曲村	《图像》13001；《天马—曲村》429	北京大学考古文博学院	
139	串巂父丁卣	34–14.5×11.4		盖3，舟父甲；器4，串巂父丁	圈带纹、饕餮纹、弦纹	甲Aa型Ⅲ式	二						1974年辽宁喀左山湾子	《文物》1977–12；《图像》12917（器）、12843（盖）		
140	义卣	32.1–14×11.3		7，䎡，义作父庚尊彝		甲Ca型Ⅰ式	二						1955年凌源县海岛营子村	《文参》1955–8；《图像》13126		
141	史伐卣	26.4–14.3×10.8		7，史伐作父壬尊彝	夔风纹	甲Ca型Ⅵ式	三						1955年凌源县海岛营子村	《文参》1955–8		
142	父戊卣（ⅡM251：6）	31.2–15.2	6.59	5，单子[illegible]父戊	蝉纹、夔纹、雷纹	甲Ca型Ⅲ式	二	鼎6、簋4、鬲2、甗1、爵2、觯3、尊1、卣1、盘1、盉1	16.65		一棺一椁	有	北京琉璃河M251	《琉璃河》（1973～1977年）；《图像》13047	首都博物馆	

续表

序号	名称	通高–口径–腹深（厘米）	重量（千克）	铭文字数及内容	主体纹饰	型式	分期	共存礼器	墓室面积（平方米）	腰坑	棺椁	二层台	出土时间及地点	资料来源	收藏	备注
143	肇卣	21.7–12.1×9.2		6，肇作祖宝尊彝	弦纹、鸟纹、云雷纹	甲Db型Ⅳ式	三						北京琉璃河M1190	《图像》13136	北京市文物研究所	
144	亚㠱父己卣	24–11.7		4，亚㠱父己	夔纹、蝉纹	甲Db型Ⅱ式	二						北京顺义牛栏山	《文物》1983–11；《图像》12957	北京市文物研究所	
145	㶏伯卣（M1：13）	29–12		6，㶏伯作宝尊彝	夔龙纹	乙Cb型	二	鼎7、簋3、甗1、尊2、卣2、壶1、盉1、爵1、角1、斝1、觯1、勺2	8	有		有	1967年甘肃灵台白草坡	《考报》1977–2；《全集》6.192；《图像》13096	甘肃省博物馆	
146	㶏伯卣（M1：14）	25–10.5		6，㶏伯作宝尊彝	夔龙纹	乙Cb型	二	鼎7、簋3、甗1、尊2、卣2、壶1、盉1、爵1、角1、斝1、觯1、勺2	8	有		有	1967年甘肃灵台白草坡	《考报》1977–2；《图像》13097	甘肃省博物馆	
147	㴱伯卣（M2：8）	32–13		6，㴱伯作宝尊彝	对凤纹、蝉纹	乙Cb型	二	鼎2、甗1、簋2、尊1、卣2、爵1、觯1、盉1	6.7	有	一棺一椁	有	1972年甘肃灵台白草坡	《全集》6.193；《考报》1977–2；《图像》13094	甘肃省博物馆	

续表

序号	名称	通高–口径–腹深（厘米）	重量（千克）	铭文字数及内容	主体纹饰	型式	分期	共存礼器	墓室面积（平方米）	腰坑	棺椁	二层台	出土时间及地点	资料来源	收藏	备注
148	㝬伯卣（M2：9）	26–12		6，㝬伯作宝尊彝	对凤纹、蝉纹	乙Cb型	二	鼎2、甗1、簋2、尊1、卣2、爵1、觯1、盉1	6.7	有	一棺一椁	有	1972年甘肃灵台白草坡	《考报》1977–2；《图像》13095		
149	丰父癸卣	39.5–9.5		3，丰父癸	兽面纹	乙Ab型	二						甘肃东部	《图像》12082	甘肃省博物馆	
150	兽面纹铜卣	40–16		7	夔纹、兽面纹	甲型	二						1965年河北束鹿县	《河北省出土文物选集》		
151	羊卣	24–11.5×7.2		2，羊皿	弦纹、兽面纹	甲Ab型Ⅰ式	二	尊1、卣1、觯2、觚1、爵2					1982年河北正定新城铺	《文物》1984–12；《图像》12727		明器
152	受卣	25–9.5×6.8		1，受	云雷纹、圆圈纹	甲Ca型Ⅰ式	二						1966年河北磁县下七桓	《文物》1974–11；《河北省出土文物选集》；《图像》12532		
153	亚伐卣	22–8×9.5–12	2.2	2，亚伐	蝉纹、夔纹、兽面纹	甲Eb型Ⅰ式	二	卣1、爵1					1978年灵寿西木佛村	《文丛》5；《图像》12646		

续表

序号	名称	通高–口径–腹深（厘米）	重量（千克）	铭文字数及内容	主体纹饰	型式	分期	共存礼器	墓室面积（平方米）	腰坑	棺椁	二层台	出土时间及地点	资料来源	收藏	备注
154	叔趞父卣	22.3–11.7×9.8		62	夔龙纹、弦纹	甲Da型Ⅲ式	三	鼎1、尊1、卣2、簋1、爵2、甗1、盘1、盉1					1978年河北元氏西张村	《考古》1979–1	河北省文物考古研究所	
155	叔趞父卣	27–15.5×13	4.8	62	夔龙纹、弦纹	甲Da型Ⅲ式	三	鼎1、尊1、卣2、簋1、爵2、甗1、盘1、盉1					1978年河北元氏西张村	《图像》13341；《考古》1979–1	河北省文物考古研究所	
156	己侯卣	31.8		2，己侯	兽面纹、夔纹	甲Ca型Ⅰ式	二	鼎5、甗1、簋1、爵5、觚3、斝1、尊2、卣2、罍1、斗1					1983年山东寿光	《文物》1985–3		
157	己侯卣	18.5		2，己侯	夔纹	甲Ca型Ⅰ式	二	鼎5、甗1、簋1、爵5、觚3、斝1、尊2、卣2、罍1、斗1					1983年山东寿光	《文物》1985–3		
158	[illegible]门父辛卣（院：2）	16.4–11.5		5，[illegible]门父辛	菱形纹	甲Ab型Ⅰ式	二						1985年山东潍坊市坊子区眉村	《图像》13027；《考古》1993–9	潍坊市博物馆	
159	兽面纹卣	33–12–26.4			兽面纹	乙Ca型	二	鼎1、鬲2、卣1、爵1、尊1					1984年山东省新泰	《文物》1992–3		

续表

序号	名称	通高-口径-腹深（厘米）	重量（千克）	铭文字数及内容	主体纹饰	型式	分期	共存礼器	墓室面积（平方米）	腰坑	棺椁	二层台	出土时间及地点	资料来源	收藏	备注
160	爻父丁卣	31		3，爻父丁	夔龙纹、兽面纹、弦纹	甲Ca型Ⅰ式	二						1958年山东滕县井亭	《文物》1959-12；《图像》12790	山东省博物馆	
161	史卣（M38：61）	32.2-11.5×14.6		1，史	联珠纹、菱形雷纹、弦纹	甲Ca型Ⅰ式	二	鼎3、鬲2、簋1、罍1、斝1、爵4、觚4、觯1、卣2、尊1	7.82～8.16	有	一椁一棺	有	1995年山东滕州前掌大	《图像》12572；《滕州前掌大》81	中国社会科学院考古研究所	
162	史卣（M38：66）	19.8-6.6×9.2		1，史	联珠纹、菱形雷纹、弦纹	甲Ca型Ⅰ式	二	鼎3、鬲2、簋1、罍1、斝1、爵4、觚4、觯1、卣2、尊1	7.82～8.16	有	一椁一棺	有	1995年山东滕州前掌大	《图像》12571	中国社会科学院考古研究所	
163	举父丁卣（M119：37）	34.4-13.3		3，举父丁	弦纹、夔纹	乙Cb型	二	方鼎1、圆鼎1、簋1、角4、觚2、觯1、尊1、卣1、斗1	7.7	有	一棺	有	1998年山东滕州前掌大墓地南区	《考古》2000-7；《图像》12849	中国社会科学院考古研究所	
164	㚔對卣（M7：3）	31.2-14.5		9，亚曩㚔對作父癸尊彝	夔龙纹、云雷纹	甲Ca型Ⅰ式	二	鼎1、簋2、卣2、尊1、觚2、爵2、觯2	被破坏				1989年山东滕州庄里西西周墓	《图像》13227；《国家博物馆馆刊》2012-1		

续表

序号	名称	通高–口径–腹深（厘米）	重量（千克）	铭文字数及内容	主体纹饰	型式	分期	共存礼器	墓室面积（平方米）	腰坑	棺椁	二层台	出土时间及地点	资料来源	收藏	备注
165	史[illegible]卣（M7：4）	31.2–14.5		8，史[illegible]作父癸宝尊彝	夔龙纹、云雷纹	甲Ca型Ⅲ式	二	鼎1、簋2、卣2、尊1、觚2、爵2、觯2	被破坏				1989年山东滕州庄里西西周墓	《图像》13199；《国家博物馆馆刊》2012–1		
166	史卣（M11：112）	40.8–12.8×16.8		1，史	波曲纹、云雷纹、圆涡纹、双身龙纹	甲Bb型Ⅱ式	二	方鼎2、圆鼎6、甗1、簋1、尊1、罍1、卣3、盉1、斝1、觯2、觚4、爵5、角2、斗1、盘1	6.15～6.52	有	一棺一椁	有	1994山东滕州前掌大商周墓地	《图像》12632；《滕州前掌大》75	中国社会科学院考古研究所	
167	史卣（M11：111）	28.5–9.2×12.2		1，史	波曲纹、云雷纹、圆涡纹、双身龙纹	甲Bb型Ⅱ式	二	方鼎2、圆鼎6、甗1、簋1、尊1、罍1、卣3、盉1、斝1、觯2、觚4、爵5、角2、斗1、盘1	6.15～6.52	有	一棺一椁	有	1994山东滕州前掌大商周墓地	《图像》12631；《滕州前掌大》75	中国社会科学院考古研究所	

续表

序号	名称	通高-口径-腹深（厘米）	重量（千克）	铭文字数及内容	主体纹饰	型式	分期	共存礼器	墓室面积（平方米）	腰坑	棺椁	二层台	出土时间及地点	资料来源	收藏	备注
168	史卣（M11：96）	28.4–8		1，史	兽面纹、弦纹	乙Ab型	二	方鼎2、圆鼎6、甗1、簋1、尊1、罍1、卣3、斝1、斝1、觯2、觚4、爵5、角2、斗1、盘1	3.77×（1.63～1.73）	有	一棺一椁	有	1994年山东滕州前掌大墓地	《图像》11976	中国社会科学院考古研究所	
169	父乙卣（M21：40）	33.6–12.9×15		2，父乙	夔龙纹	甲Ca型Ⅲ式	二	鼎1、簋1、爵3、觚3、觯2、尊1、角1、卣1、斝1	5.71～6.01	有	一棺一椁	有	1994年山东滕州前掌大墓地	《图像》12665；《滕州前掌大》81	中国社会科学院考古研究所	
170	夔纹卣（M120：18）	31.6–10.7×14.6			蝉纹、夔纹、雷纹、联珠纹	甲Ca型Ⅱ式		甗1、方鼎1、圆鼎2、鬲1、铜箍木壶2、斝1、觚2、角2、爵2、卣1、斗1、觯1、壶1、尊1、簋1	3.68×2.1	有	一棺，殉人1	有	1998年山东滕州前掌大墓地	《滕州前掌大》86		

续表

序号	名称	通高-口径-腹深（厘米）	重量（千克）	铭文字数及内容	主体纹饰	型式	分期	共存礼器	墓室面积（平方米）	腰坑	棺椁	二层台	出土时间及地点	资料来源	收藏	备注
171	启卣	22.7		39，王出狩南土，搜珊山谷，至于上侯滰川上，启从征，堇不扰乍且丁宝旅尊彝，用匄鲁福，用夙夜事，戉箙	波形纹带、云雷纹	甲Db型Ⅳ式	三						1969山东黄县归城小刘	《文物》1972–5；《全集》6.90；《图像》13321	山东省博物馆	
172	作宝尊彝卣（M2：165）	22.2		4，作宝尊彝	兽面纹、云雷纹	甲Da型Ⅱ式	二						1965年山东黄县归城姜家	《图像》12983	山东省博物馆	
173	作宝尊彝卣（M1：6）	23.5		4，作宝尊彝	凤纹、兽面纹	甲Da型Ⅱ式	三	鼎2、甗1、壶1、尊1、卣1、爵2	4.2				1965年山东黄县归城	《考古》1991–10；《图像》12984	龙口市博物馆	
174	小夫卣	13		8，小夫作父丁宝旅彝	弦纹	甲Ca型Ⅳ式	二	鼎3、甗1、簋2、壶1、盘1、卣1、爵2、觯1、盂1					1980年山东黄县庄头	《文物》1986–8；《图像》13206		

续表

序号	名称	通高–口径–腹深（厘米）	重量（千克）	铭文字数及内容	主体纹饰	型式	分期	共存礼器	墓室面积（平方米）	腰坑	棺椁	二层台	出土时间及地点	资料来源	收藏	备注
175	宰甫卣	31.5–11×13	5.1	23，王来兽自豆麓，在揓次，王飨酒，王光宰甫贝五朋，用作宝䵼	兽面纹、夔纹、勾连纹	甲Db型Ⅰ式	二							《文物》1986–4；《图像》13303	山东省菏泽市文物展览馆	1952年菏泽市文物部门收集
176	祖辛禹卣	23.2–17.9		6，举祖辛禹亚豫	圆涡纹、四瓣花纹、云雷纹	甲Ab型Ⅰ式	二						1957年山东长清县	《图像》13076	山东省博物馆	
177	祖辛禹卣			6，举祖辛禹，亚豫	弦纹、雷纹	甲Ca型Ⅰ式	二						1957年山东长清县	《图像》13077	山东省博物馆	
178	叀卣	19.8		1，叀	云雷纹、夔纹	甲Ba型Ⅰ式	二						1954年山东滨县蓝家村	《图像》12544		
179	作父癸彝卣	31.5–12×14.5		6，宁□作父癸彝	弦纹、云雷纹、联珠纹	甲Ca型Ⅰ式	二						山东省章丘市明水镇东涧溪村西周墓	《图像》13118；《文物》1989–6		
180	𠭯𩵋卣	25.9–11.8		2，𠭯，𩵋	夔纹、云雷纹、弦纹	甲Ca型Ⅰ式	二						传1981年山东费县	《图像》12694；《文物》1982–9	北京市文物研究所	传1981年北京拣选

续表

序号	名称	通高–口径–腹深（厘米）	重量（千克）	铭文字数及内容	主体纹饰	型式	分期	共存礼器	墓室面积（平方米）	腰坑	棺椁	二层台	出土时间及地点	资料来源	收藏	备注
181	叡𢍰卣	14.5–5.5		2，叡，𢍰	弦纹	乙Da型	二						传1981年山东费县	《图像》12695；《文物》1982–9	北京市文物研究所	传1981年北京拣选
182	兽面纹卣（标本048）	37.2–9.2–21.2			兽面纹、联珠纹、弦纹	乙Ab型	一	鼎31、鬲6、甗3、豆1、簋1、瓿1、罍1、壶3、卣2、瓒1			棺椁已朽		1999年江西新干大洋洲	《文物》1991–10		
183	亚𠂤皇祈卣	39–15×18–20.5	10	盖3，亚𠂤皇；器4，亚𠂤皇祈	蝉纹，云雷纹、兽面纹、夔纹	甲Eb型Ⅱ式	二						1985年江西遂川	《文物》1986–5；《全集》4.164；《图像》12939	遂川县历史文物陈列室	
184	公卣	35–16×19		6，公作宗宝尊彝	夔龙纹、鸟纹、云雷纹	乙B型	二						1987年江西广丰排汕	《江文》1989–1；《图像》13120	现藏广丰县博物馆	
185	云雷纹卣	33–11×15			夔龙纹、云雷纹、圆圈纹、斜角雷纹	甲Ca型Ⅰ式	二						湖北大冶罗桥	《文丛》5		

续表

序号	名称	通高–口径–腹深（厘米）	重量（千克）	铭文字数及内容	主体纹饰	型式	分期	共存礼器	墓室面积（平方米）	腰坑	棺椁	二层台	出土时间及地点	资料来源	收藏	备注
186	龙纹卣	28–10×13.5–15.5	3		龙纹、弦纹、圆圈纹	甲Ca型Ⅵ式	三	鼎1、簋1、尊1、卣2、爵1、觯1	6.6				1980年湖北随县羊子山	《文物》1982–12		
187	龙纹卣	20	1.85		龙纹、弦纹、圆圈纹	甲Ca型Ⅵ式	三	鼎1、簋1、尊1、卣2、爵1、觯1	6.6				1980年湖北随县羊子山	《文物》1982–12		
188	作宝彝卣	49.5–12.1×15.2		3，作宝彝	兽面纹、蛇纹	甲Bb型Ⅳ式	二						2007年湖北随州羊子山4号墓	《图像》12867	随州市博物馆	
189	鄂侯卣	30.4–11.4×15		5，鄂侯作旅彝	夔龙纹、弦纹	甲Db型Ⅲ式	三						2007年随州安居羊子山4号墓	《图像》13046	随州市博物馆	
190	作尊彝卣（M65：29）	31.8–10×13	4.795	3，作尊彝	兽面纹、云雷纹、弦纹	甲Ca型Ⅲ式	二	鼎7、簋4、甗1、鬲1、尊1、卣1、爵2、觯1、盉1、盘1、壶2	14.88		一椁两棺	有	2011年湖北随州叶家山	《江汉》2011–3；《图像》12875	随州市博物馆	

续表

序号	名称	通高–口径–腹深（厘米）	重量（千克）	铭文字数及内容	主体纹饰	型式	分期	共存礼器	墓室面积（平方米）	腰坑	棺椁	二层台	出土时间及地点	资料来源	收藏	备注
191	龙纹卣（M1：017）	24.8（残）–17			云雷纹、龙纹	甲型	二	方鼎4、圆鼎2、小鼎1、簋1、甗1、爵2、斝1、觚2、觯1、尊1、卣1	9	有	一棺一椁	有	2011年湖北随州叶家山	《文物》2011–11		
192	鱼伯彭卣（M27：12）	35.6–11.5×14.8	6.87	7，鱼白（伯）彭作宝尊彝	兽面纹、龙纹	甲Bb型Ⅱ式	二	方鼎2、圆鼎3、簋4、甗1、鬲1、罍2、壶1、爵2、觥1、觯4、尊1、卣1、觚1、盘1、盉1	32.83～33.66	无	一棺一椁	有	2011年湖北随州叶家山	《文物》2011–11		
193	兽面纹卣	31.7–10.5×11.5–15			云雷纹、鳞纹、兽面纹、横人字纹	乙B型	四						湖北京山县	《江汉》1983–1		
194	小臣卣	24.2–？–14		7，小臣作父乙宝彝	蝉纹、雷纹、夔纹	甲Cb型Ⅲ式	二						1962年江陵	《文物》1963–2；《全集》6.115	湖北省博物馆	
195	云纹卣	31.5			腹部以云纹为底	甲Da型Ⅱ式	三							《文丛》5		溧水回收部门拣选

续表

序号	名称	通高–口径–腹深（厘米）	重量（千克）	铭文字数及内容	主体纹饰	型式	分期	共存礼器	墓室面积（平方米）	腰坑	棺椁	二层台	出土时间及地点	资料来源	收藏	备注
196	弦纹卣（缺盖）	30.3			圆圈纹、弦纹	甲Da型Ⅱ式	三	鼎1、卣1、盘1（残）					江苏省溧水县乌山二号墓	《文丛》2		
197	三角云纹卣（H1：11）	34.5–17.7×13.5–16.2	4.6		圆点纹、斜三角云纹	甲Ca型Ⅴ式	四	鼎2、鬲1、簋2、尊2、卣1、壶1					1982年江苏丹徒	《文物》1984–5；《全集》11.36		
198	夆莫父卣	23.1		6，夆莫父作宝彝	蝉纹、凤纹	甲Db型Ⅳ式	三						上海冶炼厂拣出来	《文物》1959–10；《图像》13086		
199	凤鸟纹卣（M1：93）	34.5–18.1×12.4–22.6×20.4			凤纹、夔纹、圆圈纹、雷纹	甲Aa型Ⅲ式	四	鼎4、簋2、盂1、尊2、卣2、盘2、三足器1	34～37.84				1959年安徽屯溪	《考报》1959–4；《全集》11.90	安徽省博物馆	土墩墓
200	蟠螭纹卣（M1：94）	33–15.6×12.6			夔纹、蟠螭	甲Aa型Ⅲ式	四	鼎4、簋2、盂1、尊2、卣2、盘2、三足器1	34～37.84				1959年安徽屯溪	《考报》1959–4；《全集》11.91	安徽省博物馆	土墩墓

续表

序号	名称	通高-口径-腹深（厘米）	重量（千克）	铭文字数及内容	主体纹饰	型式	分期	共存礼器	墓室面积（平方米）	腰坑	棺椁	二层台	出土时间及地点	资料来源	收藏	备注
201	公卣（M3：8）	23.5-10.2×12.8		10，公作宝尊彝，其子孙永用	弦纹、回冠鸟纹	甲Da型Ⅲ式	三	鼎2、簋3、尊1、卣1、盉1、盘1					1965年安徽屯溪西郊弈棋乡M3	《考古》1990-3；《全集》6.119、120；《图像》13256	安徽省博物馆	土墩墓
202	马天豕父丁卣	22.5-11×9-12		5，马天豕父丁		甲Ca型Ⅵ式	三						1982年安徽省颍上县王岗乡郑家湾	《图像》13039；《考古》1984-12	颍上县文物工作组	
203	作宝尊彝卣			4，作宝尊彝	圆雕兽首	甲Db型Ⅲ式	三						1965年屯溪弈棋乡西周墓	《图像》12986	安徽省博物馆	
204	兽面纹卣	14.5-14.5×10.7	3.15		云雷纹、圆圈纹、夔龙纹、兽面纹	甲Ca型Ⅰ式	二						1978年湖南宁乡	《文物》1983-10		
205	冉癸卣	25.9-12.5×15		2，冉癸	雷纹、夔纹	甲Bb型Ⅱ式	二						1963年湖南宁乡炭河里	《图像》12684；《考古》1963-12	湖南省博物馆	

续表

序号	名称	通高-口径-腹深（厘米）	重量（千克）	铭文字数及内容	主体纹饰	型式	分期	共存礼器	墓室面积（平方米）	腰坑	棺椁	二层台	出土时间及地点	资料来源	收藏	备注
206	戈卣	37.7-13.28×15.3		1，戈	兽面纹	甲Eb型Ⅰ式	二						1970年湖南宁乡黄材	《全集》4.160	湖南省博物馆	
207	兽面纹卣	32-11.9×14.6	5.6		夔龙纹、兽面纹	甲Ec型Ⅱ式	二						湖南宁乡横市镇	《考古》1999-11		
208	蛇纹卣	50-22.4			蛇纹、蛙纹	甲Da型Ⅱ式	四						1988年湖南衡阳	《全集》11.122-125	衡阳市博物馆	
209	戈卣	33-14.5×11	3.6	4，戈作宝彝	夔龙纹	甲Ca型Ⅲ式	二						1985年10月湖南衡阳市郊杏花村	《图像》12948；《文物》2000-10	衡阳市博物馆	
210	兽面纹卣	26.7-11.6×14.4	4.625		兽面纹、云雷纹	甲类							湖南浏阳县	《湖南考古辑刊》3		
211	兽面纹卣	28.8	4.25		兽面纹、夔龙纹	甲Ec型Ⅰ式							湖南涟源	《文物》1996-4		
212	蛇纹卣	33.2-22-20.9			联珠纹、弦纹、简化夔纹、蛇、鳄鱼、龟、蛙、蟹、鹤、水鸟、鹿	甲类							岳阳县筻口镇	《湖南博物馆文集》		

续表

序号	名称	通高–口径–腹深（厘米）	重量（千克）	铭文字数及内容	主体纹饰	型式	分期	共存礼器	墓室面积（平方米）	腰坑	棺椁	二层台	出土时间及地点	资料来源	收藏	备注
213	天父乙卣	22.8–15.3×11.8	1.6	3，天父乙	夔龙纹、兽面纹	甲Ec型Ⅱ式	二						1976年广西兴安文化馆拣选	《文物》1978–10；《图像》12764	广西壮族自治区博物馆藏	
214	变形龙纹卣	28.5–10×12.5			变形龙纹	甲Ca型Ⅴ式	四						1985年广西武鸣元龙坡	《全集》11.126	广西壮族自治区博物馆藏	
215	共卣	40–12.8×17–22		1，共	云雷纹、夔纹、兽面纹、蚕纹	甲Eb型Ⅰ式	二						1974年广西武鸣勉岭山	《文物》1978–10；《全集》4.165；《图像》12604	广西壮族自治区博物馆藏	

注：《考报》：《考古学报》　　《考通》：《考古通讯》
《中原》：《中原文物》　　《华夏》：《华夏考古》
《文季》：《文物季刊》　　《江文》：《江西文物》
《江汉》：《江汉考古》　　《考文》：《考古与文物》
《考集》：《考古学集刊》　　《文参》：《文物参考资料》
《文丛》：《文物资料丛刊》　　《全集》：《中国青铜器全集》
《殷青》：《殷墟青铜器》　　《河青》：《河南出土商周青铜器》
《周原》：《周原出土青铜器》　　《安青》：《安阳殷墟青铜器》
《陕青》：《陕西出土商周青铜器》　　《图像》：《商周青铜器铭文暨图像集成》
另后表与之相同者不再加注。

附表二　传世青铜卣统计表

序号	名称	通高–口径–腹深（厘米）	容量（毫升）	重量（千克）	铭文字数及内容	纹饰	型式	分期	资料来源	收藏	备注
1	鱼纹方卣	11.4–3.5×2.8–4.3（寸）	2升6合	122两		垂鳞纹	乙B型	二	《博古图》11.33		
2	饕餮纹卣	10.6–1.1–6.7（寸）	4升	6斤1两			乙B型	二	《古器具名》		
3	樐卣	35–4.8			1，樐	联珠纹、夔纹、云雷纹	乙Ab型		《图像》11972	中国国家博物馆	
4	冀卣	28.7			1，冀	兽面纹	甲C型	二	《流散》115；《图像》12538	埃罗斯旧藏	缺提梁
5	伊卣	27			1，伊	夔纹、蕉叶纹	甲Ba型Ⅰ式	二	《流散》116	现美国纽约赛克勒收藏	
6	徯卣	27.3			1，徯	夔纹、蕉叶纹	甲Aa型Ⅰ式	二	《流散》117；《图像》12562		
7	牛卣	30.2			1，牛	兽面纹、夔纹、云雷纹	甲Bb型Ⅱ式	二	《图像》12560		
8	爻卣	29.3–9.6×12.3		3.75	1，爻	联珠纹、雷纹、弦纹	甲Ca型Ⅲ式	二	《图像》12553		
9	霝卣				1，霝	联珠纹、雷纹、弦纹	甲Ca型Ⅰ式	二	《图像》12552		
10	豪卣	32			1，豪	联珠纹、雷纹、弦纹	甲Ca型Ⅰ式	二	《图像》12548	故宫博物院	
11	獲卣				1，獲	兽面纹、夔龙纹、云雷纹	甲Ec型Ⅱ式		《图像》12547	日本东京根津美术馆	

续表

序号	名称	通高–口径–腹深（厘米）	容量（毫升）	重量（千克）	铭文字数及内容	纹饰	型式	分期	资料来源	收藏	备注
12	[illegible]卣				1，[illegible]	云雷纹、夔龙纹、联珠纹	甲Ca型Ⅰ式	二	《图像》12555		
13	来卣				1，来	云雷纹、夔纹、兽面纹	甲Ec型Ⅱ式	二	《图像》12534	原藏于省吾	
14	[illegible]卣	21			1，[illegible]	云雷纹、夔龙纹、弦纹	甲Ca型Ⅰ式	二	《图像》12530	日本奈良天理参考馆	
15	奚卣	29.8			1，奚	夔龙纹、兽面纹、云雷纹	甲Ec型Ⅱ式	二	《图像》12528		
16	禾卣				1，禾	夔纹、蝉纹、云雷纹、兽面纹	甲Ec型Ⅱ式	二	《图像》12535		
17	[illegible]卣	21			1，[illegible]	蕉叶纹、联珠纹、夔纹、云雷纹		二	《流散》118；《图像》12536		缺提梁
18	丙卣	28.5			1，丙	联珠纹	甲Ca型Ⅰ式	二	《流散》119；《图像》12616		
19	丙卣	37.5–11.5		1.13	1，丙	菱形雷纹、兽面纹	甲F型Ⅰ式	二	《图像》12608		
20	冉卣	38			1，冉	夔纹、弦纹	甲Aa型Ⅲ式	二	《图像》12584		
21	[illegible]卣	27			1，[illegible]	云雷纹、夔龙纹	甲Ba型Ⅰ式	二	《图像》12605	现藏美国纽约赛克勒氏	1971年11月出现在英国伦敦富士比拍卖行

续表

序号	名称	通高–口径–腹深（厘米）	容量（毫升）	重量（千克）	铭文字数及内容	纹饰	型式	分期	资料来源	收藏	备注
22	舌卣				1，舌	兽面纹、夔龙纹、云雷纹	甲Ec型Ⅱ式	二	《图像》12540	日本东京根津美术馆	
23	丮卣				1，丮	云雷纹、夔龙纹、弦纹	甲Ca型Ⅲ式	二	《图像》12541	美国纽约赛克勒氏	
24	举卣				1，举	兽面纹、夔纹		二	《图像》12537		缺提梁
25	鸢卣	36.1			1，鸢	兽面纹、夔纹、雷纹	甲Ec型Ⅱ式	二	《劫掠》A584；《全集》3.131；《图像》12546	美国弗里尔美术馆	传河南安阳出土
26	亚卣				1，亚	夔纹、三角纹、兽面纹	甲Ca型Ⅲ式	二	《图像》12565		
27	融卣	26.3–12–22.2			1，融	三角形云雷纹、弦纹	乙Ca型	二	《图像》12563	青州博物馆	1986年山东苏埠屯商墓
28	冉卣	20.2			1，冉	弦纹、夔纹	甲Aa型Ⅲ式	二	《劫掠》A562；《图像》12582		
29	史卣	33–11×14			1，史	联珠纹、雷纹	甲Ab型Ⅰ式	二	《图像》12575		
30	戈卣	23.9			1，戈	兽面纹、弦纹、云雷纹	甲Ca型Ⅳ式	二	《图像》12636		

续表

序号	名称	通高–口径–腹深（厘米）	容量（毫升）	重量（千克）	铭文字数及内容	纹饰	型式	分期	资料来源	收藏	备注
31	夲卣	12.5–12.3 × 8.3			1，夲	云雷纹、鸟纹、弦纹	甲Db型Ⅱ式	二	《图像》12638		
32	戈卣	24			1，戈	弦纹	甲Da型Ⅲ式	三	《劫掠》A627；《图像》12635		
33	舌卣	24.5			1，舌	鸟纹、直棱纹、夔纹	甲Eb型Ⅰ式	二	《劫掠》A588；《图像》12539		
34	[illegible]卣	24.8–6.8 × 7.2	1.76		1，[illegible]	云雷纹、夔龙纹、兽面纹、鸟纹	乙Cc型	二	《图像》12625；《西清》16.11；《全集》4.158		
35	牛卣	26.9–10.7 × 11.8–15.9		3.156	1，牛	夔龙纹、云雷纹	甲Bb型Ⅲ式	二	《图像》12630	范季融首阳斋	
36	卦象卣	10.4–3.8 × 3–6（寸）	3.6升	100两	1，[illegible]	兽面纹?	甲Ba型Ⅱ式	二	《博古图》9.17；《图像》12641		
37	田卣	8–4.1 × 2.9–4.9（寸）	3.5升	89两	1，田	兽面纹	甲Ca型Ⅳ式	二	《博古图》9.4；《考古图》4.44		
38	戈卣	9.2–4.5 × 3.8–6.2（寸）	5.3升	134两	1，戈	兽面纹	甲Ec型Ⅱ式	二	《博古图》9.21；《图像》12634		
39	冉卣	6.6–2.4 × 3.3–4.3（寸）		4.0625斤	1，冉	联珠纹、夔龙纹、兽面纹	甲Ca型Ⅰ式	二	《西清》16.14；《图像》12583	原藏清宫	
40	兕卣	13–3.8 × 3.5–3.4（寸）	5.7升	172两	1	兽面纹	甲Bb型Ⅱ式	二	《博古图》9.22		

续表

序号	名称	通高–口径–腹深（厘米）	容量（毫升）	重量（千克）	铭文字数及内容	纹饰	型式	分期	资料来源	收藏	备注
41	析子孙卣	9.5–3.5×4.6–6.4（寸）		160两	1	兽面纹	甲Ca型Ⅲ式	二	《西清》16.38		
42	丙卣	12–5×6.5（寸）			1，丙	联珠纹、雷纹、弦纹	甲Ca型Ⅰ式	二	《善斋》4.4；《图像》12610		
43	丙卣	6–2.4×3.3（寸）		3.5斤	1，丙	雷纹、弦纹	甲Ca型Ⅰ式	二	《西甲》8.20；《图像》12609		
44	[illegible]卣	8（寸）	4升	92两	1，[illegible]	云雷纹	甲Ca型Ⅰ式	二	《博古图》11.14；《图像》12603		
45	爰卣	9.2–3.5×4.6–5.8（寸）		115两	1，爰	云雷纹	甲Ca型Ⅰ式	二	《西清》16.28；《劫掠》A557、R219；《图像》12533	现藏美国纳尔逊美术陈列馆	
46	叙卣	8.7–3.6×4.4–5.8（寸）		135两	1，叙	云雷纹	甲Ca型Ⅰ式	二	《西清》16.29；《图像》12550		
47	天卣	12.3–2.9×4.3（寸）		12.25两	1，天		乙Ab型	四	《西甲》8.12；《图像》12522		
48	册卣	6.5–2.3×1.8–3.6（寸）	1升	37两	1，册	夔纹	甲Ba型Ⅰ式	二	《博古图》9.33；《图像》12554		

续表

序号	名称	通高-口径-腹深（厘米）	容量（毫升）	重量（千克）	铭文字数及内容	纹饰	型式	分期	资料来源	收藏	备注
49	史卣	7.1–4.1×3–6.1（寸）	5.2升	80两	1，史	云雷纹	甲C型	二	《博古图》10.18；《图像》12576		缺盖缺提梁
50	史卣	9.4–3.5×4.5–5.8（寸）		148两	1，史	云雷纹	甲Ca型Ⅲ式	二	《西清》16.23；《图像》12574		
51	鼎卣一	19.1–5.4×4.1–11（寸）			1，鼎	鸟纹、直棱纹	甲Eb型Ⅰ式	二	《陶斋》1.3；《图像》12525		鼎卣出土时内附有铜勺
52	鼎卣二	19.4–5.5×3.8（寸）			1，鼎	鸟纹、直棱纹	甲Eb型Ⅰ式	二	《陶斋》1.4；《图像》12526		
53	日目卣	9.8–4.8×3.8–6.9（寸）			盖器各1，日、目	夔龙纹、牛首兽面纹	甲Bb型Ⅱ式	二	《图像》12729	原藏端方	
54	竝卣	6.4–5.1×7.1（寸）			1，竝	雷纹	甲Ba型Ⅰ式	二	《图像》12527；		
55	万卣	4.3–4.9×6.5（寸）			1，万	弦纹	甲Ca型Ⅴ式	三	《善斋》4.3；《图像》12633		
56	子卣	10.4–3.5×4.5–5.8（寸）		9.125斤	1，子	云雷纹、弦纹	甲Ca型Ⅳ式	二	《西乙》8.11；《图像》12524		
57	戈卣	7.7–5.6×3.6–5.3（寸）			1，戈		甲D型	二	《陶斋》2.24；《图像》12637		缺提梁
58	亚醜卣	28			2，亚醜	纹饰不清	甲Ca型Ⅰ式	二	《流散》120；《图像》12656		

续表

序号	名称	通高–口径–腹深（厘米）	容量（毫升）	重量（千克）	铭文字数及内容	纹饰	型式	分期	资料来源	收藏	备注
59	亚醜卣	30		2.9	2，亚醜	鸟纹、弦纹	甲A型	二	《图像》12655		缺提梁
60	父乙卣	22.3			2，父乙	夔纹，弦纹	甲Da型Ⅲ式	三	《流散》121；《图像》12734		1984年12月出现在英国伦敦富士比拍卖行
61	冉辛卣	24			2，冉辛	鸟纹	甲Da型Ⅲ式	三	《流散》122；《图像》12736		1993年7月出现在英国伦敦富士比拍卖行
62	冉辛卣				2，辛冉	夔龙纹	甲Bb型Ⅰ式	二	《图像》12683	原藏吴荣光，现藏美国旧金山亚洲艺术博物馆（布伦戴奇藏品）	
63	亚莫卣	28.1–10.5×13.3			2，亚莫	夔龙纹	甲Ca型Ⅰ式	二	《图像》12649		
64	饮癸卣	31		5.086	2，饮癸	雷纹带、弦纹	甲Ca型Ⅰ式	二	《图像》12685	原藏美国纽约赛克勒氏，现藏美国戴润斋	
65	竹旅卣	32.8–12.4×13.7		5.5	2，竹旅	夔纹、兽面纹、雷纹	甲Ec型Ⅱ式	二	《夏商周》156；《图像》12705	上海博物馆	

续表

序号	名称	通高–口径–腹深（厘米）	容量（毫升）	重量（千克）	铭文字数及内容	纹饰	型式	分期	资料来源	收藏	备注
66	戲己卣	22.4–10.25×8		2.17	2，戲己	联珠纹、雷纹、弦纹	甲Ba型Ⅰ式	二	《图像》12679	原藏刘体智，现藏台北中央研究院历史语言研究所	
67	㳄己卣	20.3–9.8×7.3			2，㳄己	勾连雷纹、联珠纹、弦纹	甲Ca型Ⅰ式	二	《图像》12682	南京大学考古与艺术博物馆	
68	父癸卣	29–25.6×16.7			2，父癸	回首夔纹带	甲Ca型Ⅲ式	二	《图像》12668；《劫掠》R286、A566	曾藏美国纽约卢芹斋	
69	𠀀卄卣	40.3			2，𠀀卄	牛角兽面、夔龙纹	甲Bb型Ⅱ式	二	《图像》12728	原藏潘祖荫、徐乃昌	
70	𠫤母卣	20.8			2，𠫤母	兽面纹、夔龙纹、云雷纹	甲Ec型Ⅱ式		《图像》12721	日本神户白鹤美术馆	
71	中天卣	25–10.5×14.1–14.3			2，中天	鸟纹、云雷纹、夔纹	甲Db型Ⅱ式	二	《图像》12746	海外某收藏家	
72	旅彝卣	17.1–7.8		1.093	2，旅彝	弦纹、兽首		二	《图像》12740	原藏刘鹗，现藏美国华盛顿赛克勒美术馆	缺提梁
73	鸟[illegible]（日）卣				盖1，鳥；器2，[illegible]（日）[illegible]	雷纹、弦纹、联珠纹	甲Aa型Ⅰ式	二	《图像》12835	加拿大多伦多皇家安大略博物馆	

续表

序号	名称	通高-口径-腹深（厘米）	容量（毫升）	重量（千克）	铭文字数及内容	纹饰	型式	分期	资料来源	收藏	备注
74	冉蝰卣	7.6–2.9×3.9–5.3（寸）		5斤	2，冉蝰	云雷纹、联珠纹	甲Ca型Ⅳ式	二	《西清》16.16；《图像》12717	原藏清宫，后藏潘祖荫，现藏上海博物馆	
75	戊木卣	8.8–3.8×4.3–5.5（寸）		8斤	2，戊木	鸟纹、兽面纹、云雷纹	甲Ec型Ⅱ式	二	《图像》12707；《西清》15.26	原藏清宫，后归潘祖荫、端方	西清有盖，其余均失
76	丰丁卣	9.7–3.9×4.8–6.1（寸）		13.125斤	2，丁丰	夔纹、兽面纹	甲Ec型Ⅱ式	二	《西清》16.12；《图像》12676	原藏清宫，现藏故宫博物院	
77	父癸卣	9.5–3.6×4.9（寸）		9.375斤	2，父癸		甲Ba型Ⅱ式	二	《西甲》8.6；《图像》12669		
78	危耳卣	9.3–3.6×4.6（寸）		9.625斤	2，危耳	雷纹、弦纹	甲Ca型Ⅰ式	二	《西甲》8.27；《图像》12723	原藏清宫，后归吴大澂，现藏上海博物馆	
79	子卣	6–2.1×2.6–4（寸）		38两	2	兽面纹	甲Ec型Ⅱ式	二	《宁寿》7.12		
80	子▲卣	12.5–6.5×5.1–8.1（寸）			2，子▲	夔纹、云雷纹、联珠纹	甲Ba型	二	《陶斋》2.28；《图像》12715		
81	亚告卣	8.4–2.35（寸）			2，亚告		乙Cc型	二	《海外》42，《图像》12645		失盖及提梁
82	鱼从卣	11.6–3.9×5.2（寸）			2，鱼从	云雷纹、兽面纹、弦纹	甲Db型Ⅰ式	二	《善斋》4.10；《图像》12730		

续表

序号	名称	通高-口径-腹深（厘米）	容量（毫升）	重量（千克）	铭文字数及内容	纹饰	型式	分期	资料来源	收藏	备注
83	冉乙卣	13.7–3.2×4.8（寸）			2，冉乙	雷纹、弦纹、兽首	甲Ca型Ⅲ式	二	《善斋》4.6；《图像》12670		
84	買车卣				2，買车	雷纹带、弦纹	甲Cb型Ⅰ式	二	《图像》12700	故宫博物院	
85	弗刀卣				2，弗刀	带状纹	甲Ca型Ⅲ式	二	《图像》12708	原藏荣厚，现藏故宫博物院	
86	母鱼卣				2，母鱼	联珠纹、弦纹	甲Ca型Ⅰ式	二	《图像》12710	上海博物馆	1940年河南安阳出土
87	用征卣	6.5–3.5×2.8（寸）			2，用征	兽首	甲Ca型Ⅵ式	三	《图像》12733	日本兵库县黑川古文化研究所	
88	戉箙卣	33.3–13.7×15		6.625	盖2，戉箙；器2，嗶辰	鸟纹、夔纹、兽面纹、雷纹	甲Ec型Ⅱ式	二	《夏商周》155；《全集》4.170；《图像》12945；《西清》16.39	上海博物馆	
89	天黾卣	8.5–3.1×4.3（寸）		7.625斤	2，天黾	夔纹、弦纹	甲Ca型Ⅰ式	二	《西甲》8.15；《图像》12642		
90	酉享卣	9.8–4×3.3–9.2（寸）		7.6375斤	2，酉享	夔纹、兽面纹、云雷纹	甲Ec型Ⅱ式	二	《博古图》9.10；《图像》12688		
91	象祖辛卣	27			3，象祖辛	象纹		二	《流散》126；《图像》12842		1985年12月出现在英国伦敦富士比拍卖行

续表

序号	名称	通高-口径-腹深（厘米）	容量（毫升）	重量（千克）	铭文字数及内容	纹饰	型式	分期	资料来源	收藏	备注
92	犬父己卣	30.8			3，犬父己	夔纹、弦纹	甲Db型Ⅰ式	二	《流散》128；《图像》12792	李佐贤、潘祖荫旧藏	
93	倗兄丁卣	28			3，倗兄丁	夔纹（象纹）、弦纹	甲Aa型Ⅳ式	二	《流散》129；《图像》12865		2000年9月出现在英国伦敦佳士得拍卖行
94	吴卣	19			3，吴作彝	夔纹？	甲Db型Ⅳ式	三	《流散》130；《图像》12892	原藏刘体智、卢福	1973年6月出现在英国伦敦富士比拍卖行
95	从丁癸卣	33			3，从丁癸	联珠纹、雷纹、弦纹	甲Ca型Ⅰ式	二	《流散》131；《图像》12824		1982年6月出现在英国敦伦佳士得拍卖行
96	丰父甲卣	31.2			3，丰父甲	目雷纹、联珠纹	甲Ca型Ⅰ式	二	《图像》12761	日本京都某氏处	
97	甗父己卣	22.1-7.7×10.1-12.1		1.885	3，甗父己	联珠纹、云雷纹、弦纹、夔纹	甲Ca型Ⅲ式	二	《图像》12793；《宁寿》7.2	原藏清宫，现藏台北故宫博物院	
98	册父乙卣	33			3，册父乙	雷纹、弦纹	甲Ca型Ⅰ式	二	《图像》12770	现藏曲阜文物管理委员会	

续表

序号	名称	通高–口径–腹深（厘米）	容量（毫升）	重量（千克）	铭文字数及内容	纹饰	型式	分期	资料来源	收藏	备注
99	黽父辛卣				3，父辛，黽	夔纹、目雷纹、联珠纹	甲Ca型Ⅲ式	二	《图像》12806	原藏潘祖荫，后归李荫轩，现藏上海博物馆	
100	丙父己卣	32.4–11.9×15.1–30.4		5.115	3，丙父己	雷纹带、弦纹	甲Ca型Ⅰ式	二	《图像》12800	台北故宫博物院	
101	叔父辛卣	28.5–9.9×13–15.6		3.055	3，叔父辛	夔纹带、弦纹	甲Ca型Ⅰ式	二	《图像》12807；《西甲》8.13	原藏清宫，现藏台北故宫博物院	
102	鱼父癸卣				3，父癸，鱼	弦纹、联珠纹	甲Ca型Ⅰ式	二	《图像》12817	美国华盛顿弗里尔美术馆	
103	另父癸卣				3，另父癸	联珠纹、雷纹	甲Ca型Ⅰ式	二	《图像》12815		
104	秉冊丁卣				3，秉冊丁	夔龙纹、兽面纹	甲Ec型Ⅱ式	二	《图像》12822		
105	㠱亚𢇛卣	21.5–10			盖2，㠱𢇛；器3，㠱亚𢇛	雷纹、联珠纹、弦纹	甲Ca型Ⅰ式	二	《图像》12828	山东省博物馆	1957年山东长清兴复河北岸王玉庄与小屯村之间
106	卫典癸卣				盖2，圃典；器3，癸圃典	云雷纹、夔纹、兽面纹	甲Ec型	二	《图像》12826	法国巴黎赛尔诺什博物馆	缺提梁
107	竟祖辛卣	29.3–12.3×12			3，竟祖辛	直棱纹、鸟纹	乙Cb型	二	《图像》12841	美国纽约大都会博物馆	

续表

序号	名称	通高-口径-腹深（厘米）	容量（毫升）	重量（千克）	铭文字数及内容	纹饰	型式	分期	资料来源	收藏	备注
108	冉父辛卣	32.5–24.6×14.5			3，冉父辛	夔纹、雷纹、弦纹	甲Ca型Ⅲ式	二	《劫掠》A565；《图像》12809	美国哈佛大学福格美术馆	
109	酉卣				3，酉作旅	素面	甲Ca型Ⅵ式	三	《图像》12891	原藏荷兰万孝臣氏	
110	伯卣	20.8			3，伯宝彝	鸟纹、弦纹、云雷纹	甲Db型Ⅳ式	三	《图像》12887	日本东京出光美术馆	
111	伯卣	23–10×13.3			3，伯作彝	貘首	甲Ca型Ⅵ式	三	《图像》12888	陕西省考古研究院	
112	作旅彝卣	20.9			3，作旅彝		甲Ca型Ⅴ式	三	《图像》12882	英国格拉斯哥博物馆美术馆（巴来尔氏藏品）	
113	作旅彝卣	18.07–12×8.6–11.5		2.323	3，作旅彝	长鸟纹、回冠大鸟纹、云雷纹	甲Db型Ⅳ式	三	《图像》12881	原藏承德避暑山庄，现藏台北故宫博物院	
114	作旅彝卣	22.9			3，作旅彝	夔纹	甲Ca型Ⅴ式	二	《图像》12879	美国纽约乃布氏处	
115	作旅彝卣	22.2			3，作旅彝	夔纹、长鸟纹、云雷纹	甲Da型Ⅲ式	三	《图像》12878	美国哈佛大学福格美术馆	
116	作宝彝卣				3，作宝彝	浮雕羊首	甲Ca型Ⅵ式	三	《图像》12869	原藏吴大澂	
117	作宝彝卣	28			3，作宝彝	鸟纹、云雷纹、浮雕貘首	甲Ca型Ⅵ式	三	《图像》12868	海外某收藏家	

续表

序号	名称	通高-口径-腹深（厘米）	容量（毫升）	重量（千克）	铭文字数及内容	纹饰	型式	分期	资料来源	收藏	备注
118	作宗彝卣	22.9			3，作宗彝	云雷纹、大鸟纹、浮雕兽首	甲Da型Ⅲ式	三	《图像》12866	原藏四明周氏雪盦；现藏美国华盛顿弗里尔美术博物馆	
119	倗兄丁卣	26.3			3，倗兄丁	夔纹、目雷纹、弦文	甲Aa型Ⅳ式	二	《图像》12864	美国哈佛大学福格美术馆	
120	尺父辛卣	26.4–11.4 × 14		2.64	3，尺父辛	云雷纹、蝉纹	甲Da型Ⅲ式	三	《图像》12859	上海博物馆	
121	史父丁卣	28–21			3，史父丁	兽面纹、夔龙纹	甲Bb型Ⅲ式	二	《图像》12848	原藏日本兵库县千石唯司，后归北京尚品阁	
122	尺父乙卣	20–22.1 × 16.3			3，尺父乙	夔纹、浮雕牺首	甲Da型Ⅲ式	三	《图像》12847	美国哈佛大学福格美术馆	
123	旅父乙卣	24.1			3，旅父乙	云雷纹、夔纹、弦纹	甲Db型Ⅲ式	三	《图像》12845	原藏方濬益，后藏美国纽约卢芹斋	
124	太保卣	40–12.2 × 14			3，太保铸	兽面纹、夔龙纹、小鸟纹		二	《图像》12837		提梁破

续表

序号	名称	通高–口径–腹深（厘米）	容量（毫升）	重量（千克）	铭文字数及内容	纹饰	型式	分期	资料来源	收藏	备注
125	光父乙卣				3，光父乙	雷纹、联珠纹	甲Aa型Ⅰ式	二	《图像》12767		
126	取父癸卣	10.1–3.8×4.9–6.7（寸）		8.1875斤	3，取父癸	夔纹	甲C型	二	《西清》15.6；《图像》12816	原藏清宫，现藏故宫博物院	缺提梁
127	戣父己卣	11–6×8–5.5（寸）			3，戣父己	联珠纹、夔纹、弦纹	甲Ca型Ⅲ式	二	《考古图》4.33；《图像》12794	原藏庐江李伯庐	
128	戈父己卣	7.3–3.6×3–6.5（寸）		6.75斤	3，戈父己	目雷纹、夔纹	甲Ca型Ⅰ式	二	《考古图》4.46；《图像》12795；《博古图》10.5		得于龙游
129	⿱自丌父丁卣	9–3.6×4.6–5.7（寸）		9.6875斤	3，⿱自丌父丁	兽面纹、夔龙纹、弦纹	甲Ca型Ⅰ式	二	《图像》12791；《西清》15.1		
130	册劦竹卣	32.1–14.6×11.2–6.1		4.69	3，劦册竹		甲Ca型Ⅰ式	二	《西清》16.15；《图像》12834	原藏清宫，后归刘体智，现藏台北故宫博物院	
131	弜父乙卣	8.8–3.3×4.4–6.1		150两，9.375斤	3，弜父乙	联珠纹、目雷纹	甲Ca型Ⅰ式	二	《西清》16.18；《图像》12763		
132	天黽父戊卣	8.9–3.4×4.1–5.9（寸）		143两	4，天黽父戊	兽面纹	甲Aa型Ⅰ式	二	《西清》16.27；《图像》12920	原藏清宫	
133	亚卣	9.4–3.4×4.6–6.3（寸）		149两	3	夔纹	甲Aa型Ⅰ式	二	《西清》16.31		

续表

序号	名称	通高-口径-腹深（厘米）	容量（毫升）	重量（千克）	铭文字数及内容	纹饰	型式	分期	资料来源	收藏	备注
134	作宝彝卣	6.5–3.2×4.3–4.4（寸）		71两	3，作宝彝		甲Da型Ⅲ式	三	《西清》17.5；《图像》12870	原藏清宫	
135	戕父癸卣	11.6–4.4×3.2–7.5（寸）	6.3	246两	3，戕父癸	鸟纹，直棱纹、蝉纹、夔纹	甲Eb型Ⅰ式	二	《博古图》9.7；《图像》12860		
136	爻母辛卣	9.7–4.1×3–6.5（寸）	5.7	134两	盖2，母辛；器3，爻母辛	直棱纹、夔纹	甲Ca型Ⅲ式	二	《博古图》9.14；《图像》12863		
137	未父丁卣	9.4–4.4×3.2–6.7（寸）		7.5斤	3，未父丁	云雷纹、夔纹	甲Ca型Ⅰ式	二	《图像》12787；《博古图》10.9		
138	犟父癸卣	7.8–4.5×3.3–6.7（寸）	6.3	132两	3，犟父癸	夔纹	甲Ba型Ⅱ式	二	《博古图》10.11；《图像》12861		
139	尺父辛卣	9.5–3.6×2.6–6.1（寸）	5.2	96.5两，6.5斤	3，辛父尺	云雷纹	甲Ca型Ⅰ式	二	《博古图》10.16；《图像》12811		
140	父丙卣	10.3–2.9×3.2–6.3（寸）	6.3	188两	6，弓天兼未父丙	云雷纹	甲Ca型Ⅰ式	二	《博古图》10.4；《图像》13083		
141	鱼母乙卣	7.9–3.4–5.6（寸）		76两	3，鱼母乙	云雷纹	乙Cb型	二	《西清》16.3；《图像》12862	原藏清宫，现藏法国巴黎赛尔诺什博物馆	

续表

序号	名称	通高-口径-腹深（厘米）	容量（毫升）	重量（千克）	铭文字数及内容	纹饰	型式	分期	资料来源	收藏	备注
142	爵父癸卣盖	2.9–2.2×3.2（寸）		15两	3，爵父癸	云雷纹、鸟纹			《两罍》1.6；《图像》12818	原藏吴云	
143	㰤祖乙卣	14.3–7×4.5–8.8（寸）			3，㰤祖乙		甲Bb型Ⅱ式	二	《图像》12749；《陶斋》2.25	原藏潘祖荫、端方，后藏日本东京根津美术馆	
144	子祖丁卣盖				3，子祖丁	弦纹、云雷纹	甲Aa型Ⅲ式	二	《图像》12751		
145	[illegible]祖戊卣				3，[illegible]祖戊	夔龙纹、云雷纹	甲Ca型Ⅲ式	二	《图像》12754		
146	田父甲卣				3，甲父，田	夔龙纹、弦纹、兽首	乙Ab型	二	《图像》12757		
147	何父乙卣				3，何父乙	弦纹、雷纹带	甲Ca型Ⅰ式	二	《图像》12762		
148	丁且卣	10.9–3.6（寸）		96两6钱	3		乙Cc型	二	《海外》40	住友氏藏	
149	冉蛣丁卣	33.3–11.6		2.7	3，丁，冉蛣	兽面纹、云雷纹、夔纹	乙Cc型	二	《海外》4；《图像》12823	日本京都泉屋博古馆	
150	天父辛卣	15–5×6.5（寸）			3，天父辛	夔纹、云雷纹、弦纹	甲Ca型Ⅱ式	二	《善斋》4.14；《图像》12804	原藏刘体智，现藏故宫博物院	
151	北子卣	32.6–14.3×11.4		4	盖5，北子冉父辛；器3，冉父辛	雷纹、弦纹、联珠纹	甲Ca型Ⅰ式	二	《图像》13048；《善图》111（盖）	1946年傅斯年购自北平，后入史语所	

续表

序号	名称	通高-口径-腹深（厘米）	容量（毫升）	重量（千克）	铭文字数及内容	纹饰	型式	分期	资料来源	收藏	备注
152	鱼父乙卣	7.9–5×6.5（寸）			3，鱼父乙	雷纹、弦纹	甲Ca型Ⅰ式	二	《图像》12771；《善斋》4.12		
153	何父癸瘔卣	14.2–6×4.8（寸）			3，何父癸瘔	弦纹、雷纹、联珠纹	甲Ca型Ⅰ式	二	《善斋》4.20；《图像》12936	原藏刘体智	
154	酉父辛卣				3，父辛，酉		甲Ca型Ⅰ式	二	《图像》12810	故宫博物院	
155	壬田舌卣	8.4–2.8×3.7–4.8（寸）		74两	3，壬田舌	联珠纹、夔纹、弦纹	甲Ca型Ⅰ式	二	《图像》12827		
156	狛卣	28.9–10.2×14		2.48	器4，作宝尊彝，提梁1，狛	弦纹、夔龙纹	甲C型	二	《图像》13066；《夏商周》275	上海博物馆	失盖
157	戈卣	21.5			4，戈作旅彝	鸟纹	甲Da型Ⅲ式	三	《劫掠》A621；《图像》13012	美国斯坦福大学美术陈列馆	传河南洛阳出土
158	伯彭父卣	24.4			4，伯彭父作	鸟纹、云雷纹	甲Da型Ⅲ式	三	《劫掠》A622；《图像》12993	美国陀里多美术馆	
159	魏卣	25			4，魏作尊彝	夔纹、弦纹	甲Da型Ⅲ式	三	《文物》1956–10；《图像》13007	洛阳市博物馆	
160	立𠂤父丁卣	33			4，立𠂤父丁	兽面纹	甲Bb型Ⅲ式	二	《流散》132；《图像》12913；《劫掠》A581（R92）	曹载奎、美国罗宾生氏旧藏	

续表

序号	名称	通高-口径-腹深（厘米）	容量（毫升）	重量（千克）	铭文字数及内容	纹饰	型式	分期	资料来源	收藏	备注
161	王作㚸弄卣	20.2			4，王作㚸弄	直棱纹、鸟纹	甲Ca型Ⅲ式	二	《流散》133；《图像》12946；《劫掠》A560（R188）		
162	作从彝卣（戈卣）	21.6			4，作从彝，戈	鸟纹、云雷纹	甲Da型Ⅲ式	三	《流散》134；《图像》13013	菲利普斯博士旧藏	
163	作宝尊彝卣	30.5			4，作宝尊彝	夔纹、弦纹	甲Ca型Ⅲ式	二	《流散》135；《图像》12973		
164	亚其疑卣	25			盖3，亚疑其；器4，作宝尊彝	夔纹？	甲Db型Ⅱ式	二	《流散》142；《图像》12979	潘祖荫旧藏	
165	戎卣	22.4			4，戎作从彝	兽面纹、云雷纹	甲Da型Ⅲ式	三	《图像》13011	日本兵库县黑川古文化研究所	
166	㺇卣				4，㺇乍（作）旅彝	云雷纹、夔纹	甲Ca型Ⅴ式	二	《图像》13010	日本京都川合定治郎处	
167	伯卣	23.5–10×13–14			4，白（伯）作宝彝	鸟纹、兽面、弦纹	甲Da型Ⅲ式	三	《图像》13002		

续表

序号	名称	通高–口径–腹深（厘米）	容量（毫升）	重量（千克）	铭文字数及内容	纹饰	型式	分期	资料来源	收藏	备注
168	作旅彝卣	22.4–10.5×12.5–13.5		2.04	4，作旅彝，冉	夔纹	甲Ca型Ⅴ式	三	《图像》12992	原藏清宫，现藏台北故宫博物院	
169	作宗宝彝卣	25–13.8×16.8		4.18	4，作宗宝彝	菱形雷纹、曲折雷纹、长冠鸟纹	甲Da型Ⅲ式	三	《图像》12990	上海博物馆	
170	作宝尊彝卣	25			4，作宝尊彝	兽面纹、夔龙纹、云雷纹	甲Db型Ⅳ式	三	《图像》12985		卣内附有斗
171	作宝尊彝卣				4，作宝尊彝	回冠大凤鸟、云雷纹	甲D型	三	《图像》12974	法国巴黎赛尔诺什（色努施奇）博物馆	失盖
172	作宝尊彝卣	20.3–19×14.3			4，作宝尊彝	夔纹、弦纹	甲Ca型Ⅲ式	二	《图像》12972	原藏潘祖荫，后藏美国纽约卢芹斋	
173	作宝尊彝卣	40.9–12.2×16.3		6.1	4，作宝尊彝	兽面纹、小鸟纹	甲Bb型Ⅲ式	二	《图像》12971；《海外吉》50	日本京都泉屋博古馆	
174	作宝尊彝卣	24.1–9.8×12.5		3.74	4，作宝尊彝	分尾鸟纹、云雷纹	甲Da型Ⅲ式	三	《图像》12970；《海外吉》51	原藏丁筱农，现藏日本京都泉屋博古馆	

续表

序号	名称	通高-口径-腹深（厘米）	容量（毫升）	重量（千克）	铭文字数及内容	纹饰	型式	分期	资料来源	收藏	备注
175	作宝尊彝卣	20.6-9.2×12.6		2.27	4，作宝尊彝	云雷纹、凤鸟纹	甲Da型Ⅲ式	三	《图像》12969	台北故宫博物院	
176	飨宁父辛卣	17.4			4，飨宁父辛	夔龙纹、兽面纹	甲Ca型Ⅰ式	二	《图像》12960	海外某收藏家	
177	子翌父庚卣	30.8			4，子翌父庚	弦纹、夔纹	甲Ca型Ⅵ式	三	《图像》12959	美国芝加哥美术馆	
178	史卣	35.5-12×15			4，史作父辛	夔龙纹、兽首	甲Aa型Ⅲ式	二	《图像》12949	中国国家博物馆	
179	亚醜杞妇卣	21-7.7×10-11.5		1.725	4，亚醜，杞妇	兽面纹、弦纹	甲C型	二	《图像》12944	台北故宫博物院	缺提梁
180	妇聿卣				4，妇聿延庚	夔龙纹、兽面纹	甲Ca型Ⅲ式	二	《图像》12943	原藏吴大澂，现藏日本京都根津美术馆	
181	母�日辛卣	22.3-7.2×8.9			4，母�日辛	鸟纹、云雷纹、直棱纹	甲Ec型Ⅱ式	二	《图像》12937	日本出光美术馆	
182	句饮父辛卣	33-14.5			4，句饮父辛	兽面纹、联珠纹、夔纹、云雷纹	甲Aa型Ⅰ式	二	《图像》12930	首都师范大学历史博物馆	
183	丩册父戊卣	18.6			盖4，丩册父乙；器4，丩册父戊	云雷纹、弦纹、夔纹	甲Aa型Ⅰ式	二	《图像》12921	旅顺博物馆	

续表

序号	名称	通高-口径-腹深（厘米）	容量（毫升）	重量（千克）	铭文字数及内容	纹饰	型式	分期	资料来源	收藏	备注
184	立䍃父丁卣	30.3			4，立䍃父丁		甲Ca型Ⅰ式	二	《图像》12914；《劫掠》A558；《陶斋》2.30	原藏端方、刘体智，现藏美国纳尔逊美术陈列馆	
185	丩毌父乙卣	31.4		6.2	4，丩毌父乙	云雷纹、夔龙纹	甲Bb型Ⅱ式	二	《图像》12910	故宫博物院	
186	子既父乙卣	31.8			4，子既父乙	联珠纹、雷纹	甲Ca型Ⅰ式	二	《图像》12909	日本东京出光美术馆	
187	天黽父乙卣	32.5–12.2	20.4	4.455	4，天黽父乙	夔纹		二	《图像》12906	原藏承德避暑山庄，现藏台北故宫博物院	
188	卫典父乙卣				4，父乙，卫典	羊角兽面纹、夔龙纹	甲Ca型Ⅲ式	二	《图像》12905		缺盖
189	作宝尊彝卣	20.3			4，作宝尊彝	夔纹、弦纹	甲Ca型Ⅲ式	二	《劫掠》A569		
190	獄盧父丁卣	9.4–3×4.3–6（寸）		9.375斤	4，獄盧父丁	兽面纹	甲Ca型Ⅰ式	二	《西清》15.2；《图像》12915		
191	子廟父丁卣	9.6–3.2×3.9–5.9（寸）		9.75斤	4，子廟父丁	兽面纹	甲Ca型Ⅱ式	二	《西清》15.3；《图像》12952	原藏清宫	

续表

序号	名称	通高–口径–腹深（厘米）	容量（毫升）	重量（千克）	铭文字数及内容	纹饰	型式	分期	资料来源	收藏	备注
192	凤纹卣	5.9–3.8–4（寸）		71两	4	凤鸟纹	甲Eb型Ⅱ式	三	《西清》17.1		
193	亚獏父辛卣	10–3.7×4.7–6.5（寸）		167两	4，亚獏父辛	云雷纹、联珠纹、龙纹	甲Ca型Ⅱ式	二	《西清》16.22；《图像》12929		
194	亚醜父辛卣	9.2–3.7×4.8–6.5（寸）		155两	4，亚醜父辛	云雷纹、弦纹、夔纹	甲Ca型Ⅳ式	二	《西清》16.30；《图像》12928	原藏清宫，后归潘祖荫	
195	癸卣	9–3.7×4.5–5.9（寸）		134两	4	鸟纹	甲Ca型Ⅲ式	二	《西清》16.17		
196	行天父癸卣	6–2.4×3.3–3.8（寸）		47两	4，行天父癸	云雷纹	甲Ca型Ⅰ式	二	《西清》16.7；《图像》12933	原藏清宫	
197	饕餮卣	4.3–1.8×2.2–2.8（寸）		27两	4	兽面纹	甲Ac型Ⅰ式	二	《西清》17.8		
198	亚得父癸卣	8.7–3.2×4.6（寸）		9.375斤	4，亚得父癸	弦纹、夔纹、联珠纹	甲Ab型Ⅲ式	二	《西甲》8.9；《图像》12934	故宫博物院	
199	作宝尊彝卣	5–3.8–4.5（寸）		3.8325斤	4，作宝尊彝	直棱纹、夔纹、弦纹	甲C型	二	《图像》12976；《博古》9.26		缺盖
200	作宝尊彝卣	8.1–2.8×3.6–5.4（寸）		4.5斤	4，作宝尊彝	夔纹	甲Ba型Ⅱ式	二	《西清》17.3；《图像》12977	原藏清宫	

续表

序号	名称	通高–口径–腹深（厘米）	容量（毫升）	重量（千克）	铭文字数及内容	纹饰	型式	分期	资料来源	收藏	备注
201	作宝尊彝卣	9.8–3.7×4.4–6.6（寸）		138两	4，作宝尊彝	夔纹	甲Ba型Ⅱ式	二	《西清》17.4；《图像》12975	原藏清宫	
202	作宝尊彝卣	6.8–3.6×2.7–4.8（寸）		2.75斤	4，作宝尊彝	双身龙纹、四瓣花纹	甲Ba型Ⅱ式	二	《图像》12978；《博古图》9.28		
203	箙贝父辛卣	10–3.5×2.6–7.5（寸）	4.9	117两	4，箙贝父辛	兽面纹、夔纹、云雷纹	甲Ac型Ⅱ式	二	《博古图》10.7；《图像》12961		
204	伯卣	6.6–2.5×3.5–3.9（寸）		60两	4，伯作宝彝	夔纹	甲Ca型Ⅲ式	二	《宁寿》7.7；《图像》12998	原藏清宫	
205	微卣	8.8–5.3×3.8–5.1（寸）			4，微作父丁	云雷纹、长鸟纹	甲D型	二	《陶斋》2.31；《图像》13009	原藏端方	缺盖
206	遽册卣	11.9–4.9×3.7（寸）			4，遽册子[illegible]	夔纹、弦纹	甲F型Ⅰ式	二	《善斋》4.26；《图像》12995；《善图》114	原藏刘体智，现藏上海博物馆	
207	作戏卣	6.4–2.5×3.2–3.9（寸）			4，作戏尊彝		甲Ca型Ⅴ式	二	《图像》12996；《善斋》4.22；《善图》119	原藏刘体智、容庚	
208	叔卣	11.4–4×5.9（寸）			4，叔作旅彝		甲Ca型Ⅵ式	三	《善斋》4.23；《图像》13003；《善图》120	原藏刘体智	
209	戈娶卣	5.7–？–3.8（寸）		52两	4，戈娶作厥	目雷纹、雷纹	甲Ca型Ⅳ式	二	《图像》12994	原藏曹载奎	

续表

序号	名称	通高-口径-腹深（厘米）	容量（毫升）	重量（千克）	铭文字数及内容	纹饰	型式	分期	资料来源	收藏	备注
210	作旅彝卣	6.2–3.1×4.2–3.8（寸）		4.1875斤	4，䩺作旅彝	鸟纹、云雷纹	甲Da型Ⅲ式	三	《图像》12991；《西清》10.19	故宫博物院	
211	管卣	8–3×3.9–5（寸）			4，管作尊彝	夔纹、目纹、雷纹	甲Ca型Ⅰ式	二	《图像》12947；《善斋》4.21	原藏刘体智，容庚	
212	令□父辛卣	14.9–5.9（寸）		139两	4，令□父辛	云雷纹、兽面纹	乙Cb型	二	《图像》12931	原藏陈承裘，现藏故宫博物院	
213	家戈父庚卣	6–2.4×3.3–3.9（寸）		3.5斤	4，家戈父庚	夔纹、云雷纹、弦纹、联珠纹	甲Ca型Ⅰ式	二	《图像》12925；《西甲》8.16	原藏清宫，现藏故宫博物院	
214	玃册祖丁卣				4，玃册祖丁	云雷纹、兽面纹		二	《图像》12895；《考古图》4.22		缺提梁
215	戉箙祖乙卣				4，戉箙祖乙	浮雕兽头	甲Ca型Ⅰ式	二	《图像》12894		
216	冉蛫父丁卣	35.3–12.8×15.3		10.08	4，冉蛫父丁	云雷纹、直棱纹、鸟纹	甲Eb型Ⅱ式	二	《图像》12954；《文物》1964–7；《夏商周》157	上海博物馆	
217	亚羌卣	12.9–3.3–11.7寸		8.4375斤（西清）	5，亚羌作祢彝	兽面纹	乙A型	二	《图像》12131	原藏清宫	

续表

序号	名称	通高–口径–腹深（厘米）	容量（毫升）	重量（千克）	铭文字数及内容	纹饰	型式	分期	资料来源	收藏	备注
218	臣辰祖乙卣	30			5，先臣辰祖乙	弦纹，兽面纹	甲Ca型Ⅲ式	二	《流散》136；《图像》13036		
219	西單毌丁卣	34.8–26.4×17			5，西单毌父丁	鸟纹	甲Ca型Ⅲ式	二	《劫掠》A561；《图像》13020	美国纽约侯希兰氏处	
220	小子作母己卣	21.5–10.2×7.2			5，小子作母己	兽面纹、夔纹、弦纹	甲Ca型Ⅰ式	二	《劫掠》A559；《图像》13032	美国亚洲艺术博物馆（布仑戴奇藏品）	
221	见卣	27.2–12.9×15.4		8.78	5，见作宝尊彝	兽面纹、夔纹、云雷纹	甲Bb型Ⅲ式	二	《图像》13065	日本京都泉屋博古馆	
222	叔卣	24			5，弔（叔）乍（作）宝尊彝	夔纹、弦纹	甲Da型Ⅲ式	三	《图像》13063；《劫掠》A616	美国纽约罗伯兹氏	
223	𩁹卣	23.6–8.9×13		2.7	5，𩁹作宝尊彝	夔纹、云雷纹、弦纹	甲Da型Ⅲ式	三	《图像》13064；《两罍》6.7；《海外吉》47	原藏钱坫、阮元、吴云，现藏日本京都泉屋博古馆	
224	阳仲卣	26–11.5		3.56	6，阳仲作宝尊彝	兽面纹、鸟纹、云雷纹	甲Db型Ⅰ式	二	《图像》13050	保利艺术博物馆	
225	作父戊卣	31.9–12.9			5，作父戊宝彝	鸟纹、云雷纹、直棱纹	乙Cb型	二	《图像》13044		传河南洛阳北窑镇出土

续表

序号	名称	通高-口径-腹深（厘米）	容量（毫升）	重量（千克）	铭文字数及内容	纹饰	型式	分期	资料来源	收藏	备注
226	作父戊卣				5，作父戊宝彝	鸟纹、云雷纹、直棱纹	乙Cb型	二	《图像》13043		
227	作宝尊彝卣				5，作厥宝尊彝	神面	甲Bb型Ⅳ式	二	《图像》13042	保利艺术博物馆	
228	臣辰父乙卣	29.5–11.2×14.4		3.35	5，臣辰先父乙	蝉纹、云雷纹、弦纹	甲Ca型Ⅵ式	三	《图像》13037；《夏商周》267	上海博物馆	
229	㠱卣				5，㠱作父乙彝	兽面纹、夔龙纹	甲Ac型Ⅰ式	二	《图像》13034	原藏陈介祺，现藏日本京都小川睦之辅氏处	
230	举父癸卣				5，举父癸母䧹	雷纹、联珠纹、弦纹	甲Ca型Ⅰ式	二	《图像》13028	美国华盛顿弗里尔美术馆	
231	文𩒨父丁卣	21.7–13.5×11.5			盖4，𩒨父丁文；器5，𩒨父丁文㧞	兽面纹、夔纹、云雷纹	甲Ec型Ⅱ式	二	《劫掠》A585；《图像》13021	美国哈佛大学福格美术馆	
232	册享般卣	31			5，册享父乙般	联珠纹	乙Cb型	二	《流散》137；《图像》13045		
233	兢卣	23.5			5，兢作父乙旅	云雷纹、鸟纹	甲Cb型Ⅲ式	二	《图像》13073；《征影》346	加拿大皇家安大略博物馆	
234	曶卣				5，曶作宝尊彝	夔龙纹、弦纹	甲Da型Ⅲ式	三	《图像》13074	日本东京根津美术馆	

续表

序号	名称	通高–口径–腹深（厘米）	容量（毫升）	重量（千克）	铭文字数及内容	纹饰	型式	分期	资料来源	收藏	备注
235	祖巳卣	8.7–3.6×4.5–5.8（寸）		136两	5	云雷纹	甲Ca型Ⅰ式	二	《西清》15.4		
236	采卣	9.4–3.3×4.5–6.3（寸）		158两	盖6，采作父乙彝，肽；器5，肽作父乙彝	云雷纹	甲Ca型Ⅰ式	二	《西清》15.28；《图像》13085	现藏台北故宫博物院	
237	举父己母癸卣盖	9.2–3.7×4.8–5.9（寸）		178两	盖5，举父己母癸	兽面纹、夔纹	甲Ba型Ⅱ式	二	《西清》16.33；《图像》13030		
238	伯卣	7.2–2.9×2.2–4.4（寸）		3.3125斤	5，伯作宝尊彝	夔纹、云雷纹	甲Db型Ⅱ式	二	《博古图》11.7；《图像》13057		
239	伯卣	8–3.8×2.6–4.8（寸）		4.25斤	5，伯作宝尊彝	云雷纹、夔纹	甲Db型Ⅱ式	二	《博古图》11.5；《图像》13056		
240	伯卣	6.8–4.1×2.2–4.5（寸）		3.5斤	5，伯作宝尊彝	长鸟纹、云雷纹	甲Da型Ⅲ式	二	《博古图》11.4；《图像》13055		
241	父己卣	7.4–2.6×3.2–4.5（寸）		114两	5	云雷纹	甲Ca型Ⅳ式	二	《宁寿》7.1		
242	母辛卣	9.6–4.1–6.1（寸）			5		乙Cc型	二	《陶斋》		
243	買王罘卣	14.3–3.7×5.1（寸）			盖5，買王罘尊彝；器6，買王罘作尊彝		甲F型Ⅰ式	二	《善图》113；《图像》13090		

续表

序号	名称	通高–口径–腹深（厘米）	容量（毫升）	重量（千克）	铭文字数及内容	纹饰	型式	分期	资料来源	收藏	备注
244	应公卣	6.5–3.6–4.3（寸）		72两	5，应公作宝彝	云雷纹、夔纹、弦纹	甲Ca型Ⅴ式	二	《西清》16.1；《图像》13049	原藏清宫	
245	伯卣	7.7–2.2×3.2–4.5（寸）		78两	5，伯作宝尊彝	夔纹、弦纹	甲Ba型Ⅱ式	二	《宁寿》7.6；《图像》13058	原藏清宫	
246	頍卣	8.4–2.8×3.3–5（寸）		74两	5，頍作宝尊彝	夔纹	甲Ba型Ⅱ式	二	《宁寿》7.8；《图像》13068	故宫博物院	
247	亚其戈父辛卣	12.5–4.1×6.2（寸）			5，亚其戈父辛	云雷纹、夔纹	甲Ab型Ⅰ式	二	《善斋》4.18；《图像》13022	原藏刘体智	
248	正父卣	31			盖5，正父作宝彝；器6，正父作宝尊彝	夔纹、弦纹	甲Ca型Ⅲ式	二	《图像》13114；《中原》1982–4	河南省文物商店	
249	作祖戊卣	13.6			6，作祖戊宝彝，𠂤	夔龙纹	甲Da型Ⅲ式	三	《图像》13123	现藏美国纽约赛克勒氏	
250	亚弁卣	17			6，亚弁祖乙父己	弦纹	乙Da型	二	《流散》139；《图像》13075		
251	邢季㚤卣	4.3–2.8×3.9–2.6（寸）		61两	6，邢季㚤作旅彝	鸟纹、云雷纹	甲Da型Ⅲ式	三	《西清》16.8；《图像》13102；《全集》6.35	现藏日本京都泉屋博古馆	
252	亚古父己卣	33.2–15.7–23.4		6.16	6，亚古，作父己彝	云雷纹、兽面纹	乙Cb型	二	《图像》13079；《夏商周》273；《全集》6.190	上海博物馆	

续表

序号	名称	通高–口径–腹深（厘米）	容量（毫升）	重量（千克）	铭文字数及内容	纹饰	型式	分期	资料来源	收藏	备注
253	兕父乙卣	21			6，作父乙宝彝，兕	夔纹	甲Da型Ⅲ式	三	《图像》13125；《劫掠》R240、A628	美国纽约乃布氏处	
254	子裔卣	26.8–10.6×12.4–12.3			6，子裔作□□□	鸟纹、云雷纹、弦纹	甲Da型Ⅲ式	三	《图像》13119		
255	鬼父卣	21.2–12.5×8.5		2.33	6，鬼父作旅彝，[illegible]	夔纹	甲Da型Ⅱ式	二	《图像》13113；《西甲》8.7	原藏清宫，现藏台北故宫博物院	
256	仲𣪘卣	17.1			6，仲𣪘作宝尊彝	雷纹、弦纹	甲Da型Ⅲ式	三	《图像》13109；《劫掠》A625、R342（器）		
257	嬴季卣	25.5–13.4×10.2–13.9		3.175	6，嬴季作宝尊彝	弦纹	甲Ca型Ⅵ式	三	《图像》13100；《宁寿》7.10	原藏清宫，现藏台北故宫博物院	
258	力伯卣	33.8			6，力伯作宝尊彝	夔龙纹	甲Db型Ⅰ式	二	《图像》13098		
259	俞伯卣				6，俞伯作宝尊彝	弦纹	甲Da型Ⅲ式	三	《图像》13093	原藏荣厚	
260	亚寝卣	21.2			6，亚寝趩宔父乙	兽面纹、夔纹	甲Ac型Ⅰ式	二	《劫掠》A579；《图像》13078	美国米里阿波米斯美术馆（皮斯柏氏藏品）	
261	荣子旅卣	20.2–11.9×8.9			6，荣子旅作旅彝	凤鸟纹、云雷纹	甲Da型Ⅲ式	三	《图像》13091		

续表

序号	名称	通高–口径–腹深（厘米）	容量（毫升）	重量（千克）	铭文字数及内容	纹饰	型式	分期	资料来源	收藏	备注
262	子■父己卣				6，子■卄凵父己	弦纹	甲Ab型Ⅰ式	二	《图像》13081		
263	告田父乙卣				盖4，亚启父乙；器6，鳥父乙母告田	夔纹、联珠纹		二	《图像》13080		绳索状提梁圈状捉手
264	散卣	26			6，散作居夷尊彝	鸟纹	甲Ca型Ⅲ式	二	《流散》140		
265	戠卣	12.6–4×5.4（寸）			6，戠作父戊旅彝	夔纹、弦纹	甲Ca型Ⅳ式	二	《善图》122；《图像》13124		洛阳出土
266	𣪕卣	6.2–4.6×3.7–5.1（寸）			6，𣪕作宝尊彝，尺	弦纹、夔纹	甲C型	三	《图像》13129		失盖
267	集卣	14.56–5.6×7–9.1（寸）		10.8625斤	6，作父癸尊彝，集	云雷纹、夔纹、联珠纹	甲Ca型Ⅲ式	二	《图像》13127		
268	卿卣	13.1–5.7×4.7–7.4（寸）			6，卿作厥考尊彝	夔纹	甲Da型Ⅰ式	二	《图像》13121		
269	仲自父卣	5.7–2.8×4–3.5（寸）		79两	6，仲自父作旅彝	鸟纹	甲Db型Ⅳ式	三	《西清》16.5；《图像》13087		
270	伯鱼卣	7.1–2.7×3.6–4.3（寸）		59两	6，伯鱼作宝尊彝	鸟纹	甲Da型Ⅰ式	二	《西清》16.2；《图像》13105		
271	卫父卣	7.8–3.4×4.5–5.1（寸）		108两	6，卫父作宝尊彝		甲Ca型Ⅵ式	三	《西清》15.27；《图像》13112		
272	大中卣	4.5–3.8×2.8–4（寸）	2升	33两	6，大中作父丁尊	鸟纹、云雷纹	甲D型	二	《博古图》11.16；《图像》13111		失盖

续表

序号	名称	通高–口径–腹深（厘米）	容量（毫升）	重量（千克）	铭文字数及内容	纹饰	型式	分期	资料来源	收藏	备注
273	隃伯卣	9.8–5.4×4.2–6.4（寸）			6，隃伯作宝尊彝	弦纹	甲Ca型Ⅵ式	三	《陶斋》2.33；《图像》13092		
274	母辛卣	12.5–5.6–8.1（寸）			6		乙Cc型	二	《陶斋》		
275	州卣	6.6–3.9×3.5–4.5（寸）	3.2升	76两	6，[illegible]作父乙宝彝	夔纹	甲Ca型Ⅲ式	二	《博古图》11.12；《图像》13137		
276	束叔卣	34			7，束叔作厥宝尊彝	兽首	甲Ca型Ⅲ式	二	《流散》143		
277	[illegible]卣	34.5–13.2×16.5		5.84	7，作父壬宝尊彝，[illegible]	夔龙纹、联珠纹、蝉纹	甲Ca型Ⅲ式	二	《夏商周》269；《图像》13196		
278	宁卣	31			盖6，宁作父乙尊彝；器7，宁作父乙宝尊彝	小鸟纹	甲Ca型Ⅲ式	二	《图像》13130	西安市大唐西市博物馆	
279	伯睘卣	29–22×17			7，伯睘作厥室宝尊彝	兽面纹、夔纹	甲Bb型Ⅲ式	二	《劫掠》A582；《图像》13210	现藏美国纽约卢芹斋	
280	責卣	25–13×17–19			7，責作父癸宝尊彝	弦纹、夔龙纹、蝉纹	甲Ca型Ⅴ式	三	《中原》1984–3；《文博》1984–3；《图像》13194	洛阳博物馆	
281	卿卣	29.5–16.2×23		2	盖6器7	夔纹、弦纹	甲Ca型Ⅲ式	二	《劫掠》A567；《征影》315；《图像》13122	美国哈佛大学福格美术馆	

续表

序号	名称	通高–口径–腹深（厘米）	容量（毫升）	重量（千克）	铭文字数及内容	纹饰	型式	分期	资料来源	收藏	备注
282	作父乙卣	18.6			7		甲Da型Ⅲ式	三	《流散》144；《劫掠》R521；《集成》5269		
283	毓祖丁卣	23.7–16			7	夔纹		二	《文物》1984—10	故宫博物院	扁平状提梁，圈状捉手，高体
284	公卣	22.5–14.8×10.6			6，作公尊彝，弓摹	鸟纹、雷纹	甲Da型Ⅲ式	三	《劫掠》A619		传1927年出于河南西周初期
285	北伯卣	30			7，北伯𢦏作宝尊彝	兽面纹、联珠纹	甲Ca型Ⅵ式	三	《劫掠》A617；《征影》317	波士顿美术馆	传1890年河北涞水县张家洼出土
286	遣卣	21.7		2.21	7，遣作祖乙宝尊彝	鸟纹	甲Ca型Ⅵ式	三	《劫掠》A624；《征影》335		
287	𣶒作祖辛卣	9.3–4.5×3.3–7.5（寸）	6.9	163两	7，𣶒作祖辛尊彝，宔	兽面纹	甲Bb型Ⅱ式	二	《博古图》9.18；《图像》13195		
288	孖作父己卣	6.8–4×3.1–4.3（寸）	2.8	61两	7，孖作父己宝尊彝	素面	甲Ca型Ⅵ式	二	《博古图》10.19；《图像》13182		
289	敔卣	6.3–3.9×2.9–4.2（寸）	2.3	64.5两	7，敔作父辛旅彝，亚	素面	甲Ca型Ⅵ式	二	《博古图》10.24；《图像》13181		

续表

序号	名称	通高–口径–腹深（厘米）	容量（毫升）	重量（千克）	铭文字数及内容	纹饰	型式	分期	资料来源	收藏	备注
290	黹攵卣	8–4.5（寸）		72.6两	7，黹攵作父辛宝尊彝		甲Da型Ⅲ式	二	《海外》46；《图像》13191	日本京都泉屋博古馆	
291	虎父戊卣	9.3–3.9×5–4.8（寸）		124两盖34两	7	兽面纹		二	《两罍》		
292	雔卣	14.9–4.6×5.8（寸）			7，雔作父甲宝尊彝	云雷纹	甲Ca型Ⅰ式	二	《善图》117		
293	守卣	33			8，斗戈，守作父乙尊彝	兽面	甲Aa型Ⅲ式	二	《流散》146；《图像》13217	马克门旧藏	
294	伯睘卣	39			盖8器9，伯睘作厥室宝尊彝，五	兽面纹、夔纹	甲Bb型Ⅲ式	二	《劫掠》A583；《图像》13211	现藏美国华盛顿赛克勒美术馆	盖铭少“五”字
295	小夫卣	26.5		2.8	8，小夫作父丁宗尊彝	夔龙纹、弦纹、蝉纹	甲Ca型Ⅵ式	三	《图像》13205	故宫博物院	
296	析家卣	29.5			8，析家作父戊宝尊彝	夔龙纹、云雷纹	甲Ca型Ⅲ式	二	《图像》13204	原藏潘祖荫，2001年出现在美国纽约苏富比拍卖行	
297	卫卣	25			8，卫作季卫父宝尊彝	云雷纹、鸟纹	甲Ca型Ⅵ式	三	《图像》13222	英国伦敦大英博物馆	
298	屯卣	24.8			10，屯作兄辛宝尊彝，马天豕	鸟纹、雷纹	甲Da型Ⅲ式	三	《劫掠》A623；《图像》13232		

续表

序号	名称	通高-口径-腹深（厘米）	容量（毫升）	重量（千克）	铭文字数及内容	纹饰	型式	分期	资料来源	收藏	备注
299	鄂侯弟厝季卣	21.8–13.8×11.3–14			8，鄂侯弟厝季作旅彝	弦纹	甲Ca型Ⅴ式	三	《全集》6.108；《图像》13202	上海博物馆	
300	乃子卣	34			8，乃子作父庚宝尊彝	夔龙纹	甲Ca型Ⅲ式	二	《图像》13200		
301	甗卣	7.5–3.2×4.1–5（寸）		90两	8，甗作父甲宝尊彝，单	夔纹	甲Ca型Ⅰ式	二	《西清》15.19；《图像》13214	现藏台北故宫博物院	
302	亘承卣	9.5–3.8×4.9–6.7（寸）		264两	9，亘丞作文父丁尊彝，吕	兽面纹	甲Ac型Ⅰ式	二	《西清》15.24；《图像》13228	现藏美国波斯顿美术博物馆	
303	召仲卣	9.6–3.4×4.1–5.6（寸）		196两	盖8，七五六六六七，召仲；器2，召仲	兽面纹	甲Bb型Ⅳ式	二	《西清》15.32；《图像》13201		
304	持刀祖乙卣	12.4–4.8×3.6–7.5（寸）	6升9合	156两	8	兽面纹	甲C型	二	《博古图》9.5		缺盖
305	寗卣	9.7–3.6×4.4–5.1（寸）		154两	8，寗作父辛尊彝，亚俞	兽面纹	甲Ac型Ⅰ式	二	《西乙》8.8；《图像》13215		
306	父辛卣	17.5–3.5×2.6（寸）	4升9合	7斤5两	8		甲Ac型Ⅰ式	二	《古器具名》		
307	叔卣	25.5			9，作仲子日乙宝尊彝，叔	弦纹	甲Ca型Ⅵ式	三	《图像》13216		
308	兽卣				9，兽作父乙旅尊彝，子廟	弦纹、夔龙纹	甲Ca型Ⅵ式	三	《图像》13231	日本神户白鹤美术馆	

续表

序号	名称	通高–口径–腹深（厘米）	容量（毫升）	重量（千克）	铭文字数及内容	纹饰	型式	分期	资料来源	收藏	备注
309	僉莫高卣				9，僉莫高作父乙宝尊彝	弦纹、夔龙纹	甲Da型Ⅲ式	三	《图像》13226		
310	仲卣				9，仲作好旅彝，其用万年	云雷纹、长鸟纹	甲Da型Ⅲ式	三	《图像》13242	原藏罗振玉	
311	述卣				9，述作兄日乙宝尊彝，亼	长鸟纹	甲Db型Ⅳ式	三	《图像》13240	日本东京某氏藏	
312	䣄卣	17.7–9.4		1.399	9，䣄作父乙宝尊彝，亚牧	弦纹	甲Da型Ⅲ式	三	《图像》13235	周原博物馆	1991年陕西扶风法门镇齐家村西周墓
313	奞卣				9，奞作父丁宝尊彝，允册	鸟纹、夔龙纹、云雷纹	甲Db型Ⅳ式	三	《图像》13234	故宫博物院	
314	奞卣	27.5–18.5×19.8		2.07	9，奞作父丁宝尊彝，允册	鸟纹、夔龙纹、云雷纹	甲Db型Ⅳ式	三	《图像》13233	故宫博物院	
315	對卣				9，對作父乙宝尊彝，亚夶	弦纹、兽面纹	甲Db型Ⅳ式	三	《图像》13239	原藏刘体智，现藏日本大阪市立博物馆	
316	盩司土幽卣	12.3–4×6.5（寸）			9，盩司土幽作祖辛旅彝	鸟纹、弦纹	甲Ca型Ⅴ式	三	《善斋》4.31；《图像》13225		
317	仲卣	7.4–4.5×3.6–4.6（寸）			9，仲作好旅彝，其用万年	弦纹、分尾鸟纹、云雷纹	甲Db型Ⅳ式	三	《陶斋》2.38；《图像》13241	原藏端方、冯恕，现藏故宫博物院	

续表

序号	名称	通高-口径-腹深（厘米）	容量（毫升）	重量（千克）	铭文字数及内容	纹饰	型式	分期	资料来源	收藏	备注
318	伯卣	29.2			10，伯作宝尊彝，其孙子永宝	回首鸟纹、云雷纹、弦纹、大鸟纹、分尾长鸟纹	甲Db型Ⅳ式	三	《图像》13255	香港思源堂1988年从香港古玩行购得，2010年秋在英国伦敦佳士得拍卖，现不知何处	
319	象斆卣				10，斆作旅彝，孙子用言出入	夔龙纹、目雷纹	甲Da型Ⅲ式	三	《图像》13254	原藏程洪溥，现藏故宫博物院	
320	守宫卣	28.4			10，守宫作父辛尊彝，其永宝	兽面纹、云雷纹、弦纹		二	《图像》13252；《劫掠》R325	美国哈佛大学福格美术馆	扁平状提梁两端有兽首，高体
321	族卣				10，[illegible]，族作祖己旅彝，其永用	鸟纹、直棱纹、弦纹	甲Db型Ⅳ式	三	《图像》13257	海外某收藏家	
322	妇闀卣	9.7–5.3×3.9–6.3（寸）			10，妇闀作文姑日癸尊彝，[illegible]	大鸟纹、云雷纹、直棱纹	甲Eb型Ⅰ式	二	《陶斋》2.37，《图像》13246	原藏端方	
323	妇闀卣一	8.5–3.7×2.9–4.3（寸）			10，妇闀作文姑日癸尊彝，[illegible]	兽面纹	甲Ca型Ⅲ式	二	《陶斋》2.36；《图像》13245	原藏端方，现藏日本东京书道博物馆	

续表

序号	名称	通高–口径–腹深（厘米）	容量（毫升）	重量（千克）	铭文字数及内容	纹饰	型式	分期	资料来源	收藏	备注
324	作宗宝尊彝卣	25			11，作宗宝尊彝，其万年孙子用	夔龙纹、弦纹	甲Da型Ⅲ式	三	《图像》13266	2007年4月崇源国际（澳门）春季拍卖会	
325	王卣				11，王由攸田劦，劦作父丁尊，瀼	夔纹、弦纹、兽面纹	甲Ac型Ⅱ式	二	《图像》13261	美国华盛顿弗里尔美术馆	
326	倗卣	6.5–？–4.3（寸）		90两	11，倗作厥考宝尊彝，用万年事	云雷纹、长鸟纹、弦纹	甲Ca型Ⅵ式	三	《图像》13265	原藏曹载奎，现藏故宫博物院	
327	坒卣	8.5–3.7×4.7–5.7（寸）		10.1875斤	11，子赐坒，用作父癸尊彝，天黾	兽面纹、弦纹	甲Ac型Ⅱ式	二	《西清》15.34；《图像》13264	原藏清宫，现藏日本东京根津美术馆	
328	膉卣	8–3.7×4.8–5.1（寸）		168两	11，宜生赏膉，用作父辛尊彝，天黾	兽面纹、弦纹	甲Ca型Ⅳ式	二	《西清》16.20；《图像》13269	原藏清宫	
329	憓卣	6.7–3.3×4–4.7（寸）		5.75斤	11，憓作文父日丁宝尊旅彝，巽	兽面纹、云雷纹、夔纹	甲Ca型Ⅳ式	二	《图像》13259；《西清》15.35	原藏清宫	
330	伯卣	22.3			12，伯作厥文考尊彝，其子孙永宝	环带纹、鳞纹	甲Db型Ⅳ式	三	《图像》13271	现藏美国旧金山亚洲艺术博物馆（布伦戴奇藏品）	

续表

序号	名称	通高-口径-腹深（厘米）	容量（毫升）	重量（千克）	铭文字数及内容	纹饰	型式	分期	资料来源	收藏	备注
331	元卣	21.6			12，元作高宂日乙䀇尊，臣辰先册	弦纹	甲Da型Ⅲ式	三	《图像》13270		
332	窽卣	8.6-3.8×3-5.6（寸）		5.0625斤	12，丙寅，王锡窽贝朋，用作母乙彝	联珠纹、雷纹、弦纹	甲Aa型Ⅰ式	二	《博古图》10.21；《图像》13260		
333	晋伯卣	27.5-15.5×16.2-15.3		5.0771	13，晋伯作厥嫡宗宝彝，其万年永用	弦纹、貘首	甲Da型Ⅲ式	三	《图像》13279	美籍华人范季融首阳斋	
334	𢍰卣				13，辛未，子赏贝二朋，用作宗尊彝。𢍰	夔龙纹、兽面纹	甲Aa型Ⅲ式	二	《图像》13276	某收藏家	
335	乎渪卣				13，[illegible]尹肇家，乎渪用作父尊彝，亚挠	弦纹、云雷纹、鸟纹	甲Ca型Ⅵ式	二	《图像》13268	日本薫屋某氏处	
336	子卣	28		3.84	14，子作妇𡟰彝，汝子母庚宓祀尊彝，𢍰	兽面纹	甲Ca型Ⅰ式	二	《图像》13281	原藏颐和园，现藏故宫博物院	
337	小臣䍙卣				15，王锡小臣䍙，锡在寝，用作祖乙尊，爻敢	夔龙纹、鸟纹、云雷纹、兽面纹	乙Db型	三	《图像》13284	原藏吴大澂，现藏日本东京某氏处	
338	𢐗伯𧩧卣	42.6-19		9.2	15，亚：庚寅，𢐗伯𧩧作又丰宝彝，在二月，□	夔纹、兽面纹、云雷纹	甲Db型Ⅰ式	二	《图像》13280	保利艺术博物馆	
339	顶卣	20.5-7×10.8		2.4	17，顶作母辛尊彝，顶锡妇[illegible]，曰：用[illegible]于乃姑宓	兽面纹、夔纹		二	《图像》13293；《夏商周》270	上海博物馆	缺提梁

续表

序号	名称	通高–口径–腹深（厘米）	容量（毫升）	重量（千克）	铭文字数及内容	纹饰	型式	分期	资料来源	收藏	备注
340	员卣	17.8–19.8×11			3，员作夹	弦纹	甲Da型Ⅲ式	三	《劫掠》A629；《征影》325；《图像》12890	奥尔勃来特美术馆	
341	虢季子组卣	33–14.6×10.9		5.8	17，虢季子组作宝彝，其万年子子孙孙永宝用	回纹、联珠纹	乙Ab型	四	《图像》13300	故宫博物院	缺盖
342	耳卣	26.8–11.8×15.4		3.69	17，宁史锡耳，耳休弗敢沮，用作父乙宝尊彝，刀	夔纹	甲Cb型Ⅲ式	二	《图像》13291；《海外吉》45	日本京都泉屋博古馆	
343	否叔卣				17，否叔献彝，疾不已，为母宗彝则备，用遣母霝	垂冠回首夔纹、云雷纹	甲Db型Ⅱ式	四	《图像》13299		
344	顶卣	27.5		3	17，顶作母辛尊彝，顶锡妇[illegible]，曰：用[illegible]于乃姑宓	蝉纹、兽面纹、夔纹		二	《图像》13294	故宫博物院	扁平状提梁两端有兽首，器侧有扉棱，圈状捉手
345	员卣				17，员从史旗伐郐，员先入邑，员俘金，用作旅彝	兽面纹、圆涡纹、目雷纹	甲Ac型Ⅱ式	三	《图像》13292	京都藤井有邻馆	
346	冏劫卣	17.8			器盖同铭17字，亚，王征盖，易（锡）冏劫贝朋，用作朕高祖宝尊彝	直棱纹、长尾鸟纹	甲Db型Ⅱ式	二	《考文》1982–2；《图像》13289	美国旧金山亚洲艺术博物馆（布伦戴奇收藏）	

续表

序号	名称	通高–口径–腹深（厘米）	容量（毫升）	重量（千克）	铭文字数及内容	纹饰	型式	分期	资料来源	收藏	备注
347	緐叔卣				17，重1；緐叔作，作其为厥考宗彝，用匄寿，万年永宝	云雷纹、夔龙纹、弦纹	甲Da型Ⅲ式	三	《图像》13290	美国夏威夷火奴鲁鲁博物馆	
348	息伯卣	7.5–3.1×4.1–4.8（寸）			17，唯王八月，息伯锡贝于姜，用作父乙宝尊彝	浮雕兽头	甲C型	二	《善斋》4.33；《图像》13296	原藏刘体智、容庚，现藏广州市博物馆	缺盖
349	寡子卣	21.3–11.8×8.8–	11.7	1.495	18，敦丕弔，讣乃邦，乌呼，哀帝家，以寡子作永宝，子	鸟纹、云雷纹	甲Db型Ⅳ式	三	《图像》13301；《西清》16.6	盖藏上海博物馆，器藏台北故宫博物院	
350	加卣	20.3			20，加作父戊宝尊彝，用匄𣎵，子孙其万年永宝其日□	分尾鸟纹、蝉纹、云雷纹	甲Da型Ⅲ式	三	《图像》13302	英国伦敦大英博物馆	
351	执卣	8.4–3.2×4.1–5.8（寸）		7.375斤	20，乙亥，尹格于宫，赏执，锡铝二、箪二、执用作父丁尊彝	云雷纹、兽面纹	甲Aa型Ⅰ式	二	《图像》13295；《西清》15.30	原藏清宫	
352	盂卣	8.6–3.6×5.3–5（寸）			盖3，作旅甫；器22，兮公室盂鬯束、贝十朋，盂對扬公休，用作父丁宝尊彝，羊		甲Db型Ⅲ式	二	《图像》13306	原藏于省吾，现盖藏旅顺博物馆，器藏故宫博物院	
353	𡧊𠨘卣	7.4–？–5.3（寸）		2.75斤	24，丁巳，王赐𡧊𠨘贝，在寷，用作兄癸彝，在九月，唯王九祀，𠨘日，丙			二	《考古图》4.5；《图像》13304；《博古图》9.31		花蕾状捉手，扁平状提梁，高体

续表

序号	名称	通高-口径-腹深（厘米）	容量（毫升）	重量（千克）	铭文字数及内容	纹饰	型式	分期	资料来源	收藏	备注
354	六祀邲其卣	23.7–7.5×9.2		1.98	29，乙亥，邲其锡作册孯崙一、玗一、用作祖癸尊彝。在六月，唯王六祀，翌日。亚獏	龙纹	甲Cb型Ⅰ式	二	《全集》3.128；《图像》13312	故宫博物院	
355	作册䰧卣	22.3–9.1×12.2		2.3	28，唯明保殷成周年，公锡作册䰧鬯、贝，䰧扬公休，用作父乙宝尊彝。肖册舟		甲Ca型Ⅵ式	三	《图像》13308；《善图》118	原藏刘体智，现藏上海博物馆	
356	壴卣	5.8–3.6×2.7–4（寸）	2升1合	50两	29，文考日癸，乃戚子壴作父癸旅宗尊彝，其以父癸夙夕佮尔百婚媾，单光	弦纹	甲Ca型Ⅵ式	三	《博古图》10.35；《图像》13310；《考古图》4.3		缺提梁
357	次卣	21.8–12.6×9.6		2.442	30	鸟纹、兽首	甲Da型Ⅲ式	三	《征影》349	故宫博物院	
358	旅宗卣	6.2–3×4.2–4.3（寸）		84两	32	夔纹？	甲Da型Ⅲ式	二	《宁寿》7.4		
359	静卣	6.7–3.3×4.4–4.5（寸）		107两	34	凤鸟纹		三	《西清》15.20		
360	貉子卣	21.8–14×11			36，唯正月丁丑，王格于吕瞥，王牢于陆，咸宜，王令士道馈貉子鹿三，貉子对扬王休，用作宝尊彝	貉子	甲Da型Ⅲ式	三	《劫掠》A626；《征影》339；《图像》13319；《西清》15.9	盖藏阿波里斯美术馆（皮斯白寄存）；器藏上海博物馆	

续表

序号	名称	通高-口径-腹深（厘米）	容量（毫升）	重量（千克）	铭文字数及内容	纹饰	型式	分期	资料来源	收藏	备注
361	静卣	22.7–10×12.2–12.8		3.03	36，唯四月初吉丙寅，王在莽京，王锡静弓，静拜稽首，敢对扬王休，用作宗彝，其子子孙孙永宝用	云雷纹、夔纹		二	《善斋》3.35；《图像》13318	台北故宫博物院	绳索状提梁，圈状捉手，椭方腹
362	二祀邲其卣	38.4			盖与器底4，外底39，蓋與器内底銘：亞獏父丁；外底銘：丙辰，王令邲其貺□于夆田渪。賓貝五朋。在正月，遘于妣丙，肜日，大乙爽。唯王二祀。既婐于上下帝	龙纹、蝉纹	甲Cb型Ⅰ式	二	《全集》3.127；《图像》13323	故宫博物院	花蕾状捉手，绳索状提梁，体较高
363	䵼卣	6.8–3.9×2.9–4.4（寸）	2升3合	81两	41，䵼从师雍父戍于古师，蔑曆，锡贝卅锊，䵼拜稽首，对扬师雍父休，用作文考日乙宝尊彝，其子子孙孙永福，戊	鸟纹	甲Ca型Ⅵ式	三	《博古图》10.33；《图像》13322		
364	小子𤔲卣	27.8–13.6×10.3			45	兽面纹、夔纹、四瓣花	甲Ca型Ⅲ式	二	《图像》13326；《海外》44	日本神户白鹤美术馆	
365	保卣	25.8–9.4×12.2		3.25	46，乙卯，王令保及殷东国五侯，诞贶六品，蔑曆于保，锡宾，用作文父癸宗宝尊彝，遘于四方，会王大祀，宥于周，在二月既望	兽面纹、联珠纹	甲Ca型Ⅳ式	二	《征影》314；《全集》5.172；《图像》13324	上海博物馆	传河南洛阳出土

续表

序号	名称	通高-口径-腹深（厘米）	容量（毫升）	重量（千克）	铭文字数及内容	纹饰	型式	分期	资料来源	收藏	备注
366	召卣	22.6–9.9×13.9		2.8	46		甲Da型Ⅲ式	三	《征影》333；《图像》13325	上海博物馆	
367	农卣	7–3×4–4.5（寸）		91两	盖48，唯正月甲午，王在𩁹应，王亲令伯𬶃曰：毋俾农特，使厥友妻农，廼𢊁厥帑，厥小子小大事毋又田，农三拜稽首，敢对扬王休从；器3，作宝彝	凤鸟纹	甲Ac型Ⅱ式	二	《西清》15.13；《图像》13329		
368	录冬卣	20.1–8.8×11.1			49		甲Da型Ⅲ式	三	《征影》342	美国普林斯顿大学	
369	士上卣	27.1			50	象纹、鸟纹、雷纹	甲Ac型Ⅱ式	二	《劫掠》A630；《征影》328		传1929年出土洛阳马坡
370	辰臣父癸卣	27.6–8.3×10.7			50	兽面纹	甲Ac型Ⅱ式	三	《征影》327	日本神户白鹤美术馆	传1929年出土洛阳马坡
371	臣辰卣	10–3.6×5（寸）			50，唯王大龠于宗周，诞𩰲莽京年，在五月既望辛酉，王令士上眔史寅殷于成周，𣪕百姓豚，眔赏卣、鬯、贝，用作父癸宝尊彝，臣辰册先		甲Ac型Ⅱ式	二	《善斋》4.37；《图像》13333；《善图》123		

续表

序号	名称	通高-口径-腹深（厘米）	容量（毫升）	重量（千克）	铭文字数及内容	纹饰	型式	分期	资料来源	收藏	备注
372	競卣	20.4–8.9 × 12.3		2.47	51，唯伯屖父以成师即东，命伐南夷。正月既生霸辛丑，在坯，伯屖父皇競格于宫，競蔑曆，赏競璋，对扬伯休，用作父乙宝尊彝，子子孙孙永宝用	云雷纹、鸟纹	甲Db型Ⅳ式	三	《图像》13336；《海外》48		
373	庚嬴卣	29.1			53	鸟纹	甲Da型Ⅲ式	三	《劫掠》A631；《征影》344	哈佛大学福格美术馆	
374	高卣盖	3.1（寸）		34两	64，亚，唯十又二月，王初饔旁，唯还在周，辰在庚申，王饮西宫，烝，咸理，尹锡臣唯小僰，扬尹休，高对作父丙宝尊彝，尹其亘万年受厥永鲁，亡境在服，㠱长疑其子子孙孙宝用	兽面纹			《博古图》11.18；《图像》13345		
375	效卣	24.3–9.7 × 13.2		3.65	66		甲Da型Ⅲ式	三	《征影》343；《全集》4.175	上海博物馆	传河南洛阳出土
376	夔纹卣	26				夔纹、雷纹	甲C型	二	《劫掠》A563		失提梁

续表

序号	名称	通高-口径-腹深（厘米）	容量（毫升）	重量（千克）	铭文字数及内容	纹饰	型式	分期	资料来源	收藏	备注
377	鸟纹卣	35.5				鸟纹、直棱纹	甲Eb型Ⅰ式	二	《劫掠》A591		1929年宝鸡出土铜器之一
378	聑丁卣	32.3			盖1，聑；器2，聑丁	兽面纹、云雷纹	甲Bb型Ⅱ式	二	《图像》12675；《新收》1786	日本出光美术馆	
379	兽面纹卣	33				鸟纹、蝉纹、兽面纹	乙Cc型	二	《全集》3.132	美国旧金山亚洲艺术博物馆	传河南安阳出土
380	兽面纹卣	23.6				兽面纹、鸟纹	乙Db型	二	《全集》3.135	日本白鹤美术馆	传河南安阳出土
381	兽面纹卣	34-15.3×12.2				兽面纹、鸟纹	甲Bb型Ⅲ式	四	《全集》11.35	上海博物馆	

注：《西清》：《西清古鉴》　《宁寿》：《宁寿鉴古》　《西甲》：《西清续鉴甲编》

《西乙》：《西清续鉴乙编》　《善斋》：《善斋吉金图录》　《善图》：《善斋彝器图录》

《陶斋》：《陶斋吉金录》　《两罍》：《两罍轩彝器图释》　《海外》：《海外吉金图录》

《集成》：《殷周金文集成》　《夏商周》：《夏商周青铜器研究》

《流散》：《流散欧美殷周有铭青铜器集录》　《征影》：《西周青铜器铭文分代史征器影集》

《新收》：《新收殷周青铜器铭文暨器影汇编》　《劫掠》：《美帝国主义劫掠的我国殷周铜器集录》

另后表与之相同者不再加注。

附表三 出土提梁铜壶统计表

序号	名称	通高-口径-腹深（厘米）	花纹	重量（千克）	铭文字数及内容	共存礼器	时代	型式	出土时间及地点	出处	收藏	备注
1	兽面纹壶（M5：829）	35.4–8.9	兽面纹、云雷纹	3.1		鼎31、甗10、簋5、方彝5、尊10、觥8、壶6、瓿3、罍2、缶1、斝12、盉6、觯2、觚53、爵40、斗8、盂1、盘2	殷墟二期	Aa型Ⅰ式	1976年安阳	《殷墟妇好墓》		
2	兽面纹壶（M5：765）	36.4–8.8	兽面纹、雷纹	3.2		鼎31、甗10、簋5、方彝5、尊10、觥8、壶6、瓿3、罍2、缶1、斝12、盉6、觯2、觚53、爵40、斗8、盂1、盘2	殷墟二期	Aa型Ⅰ式	1976年安阳	《殷青》122		
3	狩壶（E9）	25.4–7.3	云雷纹、兽面纹、旋涡纹		1，狩	簋1、爵1、觚1、壶1	商代晚期	Aa型Ⅱ式	1950年武官大墓陪葬小墓	《考报》1950–5；《全集》3.117；《图像》11542	中国国家博物馆	
4	兽面纹壶（M18：10）	30.2–7.7	云纹、涡纹、弦纹、兽面纹			鼎3、甗2、簋1、尊2、罍1、壶1、斝2、爵5、觚5、盘1、箕形器1	殷墟二期	Aa型Ⅱ式	安阳小屯北	《考报》1981–4		
5	册告壶	29.9–9.5	鸟纹、兽面纹、鸮纹		2，册告		商代晚期	Aa型Ⅱ式	传河南安阳出土	《劫掠》A594；《全集》3.119；《图像》12697；《流散》125	美国赛克勒美术馆	

续表

序号	名称	通高–口径–腹深（厘米）	花纹	重量（千克）	铭文字数及内容	共存礼器	时代	型式	出土时间及地点	出处	收藏	备注
6	兽面纹壶	28–7.4	云雷纹、兽面纹				商代晚期	Aa型Ⅱ式	1935年河南安阳武官北地1022号墓	《全集》3.116	台湾中央研究院历史语言研究所	
7	夔纹壶（M1046 ∶ 6）	25.7–7.8	夔纹、云雷纹	1.4		鼎6、甗1、簋2、尊3、卣2、方罍1、方彝1、盘1、壶1、盉1、斝1、爵5、觯2、觚3、角2、斗1	帝辛时代	Ab型Ⅰ式	殷墟刘家庄北	《考集》15		
8	丁父壶（ZGW99M1∶9）	37	兽面纹、联珠纹、目雷纹		7，[illegible]丁父作宝尊彝	鼎3、簋1、甗1、尊1、卣2、觚1、罍1、壶1、盉1	西周早期	Ab型Ⅱ式	1999年郑州洼刘M1	《文物》2001–9；《图像》12203	郑州市文物考古研究所	
9	辰臣父乙壶	39.7–10.6	兽面纹、联珠纹		5，臣辰先父乙		西周早期	Ab型Ⅰ式	1929年河南洛阳马坡	《图像》12136	故宫博物院	
10	布壶	37–11	云雷纹、兽面纹		7，布作父乙尊彝，[illegible]		西周早期	Ab型Ⅱ式	1951年河南鲁山县仓头村	《图像》12197；《文物》1958–5	河南省博物院	
11	云雷纹壶（M1∶218）	28	云雷纹、弦纹	1.85		圆鼎13、方鼎9、簋3、甗2、鬲2、觚8、爵8、斝3、角2、觯5、尊5、卣6、壶2、觥3、罍2、斗4、盘1、盉1	西周早期	Ab型Ⅰ式	河南鹿邑长子口	《鹿邑太清宫长子口墓》		

续表

序号	名称	通高–口径–腹深（厘米）	花纹	重量（千克）	铭文字数及内容	共存礼器	时代	型式	出土时间及地点	出处	收藏	备注
12	𠂤族卂壶（C3M130：8）	33–12.6	弦纹、夔龙纹、络带纹		7，𠂤族卂作宝尊彝	鬲1、尊1、壶1、爵1、觯1	西周早期	B型Ⅱ式	2007年洛阳	《图像》12201；《文物》2010–8	洛阳市文物工作队	
13	沬伯疑壶	35.8–20.6	夔纹、长鸟纹、田字形网络		盖10，䀠沬伯疑作厥考宝旅尊；器11，䀠沬伯疑作厥考宝旅尊彝		西周早期	B型Ⅱ式	1931年河南浚县辛村卫国墓地	《图像》12263		
14	辰臣父乙壶	29.8–12.6×9.1	云雷纹、夔龙纹		5，臣辰先父乙		西周早期	B型Ⅱ式	1929年河南洛阳马坡	《图像》12137	美国梅叶尔氏处	
15	辰臣父乙壶	35.2–18.9	鸟纹、兽面纹		5，臣辰先父乙		西周早期	B型Ⅱ式	1929年河南洛阳马坡	《图像》12138	美国哈佛大学福格美术馆	
16	痓父乙壶	25.3–9.4×14.2	兽面纹，凤鸟纹		3，痓父乙		西周早期	B型Ⅱ式	1986年信阳狮河港	《图像》12060	信阳地区文物管理委员会	
17	冉父丁壶	24.7–10.2×12.4	夔纹、牛纹、目纹、四瓣花纹		3，冉父丁		西周早期	B型Ⅱ式	1986年信阳狮河港	《图像》12066	信阳地区文物管理委员会	
18	光作用壶	22.4–7.2	菱形雷纹、鸟纹、弦纹		4，光作用壶	鼎2、壶1、簋1	西周早期	Aa型Ⅲ式	1985年4月河南平顶山北滍村	《中原》1988–1；《图像》12111	平顶山文物管理委员会	

续表

序号	名称	通高–口径–腹深（厘米）	花纹	重量（千克）	铭文字数及内容	共存礼器	时代	型式	出土时间及地点	出处	收藏	备注
19	鱼父己壶	20–9			5，亚雀父己鱼	鼎3、甗1、鬲1、簋3、爵3、觯1、尊1、壶1、盉1	西周早期	Da型Ⅰ式	河南鹤壁庞村	《文丛》2；《全集》6.32；《图像》13041	河南省博物馆	
20	尺壶	38.7–10.7–25.5	云雷纹、兽面纹	4.4	1，尺		商代晚期	Ab型Ⅰ式	1955年陕西岐山京当乡贺家村	《图像》11971；《陕青》1.21	陕西历史博物馆	
21	舀父乙壶	23.3–7.1–17.8	弦纹、兽面纹、目雷纹	1.6	3，舀父乙	甗1、鼎1、爵1、尊1、觯1、盉1、卣2、壶1	商代晚期	Ab型Ⅱ式	陕西临游九成宫	《图像》12040；《考古》1990–10	麟游县博物馆	
22	兽面纹壶	22.5–6.5	弦纹、兽面纹、斜角雷纹		1		西周初期	Ab型Ⅰ式		《文丛》2		
23	万父己壶	37–9.0	夔龙纹、云雷纹	3.5	3，万父己		西周早期	Ab型Ⅱ式	1962年山西翼城凤家坡西周墓地	《图像》12073	翼城县博物馆	
24	齐壶	10–3（寸）	雷纹、兽面纹、弦纹		6，齐作父乙尊彝		西周早期	Ab型Ⅱ式	1927年戴家湾出土	《图像》12168	原藏于省吾	
25	山父丁壶	31.5–8.6	兽面纹		3，山父丁	鼎5、簋2、壶1	西周早期	Ab型Ⅰ式	2003年陕西宝鸡纸坊头M3	《图像》12069；《文物》2007–8	宝鸡市考古研究所	

续表

序号	名称	通高–口径–腹深（厘米）	花纹	重量（千克）	铭文字数及内容	共存礼器	时代	型式	出土时间及地点	出处	收藏	备注
26	趩父乙壶（BZM4：8）	33.2–9×11.8–22.9	弦纹、云雷纹、兽面纹、十字形宽带纹	2.9	3，趩父乙	鼎4、甗1、鬲1、簋2、盘1、壶1、尊1、卣1、爵1、觯2、斗1	西周早期	B型Ⅰ式	1980年宝鸡竹园沟	《图像》12057	宝鸡青铜器博物馆	
27	戈父癸壶	24.6–8.3–16	小鸟纹	1.6	3，戈父癸		西周早期前段	Ab型Ⅰ式	1991年陕西泾阳高家堡	《图像》12077	泾阳县博物馆	
28	册劦竹父丁壶	35.3–9.8–24.7	夔纹、目雷纹	3.552	5，册劦竹父丁	鼎1、卣1、壶1、觯1	西周早期	Ab型Ⅲ式	1975扶风召李M1	《图像》12139	扶风县博物馆	
29	父己壶（BZM13：24）	36.3–10.5–25.2	夔纹、云雷纹、联珠纹	3.25	3，父己，刀	鼎7、甗1、簋3、豆1、尊1、卣2、觯1、觚1、爵1盉1、斗1、盘1、壶1	西周早期	Ab型Ⅱ式	宝鸡竹园沟M13	《图像》12072	宝鸡青铜博物馆	
30	索册父癸壶	33	云雷纹、兽面纹	3.4	4，索册父癸	壶1、爵1、觚1、刀1	商晚或周早	Ab型Ⅰ式	山东兖州嵫山	《图像》12099；《文物》1990–7	兖州县博物馆	
31	史子日癸壶（M120：23）	28.4–8	兽面纹、弦纹		4，史子日癸	甗1、方鼎1、圆鼎2、簋1、鬲1、铜箍木壶2、盉1、觚2、角2、爵2、卣1、斗1、觯1、壶1、尊1	西周早期前段	Ab型Ⅰ式	1998年山东滕州前掌大墓地M120	《图像》12096	中国社会科学院考古研究所	
32	史父乙壶（M18：45）	28.4–8	联珠纹、兽面纹		3，史父乙	鼎1、簋1、甗1、觚2、爵2、角1、尊1、盉1、壶2、觯1	西周早期	Ab型Ⅱ式	1998年山东滕州前掌大墓地M18	《图像》12056	中国社会科学院考古研究所	

续表

序号	名称	通高–口径–腹深（厘米）	花纹	重量（千克）	铭文字数及内容	共存礼器	时代	型式	出土时间及地点	出处	收藏	备注
33	㠱叡壶	28–9	兽面纹、云雷纹		2，㠱、叡		商代晚期	Ab型Ⅱ式	传1981年山东费县出土	《图像》11996；《文物》1982–9	北京市文物考古研究所	
34	庚父乙壶（M1：12）	36–8.5×13	云龙纹、夔龙纹		3，庚父乙	鼎7、簋3、甗1、尊2、觯1、爵1、角1、斝1、盉1、卣2、壶1、勺2	西周早期	B型Ⅰ式	1967年甘肃灵台白草坡M1	《图像》12059	甘肃省博物馆	
35	圉壶（ⅡM253：4）	25.4–11	夔纹、兽面纹	2.5	14，王祓于成周，王赐圉贝，用作宝尊彝	鼎6、簋2、鬲4、甗1、爵2、觯1、尊1、壶3、盘1、盉1	西周早期	B型Ⅱ式	北京房山琉璃河	《图像》12299《琉璃河》（1973—1977）		
36	作宝彝壶（ⅡM253：5）	31.8–13	兽面纹、夔纹	3.6	3，作宝彝	鼎6、簋2、鬲4、甗1、爵2、觯1、尊1、壶3、盘1、盉1	西周早期	B型Ⅱ式	北京房山琉璃河	《图像》12083《琉璃河》（1973—1977）	首都博物馆	
37	亯父乙壶	21.3–9.4	鸟纹、三角纹		3，亯父乙		商代晚期	Db型Ⅱ式	1958年山西洪赵坊堆村	《图像》12769		
38	师卫壶乙		小鸟纹、云雷纹、目雷纹、夔龙纹、络带纹		27，唯九月既生霸，宫公省㒸器于北麦，宫公赏师卫贝五朋，用作祖宝彝		西周早期前段	B型Ⅱ式	传山西出土	《图像》12403	某收藏家	

续表

序号	名称	通高–口径–腹深（厘米）	花纹	重量（千克）	铭文字数及内容	共存礼器	时代	型式	出土时间及地点	出处	收藏	备注
39	几壶（M113：102）	33.3–13	鸟纹、云雷纹、蝉纹		7，几作妣日丁尊彝	鼎8、簋6、卣2、甗1、壶2、猪尊1、铜双耳罐1、铜琮形器1	西周早期	B型Ⅲ式	2001年山西曲沃北赵	《图像》12196；《文物》2001–8	山西省考古研究所	
40	师卫壶甲	31–12.9×9.9–19.2	鸟纹、夔纹、目雷纹、络带纹		27，唯九月既生霸，宫公省僕器于北麦，宫公赏师卫贝五朋，用作祖宝彝		西周早期前段	B型Ⅱ式	传山西出土	《图像》12402	某收藏家	2010年5月见西安
41	兽面纹壶	42–13.7×17.5	兽面纹、龙纹、蝉纹				商代晚期	B型Ⅰ式	1955年山西石楼桃花庄	《全集》4.139	山西省博物馆	
42	伽叔壶	32.5–7.2	卷尾长鸟纹、云雷纹		盖6，叔作田父䵼壶；器28，唯廿又六年十月，初，己卯，伽叔作田父宝尊壶，其万年子子孙孙永宝用		西周中期前段（穆王二十六年）	Ab型Ⅲ式	传晋南出土	《图像》12401	某收藏家	
43	曾侯壶（M65：31）	44–9.2×14.8–30.1	络带纹	5.94	5，曾侯作田壶	鼎7、簋4、甗1、鬲1、尊1、卣1、爵2、觯1、盉1、盘1、壶2	西周早期	B型Ⅲ式	2011年湖北随州叶家山	《江汉》2011–3；《图像》12132	随州市博物馆	

续表

序号	名称	通高–口径–腹深（厘米）	花纹	重量（千克）	铭文字数及内容	共存礼器	时代	型式	出土时间及地点	出处	收藏	备注
44	兽面纹壶	47.5–11.8	兽面纹、雷纹、龙纹、凤纹				商代晚期	B型Ⅰ式	1956年湖南石门	《全集》4.142	湖南省博物馆	
45	兽面纹壶	27.8–7.3	兽面纹、云雷纹			鼎31、鬲6、甗3、豆1、簋1、瓿1、罍1、壶3、卣2、瓒1	殷墟一二期	C型	1999年江西新干大洋洲	《文物》1991–10		

附表四 传世提梁铜壶统计表

序号	名称	通高-口径-腹深（厘米）	容量（毫升）	重量（千克）	铭文字数及铭文	纹饰	时代	型式	资料来源	收藏	备注
1	挚壶	9-2.3-6.2（寸）	1升3合				殷	Ab型Ⅱ式	《考古图》4.68		得于河滨
2	葡壶	29.7-7.5			1，葡	云雷纹、兽面纹	商代晚期	Aa型Ⅱ式	《图像》12581	法国巴黎基美博物馆	
3	兽面纹壶	32				菱形方格纹、兽面纹	殷	Aa型Ⅰ式	《劫掠》A592		
4	兽面纹壶	30.6				兽面纹	殷	Aa型Ⅱ式	《劫掠》A593		
5	功壶	11.3-4.2-8.3（寸）			1，功		殷	Ab型Ⅰ式	《陶斋》2.32		
6	兽面纹壶	13（寸）			1	兽面纹、龙纹	殷	C型	《白鹤》1		河南省彰德府外殷墓出土
7	丬犮壶	20.7-8.7×1.5		1.9	盖2器2		商代晚期	B型Ⅰ式	《图像》12722	台北故宫博物院	
8	戈壶	29.8			1，戈	牛纹、夔纹、兽面纹、长尾鸟纹	西周早期	B型Ⅱ式	《图像》11977	故宫博物院	

续表

序号	名称	通高-口径-腹深（厘米）	容量（毫升）	重量（千克）	铭文字数及铭文	纹饰	时代	型式	资料来源	收藏	备注
9	戈壶				1，戈	云雷纹、夔龙纹	西周早期	B型Ⅱ式	《图像》11978		
10	尺壶	34.5			1，尺	云雷纹、小鸟纹	西周早期	B型Ⅱ式	《图像》11984	美国奥尔勃来特美术陈列馆	
11	父乙壶	11-3.1×3-8（寸）	4.7	116两	2	鸟纹	西周早期	Ab型Ⅱ式	《博古图》11.10		
12	龚子壶	23.7			2，龚子	云雷纹、象鼻夔龙纹	商代晚期	Ab型Ⅱ式	《图像》11992；《流散》124		1976年4月出现在英国伦敦富士比拍卖行
13	龚子壶	24-7.4			2，龚子	夔龙纹	商代晚期	Ab型Ⅱ式	《图像》11991	德国柏林东洋艺术博物馆	
14	隹壶	30.7			2，隹壶	方格雷纹	西周早期	Db型	《近出》563；《图像》12732；《流散》123		1984年6月出现在英国伦敦苏富比拍卖行
15	隹壶	30.2-10.6			2，隹壶	方格雷纹、兽面纹、勾连雷纹	西周早期	Db型	《图像》12731	日本出光美术馆	
16	兽面纹壶				盖、器同铭，各2字	云雷纹组成的兽面纹	商代晚期	Ab型Ⅱ式	《图像》12015	原藏刘体智，现藏荷兰W.VanderMandele	

续表

序号	名称	通高–口径–腹深（厘米）	容量（毫升）	重量（千克）	铭文字数及铭文	纹饰	时代	型式	资料来源	收藏	备注
17	枚父丁壶	22.8–8.9			3，枚父丁	弦纹	商代晚期	Db型Ⅰ式	《图像》12783；《考古》86–9	清华大学图书馆	
18	趣父乙壶				3，趣父乙	弦纹	西周早期	B型Ⅰ式	《图像》12058	瑞典斯德哥尔摩远东博物馆	
19	子祖壬壶	25.3			3，子祖壬	宽带络纹	西周早期	Aa型Ⅱ式	《图像》12055	美国纽约罗伯兹氏处	
20	作宝彝壶	25.8–8			3，作宝彝	折线雷纹、鸟纹	西周中期前段	Ab型Ⅲ式	《考文》2006–6；《图像》12084	上海崇源艺术品拍卖公司	
21	[illegible]父乙壶	15.3–5.6×4.3（寸）			3，[illegible]父乙		西周早期		《善图》115		
22	子孙壶	10.5–3.2–8.1（寸）		105两	3	兽面纹	西周早期	Ab型Ⅱ式	《西清》16.36		
23	尺父丁壶				3，尺父丁	鸟纹、雷纹	西周早期	B型Ⅱ式	《图像》12070	瑞士苏黎士瑞列堡博物馆	
24	翌父辛壶	10.5–3.5–7.9寸		6斤（西清）	3，翌父辛	兽面纹、联珠纹	商代晚期	Ab型Ⅱ式	《图像》12049《西清》16.26	原藏清宫，后归陈承裘，现藏故宫博物院	
25	戈父癸壶				3，戈父癸	夔纹	西周早期前段	B型Ⅱ式	《图像》12076	洛阳市文物商店	
26	爵父丁壶	8.4–3.7×2.7–7.7寸（博古）		4.8235斤	3，爵父丁	夔纹、宽带络纹	西周早期	B型Ⅰ式	《图像》12065《博古》9.24		

续表

序号	名称	通高-口径-腹深（厘米）	容量（毫升）	重量（千克）	铭文字数及铭文	纹饰	时代	型式	资料来源	收藏	备注
27	爵父癸壶	25			3，爵父癸	鸟纹、宽带络纹	西周早期	B型Ⅱ式	《图像》12079；《流散》328		1975年出现在英国伦敦富士比拍卖行
28	旅父癸壶	33.7–9.5×13		3.2	3，旅父癸	络带纹、变形龙纹	西周早期	B型Ⅰ式	《图像》12080	上海博物馆	
29	史父乙壶	35			3，史父乙	兽面纹、弦纹	商代晚期	B型Ⅱ式	《图像》12037		2007年见于崇源国际（澳门）拍卖会
30	遽父己壶	33.2			3，遽父己	宽带络纹	商代晚期	B型Ⅱ式	《图像》12045	原藏刘体智，现藏日本大阪市立博物馆	
31	串父癸壶	9.6–3.2×4–6.8（寸）		6.875斤（西清）	3，串父癸	鸟纹、宽带络纹	商代晚期	B型Ⅱ式	《图像》12051《西清》16.9		
32	㠱父丁壶	21.5			3，㠱父丁	云雷纹、兽面纹、目雷纹	西周早期	Ab型	《图像》12067	英国伦敦某氏	无提梁
33	㠱父乙壶	31.1–9.4×12.9–22.4		3.23	3，㠱父乙	夔纹、弦纹	商代晚期	B型Ⅱ式	《图像》12039	原藏盛昱、刘体智，现藏台北故宫博物院	
34	亚啚延壶	30.7–9.7×12.3–21.5			3，亚啚延	弦纹	商代晚期	B型Ⅱ式	《图像》12033	原藏商承祚，现藏旅顺博物馆	
35	史父癸壶	35.5–20.3			3，史父癸	兽面纹、目雷纹	西周早期	Ab型Ⅱ式	《图像》12081	加拿大多伦多皇家安大略博物馆	

续表

序号	名称	通高-口径-腹深（厘米）	容量（毫升）	重量（千克）	铭文字数及铭文	纹饰	时代	型式	资料来源	收藏	备注
36	弓父庚壶				3，弓父庚	云雷纹、夔纹	西周早期后段	Ab型Ⅱ式	《图像》12074	原藏刘喜海	
37	旅父辛壶	25.3–8			3，旅父辛	兽面纹、弦纹	西周早期	Ab型Ⅲ式	《图像》12075	美国米里阿波里斯美术馆（皮斯柏氏藏品）	
38	析父丙壶	15.1–4.8–11.1（寸）		库平101两	3，析父丙	兽面纹、目雷纹	商代晚期	Ab型	《图像》12041	原藏陈承裘	无盖
39	令父癸壶	10.8–3.1–8.2（寸）		6.6875斤	3，令父癸	兽面纹、夔纹、雷纹	商代晚期	Ab型Ⅱ式	《图像》12052	原藏清宫，现藏故宫博物院	
40	倗兄丁壶	25.4–8.1			3，倗兄丁	兽面纹、云雷纹	西周早期	B型Ⅰ式	《图像》12054	美国哈佛大学福格美术馆	
41	冉父己壶	34.9–11–?		4.323	3，冉父己	兽面纹带	商代晚期	Ab型Ⅱ式	《图像》12046	美国华盛顿赛克勒美术馆	
42	亚父乙壶	11–3.1×3–8.6（寸）		7.25斤（博古）	3，亚父乙	夔纹、云雷纹	商代晚期	Ab型Ⅱ式	《图像》12038		
43	史父丁壶	10.5–3.2–8.2（寸）（西清）		6.3125斤（西清）	3，史父丁	兽面纹、夔纹	商代晚期	Ab型Ⅱ式	《图像》12042	原藏清宫	
44	彭女壶				4，彭女彝，冉	兽面纹、蝉纹、鸟纹、弦纹	商代晚期	B型Ⅰ式	《图像》12095	原藏于省吾	

续表

序号	名称	通高–口径–腹深（厘米）	容量（毫升）	重量（千克）	铭文字数及铭文	纹饰	时代	型式	资料来源	收藏	备注
45	[illegible]卒父辛壶	29.21–12.71			4，[illegible]卒父辛	兽面纹、目雷纹	西周早期	Ab型Ⅱ式	《图像》12103	英国伦敦某氏	
46	亚址父己壶	12–3.4–9.7（寸）			4，亚址父己	弦纹、雷纹、兽面纹	西周早期	Ab型Ⅱ式	《图像》12958；《考古图》4.25		
47	鸢祖辛壶	36.4		4.04	3，鸢祖辛	兽面纹	商代晚期	Ab型Ⅱ式	《图像》12035	原藏颐和园，现藏故宫博物院	
48	亚厷父乙壶	28.8			4，亚厷父乙	兽面纹、云雷纹	商代晚期	Ab型Ⅱ式	《图像》12098		
49	天黾父乙壶	33			4，天黾父乙	夔龙纹、兽面纹、云雷纹、宽带络纹、弦纹	西周早期前段	B型Ⅱ式	《图像》12097		
50	朋子弓葡壶	31.5		2.326	4，朋子弓葡（箙）	云雷纹、兽面纹	商代晚期	Aa型Ⅰ式	《图像》12940	原藏日本东京程琦氏、美国卡特氏，现藏美国华盛顿赛克勒美术馆	
51	守宫壶	26.3			5，守宫作父辛	兽面纹、目雷纹	西周早期后段	B型Ⅱ式	《图像》12133；《流散》138		
52	马天豖父丁壶	36.7			5，马天豖父丁	兽面纹、目雷纹	西周早期	Ab型Ⅱ式	《图像》12140	日本奈良宁乐美术馆	

续表

序号	名称	通高–口径–腹深（厘米）	容量（毫升）	重量（千克）	铭文字数及铭文	纹饰	时代	型式	资料来源	收藏	备注
53	作父乙壶				6，□作父乙尊彝	盖沿和颈部有纹饰，不清	西周早期	Ab型Ⅱ式	《图像》12180		
54	子殷壶	32			7，子殷用作父丁彝	兽面纹、弦纹	西周早期	B型Ⅱ式	《图像》12199	日本东京出光美术馆	
55	伯矩壶	31.6–15.8×14			6，伯矩作宝尊彝	兽面纹、夔纹	西周早期	B型Ⅱ式	《图像》12175	原藏李宗岱，现藏美国纽约莫尔根图书馆	
56	应公壶	27.1（盖）–12.3–19.4		2.79	6，应公作宝尊彝	弦纹	西周早期	Ab型Ⅱ式	《图像》12171		
57	作父辛壶				6，作父辛宝尊彝	络带纹	西周早期	B型Ⅱ式	《图像》12181	原藏潘祖荫，现藏上海博物馆	
58	伯矩壶	9.8–3.4×4.3–7.3（寸）		113两	6	兽面纹	西周早期	B型Ⅱ式	《西清》16.4		
59	黹益壶				6，黹益作宝尊彝	兽面纹、十字络带纹	西周早期	B型Ⅱ式	《图像》12170	曾藏美国纽约山中商会，现藏美国普林斯顿大学美术博物馆	
60	夹壶	38			8，夹作父辛尊彝，亚[illegible]	云雷纹、兽面纹	西周早期	Ab型Ⅱ式	《图像》12216	美国华盛顿赛车尔氏处	
61	巽父己壶	9.7–3×4–7.2（寸）		5.625斤（西清）	7，巽父己作宝尊彝	云雷纹、鸟纹、宽带络纹	商代晚期	B型Ⅱ式	《图像》12193《西清》16.37	原藏清宫，后归端方、刘鹗	

续表

序号	名称	通高–口径–腹深（厘米）	容量（毫升）	重量（千克）	铭文字数及铭文	纹饰	时代	型式	资料来源	收藏	备注
62	葡[illegible]壶	39.5			7，葡[illegible]作父癸尊彝	云雷纹、兽面纹	商代晚期	Ab型Ⅱ式	《图像》12194《流散》145	现为英国皮特·摩斯爵士收藏	1976年出现在伦敦富士比拍卖行，1996年伦敦佳士得拍卖行
63	西壶	38			8，西作父丁宝尊彝，史	云雷纹、小鸟纹、络带纹	西周早期	B型Ⅱ式	《图像》12215		原藏香港思源堂，2010年秋在伦敦佳士得拍卖，现不知藏何处
64	【作妇日庚壶	37.5–13×9.8			8，作妇日庚宝尊彝，【	凤鸟纹、夔纹、云雷纹、络带纹	西周早期	B型Ⅱ式	《图像》12214		2010年3月见西安某收藏家
65	[illegible]壶				9，[illegible]作父丁尊彝，亚此，中	夔龙纹、云雷纹、络带十字纹	西周早期	B型Ⅱ式	《图像》12234	日本东京川合丁治郎氏处	
66	亚束壶	23.8			9，亚束册，作父辛宝尊彝	弦纹	商代晚期	Da型	《图像》13223；		
67	剌壶	10.6–3.7×4.5–7.5（寸）		7.625斤（西清）	9，剌作兄丁辛尊彝，亚旌	夔龙纹、兽面纹、鸟纹	商代晚期	B型Ⅰ式	《图像》12230；《西清》15.25	原藏清宫，现藏日本东京出光美术馆	
68	矣壶	14.3（10.8）–3.5×4.6（寸）			盖2，父癸；器11：亚集，矣作文考父丁宝尊彝	夔龙纹	西周早期	B型Ⅱ式	《图像》12274	英国阿伦及巴洛夫人	

续表

序号	名称	通高-口径-腹深（厘米）	容量（毫升）	重量（千克）	铭文字数及铭文	纹饰	时代	型式	资料来源	收藏	备注
69	沫伯疑壶	30.2			盖10，𦉢沫伯疑作厥考宝旅尊；器11，𦉢沫伯疑作厥考宝旅尊彝	夔纹、长鸟纹、络带纹	西周早期	B型Ⅱ式	《图像》12262		
70	小臣儿壶				10，汝子小臣儿作己尊彝，巽	兽面纹、联珠纹、斜角云雷纹	商代晚期	Ab型Ⅱ式	《图像》12258	原藏刘喜海、丁筱农	
71	牧壶	37.2			盖12，牧肇使口用作父乙旅尊彝，	云雷纹、鸟纹、络带纹	西周早期	B型Ⅱ式	《图像》12273		
72	戮䍜壶	36.5			13，戮䍜事丁用作父乙尊彝，册	云雷纹、小鸟纹、弦纹	西周早期	B型Ⅱ式	《图像》12290；《流散》147		1986年3月出现在英国伦敦佳士得拍卖行，1993年6月出现在伦敦富士比；1999年9月再次出现在伦敦佳士得拍卖行
73	小子省壶	35.9-10.6-27.5		4.26	21，甲寅，子赏小子省贝五朋，省扬君赏，用作父己宝彝，巽	鸟纹、夔纹	商代晚期	Ab型Ⅰ式	《图像》12374	上海博物馆	
74	兄癸壶	7.3-2.1-5.3（寸）	1升6合	44两	24	云雷纹	殷	Ab型Ⅱ式	《博古图》9.31		

续表

序号	名称	通高–口径–腹深（厘米）	容量（毫升）	重量（千克）	铭文字数及铭文	纹饰	时代	型式	资料来源	收藏	备注
75	四祀邲其壶	34.5–10.3			盖4，器42	方格纹、兽面纹、联珠纹	商代晚期	Ab型Ⅱ式	《图像》12429		

注：《白鹤》：《白鹤吉金选集》

《近出》：《近出殷周金文集录》

续表

出土地点	名称	通高–口径–腹深（厘米）	花纹	重量（千克）	铭文	型式	器形	组合	时代	资料来源
1998年山东滕州前掌大墓地M120	夔纹卣（M120：18）	31.6–10.7×14.6–	蝉纹、夔纹、雷纹、联珠纹			甲Ca型Ⅱ式				《滕州前掌大》
宝鸡竹园沟M13	父己壶（BZM13：24）	36.3–10.5–25.2	夔纹、云雷纹、联珠纹	3.25	父己，刀	Ab型Ⅱ式		鼎7、甗1、簋3、豆1、尊1、卣2、觯1、觚1、爵1、盉1、斗1、盘1、壶1	西周早期	《图像》12072
	筒形提梁卣（BZM13：1）	33.3–12.4–19.3	夔凤纹、直棱纹	3.33		乙Cb型				《宝鸡弜国墓地》；《全集》6.176

续表

出土地点	名称	通高–口径–腹深（厘米）	花纹	重量（千克）	铭文	型式	器形	组合	时代	资料来源
1967年甘肃灵台白草坡M1	庚父乙壶（M1：12）	36–8.5×13	云龙纹、夔龙纹		庚父乙	B型Ⅰ式		鼎7、簋3、甗1、尊2、觯1、爵1、角1、斝1、盉1、卣2、壶1、勺2	西周早期	《图像》12059
	滆伯卣（M1：13）	29–12	夔龙纹		滆伯作宝尊彝	乙Cb型				
河南鹿邑长子口M1	云雷纹壶（M1：218）	28	云雷纹、弦纹	1.85		Ab型Ⅰ式	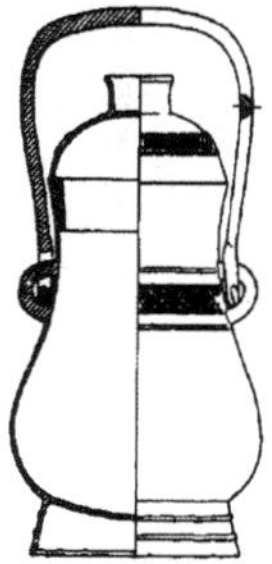	圆鼎13、方鼎9、簋3、甗2、鬲2、觚8、爵8、角2、斝3、觥3、尊5、卣6、壶2、觯5、罍2、斗4、盘1、盉1	西周早期	《鹿邑太清宫长子口墓》

续表

出土地点	名称	通高–口径–腹深（厘米）	花纹	重量（千克）	铭文	型式	器形	组合	时代	资料来源
河南鹿邑长子口M1	长子口椭圆卣（M1：129）	26.8–19.4×12.4	联珠纹、雷纹	3.42	长子口作旅宗彝		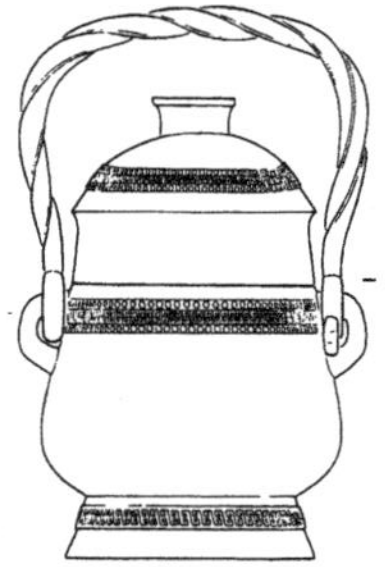			
2011年湖北随州叶家山M65	曾侯壶（M65：31）	44–9.2×14.8–30.1	络带纹	5.94	曾侯作田壶	B型Ⅲ式	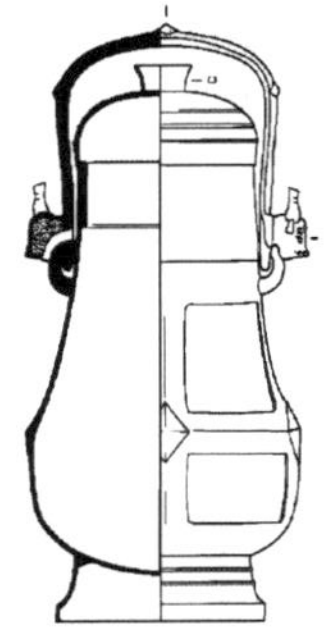	鼎7、簋4、甗1、鬲1、尊1、卣1、爵2、觯1、盉1、盘1、壶2	西周早期	《江汉》2011–3；《图像》12132
	作尊彝卣（M65：29）	31.8–10×13	兽面纹、云雷纹、弦纹	4.795	作尊彝	甲Ca型Ⅲ式				《江汉》2011–3；《图像》12875

续表

出土地点	名称	通高–口径–腹深（厘米）	花纹	重量（千克）	铭文	型式	器形	组合	时代	资料来源
1975年扶风召李M1	劦册竹父丁壶	35.3–9.8–24.7	夔纹、目雷纹	3.552	劦册竹父丁	Ab型Ⅲ式	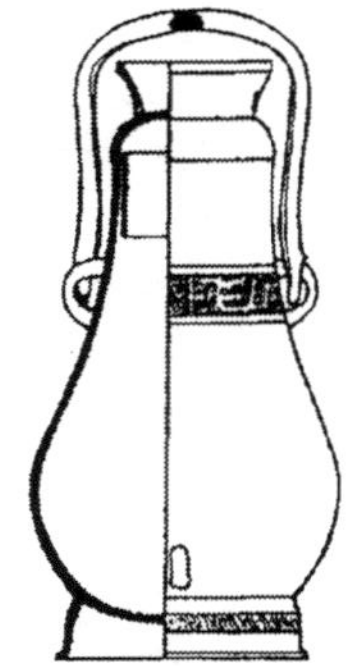	鼎1、卣1、壶1、觯1	西周早期	《图像》12139
	伯卣	20.6–11 × 8.6–11	雷纹、涡纹、饕餮纹、夔纹、蝉纹	1.933	伯作尊彝	甲Ac型Ⅱ式	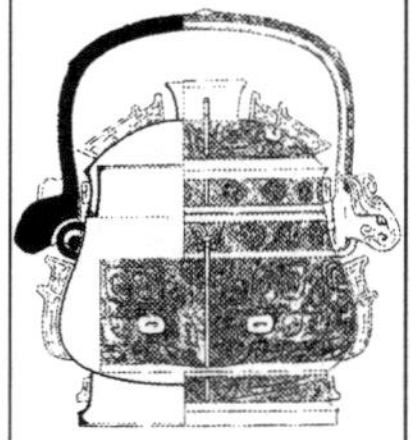			《文物》1976–6；《全集》5.173；《周原》7；《图像》12997

附表七　出土青铜卣组合分类表

类别＼时期		殷墟早期	殷墟二期	殷墟三期	殷墟四期	西周早期	西周中期	西周晚期	春秋初年	春秋晚期	合计	百分比（%）
卣+其他酒器					√3						3	4
卣+食器+其他酒器（按器类分）	4种		√1			√2					16	21.3
	5种		√2	√1	√3	√1						
	6种				√1							
	7种			√2								
	9种					√1						
	10种	√1										
	13种					√1						
	合计	1	3	3	4	5						
	百分比（%）	6.25	18.75	18.75	25	31.25						
1尊1卣	纹饰相同				√6	√4	√2		√2		33	44
	纹饰铭文均同					√5						
	铭文相同					√3						
	纹饰不同				√6	√4①		√1				
	合计				12	16	2	1	2			
	百分比（%）				33.4	48.5	6.1	3	6.1			
1尊2卣	纹饰铭文均同					√6					11	14.7
	纹饰相同		√1			√2						
	纹饰不同					√1	√1					
	合计		1			9	1					
	百分比（%）		9.1			81.8	9.1					
2尊2卣					√2	√4				√1	7	9.3
2尊1卣				√1							1	1.3
3尊2卣					√1						1	1.3
3尊1卣				√1							1	1.3
5尊1卣							√1				1	1.3
5尊6卣					√1						1	1.3
合计		1	4	5	23	34	4	1	1	1	75	100

注：①包括商末周初1例。